教師の学びとライフヒストリー

若き8人の学びの軌跡

姫野完治

一莖書房

まえがき

「国家百年の計は教育にあり」と言われるように、これからの時代の国や社会の発展の基盤を作るという意味で、教育は非常に重要である。そして、その教育活動を直接的に担う教師には、大きな期待が寄せられている。しかしながら、近年は教職を志望する学生が減り、教員採用選考試験の倍率は全国的に低下している。採用状況が比較的好調な民間企業に流れていることも一因ではあるが、ブラックな職場環境というイメージが拡がり、教員免許状を取得しようとする学生数自体も減ってきている。受験倍率が低下することによって、合格した教師の資質や能力が低下するといった課題も生じ始めている。

このような状況に歯止めをかけようと、働き方や教員免許更新制度の改革を進めているものの、現在のところ根本的な解決には至っていない。教師の質を保証しようと、都道府県や政令指定都市で教員育成指標を策定し、研修の体系化を図っているものの、多忙な教師をさらに追い詰めているようにも感じる。なぜ、よりよい方向を目指して進めているはずの改革が、教師を支えることにつながっていかないのだろうか。突き詰めて考えていくと、そもそも教師の学びや、教師の成長・発達のプロセスが解明されていないことに行き付く。

本書は、筆者が2013年に執筆した『学び続ける教師の養成：成長観の変容とライフヒストリー』（大阪大学出版会）の続編として位置付く。2007年に秋田大学へ入学してきた学生たちが、大学を卒業し教壇に立つ中で、どのような紆余曲折を経て成長・発達したのか、時には課題に押し潰されそうになったり、へこたれてしまいそうになったりした時に、どのような救いの手によって立ち直ったのか等を、年1回の継続的なインタビューによってまとめたものである。一般化されたアンケート調査や事後的なインタビュー調査では対象化することの難しい、一人ひとりの教師の学びや成長・発達のプロセスに光を当てることを通して、これからの教師教育を考えていきたい。

目　次

まえがき　1

第1章　教師の学びとライフヒストリー …… 5

第1節　教師の学びと力を考える　5
第2節　教師の生涯発達とコミュニティ　11
第3節　研究の枠組みと方法　14

第2章　子育てを教師としての力に代えて …… 16
森下あかねのライフヒストリー

第1節　教職への思いと10年間の概要　16
第2節　教師としての学びの軌跡　17

第3章　教師と音楽　2つの道を生き続ける …… 48
高木祐幸のライフヒストリー

第1節　教職への思いと10年間の概要　48
第2節　教師としての学びの軌跡　49

第4章　授業にこだわりを持って …… 85
野沢麻衣のライフヒストリー

第1節　教職への思いと10年間の概要　85
第2節　教師としての学びの軌跡　88

第5章　同僚とのかかわりに悩み続けて……126
渡部和貴のライフヒストリー

第1節　教職への思いと10年間の概要　126
第2節　教師としての学びの軌跡　127

第6章　子どもの主体性に寄り添って……154
遠藤崇のライフヒストリー

第1節　教職への思いと10年間の概要　154
第2節　教師としての学びの軌跡　155

第7章　教壇に立つことの不安と向き合って……192
藤井若菜のライフヒストリー

第1節　教職への思いと10年間の概要　192
第2節　教師としての学びの軌跡　193

第8章　消しゴムハンコでハートをつかんで……228
佐々木優輔のライフヒストリー

第1節　教職への思いと10年間の概要　228
第2節　教師としての学びの軌跡　229

第9章　高学年担当の仲間と卒業生を送り出して……264
中川真紀のライフヒストリー

第1節　教職への思いと10年間の概要　264
第2節　教師としての学びの軌跡　265

第10章　あらためて教師の学びと力を考える ········ 301

第1節　ライフヒストリーから見えること　301
第2節　教師の学びを支える鍵とは　307

あとがき　313

第1章　教師の学びとライフヒストリー

第1節　教師の学びと力を考える

私たちが生きる現代は、将来を予測しにくいVUCAな時代（Volatility：変動性、Uncertainty：不確実性、Complexity：複雑性、Ambiguity：曖昧性の頭文字をとった用語）と呼ばれている。これまでの社会では、より多くの知識や技能を蓄積し、それを安定的に用いることのできる人材が求められてきた。しかし、不確実かつ複雑で、前例のない出来事が増えてくるこれからの時代には、明確な解のない課題に対して、もちうる知識や技能を可能な限り活用し、また他者と協働して取り組むことのできる人材が重視されるようになっている。学校においては、幅広い知識や技能を育むとともに、高度で柔軟な思考力や他者と協働して問題を解決する力、情報機器を道具として使いこなす力等を培うことが期待されている。

このように、社会や学校教育に期待されることが移り変わる中で、教育活動の直接的な担い手である教師の力量向上は喫緊の課題である。中央教育審議会（2012）が「学び続ける教員像」をキーワードとして示したように、教師自身が、変動する社会で直面する課題に対峙し、生涯にわたって成長・発達することが求められている。

とはいうものの、昨今の教員養成や現職研修を鑑みると、講義や研修の義務化･システム化が進み､教師の学びが狭い範囲に限定される傾向があり､「決められた授業や研修を受けること＝教師の学び」と捉えられているきらいもある。VUCAな時代の教師の学びやライフヒストリーを考えるにあたって、その前提として、そもそも「教師の学び」とは何を指すのか、学び続けている教師をどのようにイメージすればよいのかについて考えていきたい。

1. 教師の専門性をめぐる議論の流れ

学校教育や教師教育をはじめ、今後の教育のあり方を検討する上で基盤になるのが、「子どもたちや教師が学ぶとはどういうことか」、「学んだ成果としてどのような力が身に付くのか」、そして「学んだ力が身に付いた、身に付いていないことをいかに測定・評価するか」を明確にすることである（図1-1）。本来であれば、これらが定まって初めて、子どもたちや教師を教育するための教育課程を構成することができるはずである。しかしながら、「学習」や「学力」の捉え方が多様な中で、それを深く問い始めると、立場や価値観の違いによって対立が激化してしまうことから、わが国ではそのような前提とする概念を直接的に問わずに教育課程を組んできた。

教師教育の領域に関しても、1960年代に「教師の専門性とは何か」を検討した時期もあったが、それによりアカデミズムとプロフェッショナリズムという2つの立場の対立が鮮明化されてしまうことを避けるため、教師の専門性そのものを問うことは棚に上げ、「教師＝専門職である」というILO・ユネスコの勧告を前提としながら、教師の社会的地位の向上や養成カリキュラムの構築に力を注いできた。そのため、岩田（2001）が「『教師の専門性』とは何かという本質的議論を突き詰める以前に、教師の職能のさまざまな側

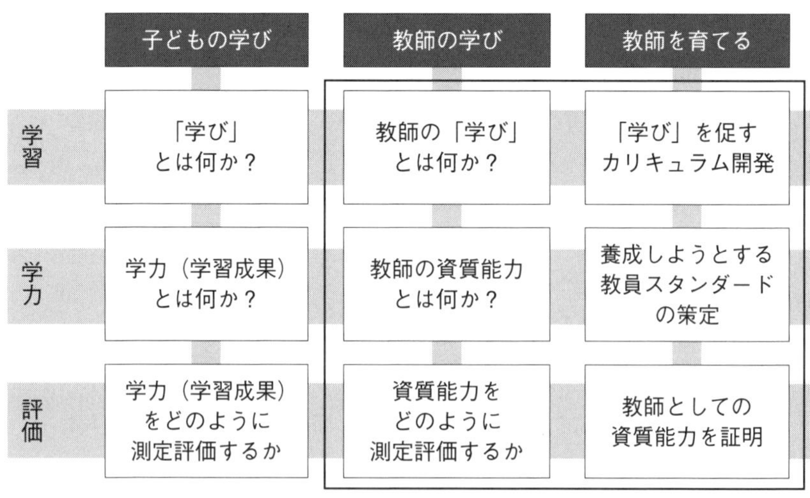

図1-1　教育における「学び」と「力」と「評価」

面のうちから研究的に析出しやすい部分のみが独り歩きしてしまった」と言うように、教師の専門性に関しては、かつてはあまり語られてこなかった。

1980年代に入り、ドナルド・ショーン（Schon,D.1983）によって省察的実践家（reflective practitioner）という専門家像が提起されて以降、教師自身が学習し、成長・発達するという考え方が広く普及した。それまで一般的に考えられてきた、専門的知識や科学的技術を合理的に適用する「技術的熟達者（technical expert）」に代わる新しい専門家像として、昨今の教師教育の理念的柱と位置付いている。省察的実践家としての教師像が重視されるのに伴い、教師の知識の捉え方も変化した。教師の専門性は、学問や理論に依拠した体系的な知識（形式知）ばかりではなく、教室の文脈に即した経験や勘に依拠した知識（暗黙知）によるところが大きい。暗黙知の形成には、体験を積むだけでなく、体験を蓄積し、対象化することが重要であるため、実践経験を省察するという営みは、教師の成長にとって非常に大きな意味を持つと考えられている。

その一方で、昨今、技術的熟達者としての教師の専門家像を基盤として、教師スタンダードを構築したり、そのスタンダードに合わせて教育・研修を体系化したりする施策も増えつつある。

教師の資質能力等をスタンダード化する取り組みは、諸外国では1990年代から行われていた。とりわけ、教育のスタンダード化が進んだアメリカでは、教師の質保証に関わって、教員養成段階の認証評価を行う組織が、各々の目的に応じたスタンダードを構築している。わが国では、中央教育審議会答申（2015）「これからの学校教育を担う教員の資質能力の向上について」の中で、教員育成指標とそれに基づく教員研修計画を策定する新しい仕組みが提言されたことにより、教師の資質能力スタンダードを定める動きが急速に進められている。

2. 教師の学びを捉える視点

教師という仕事は、教員養成を礎として、教職を含めた多様な人生経験を積み重ねることによって、よりよい教師へと続く終わりなき旅路である。教材を研究することや研修を受けることは、もちろん教師としての重要な学びの機会ではあるが、それだけが学びではない。子どもに寄り添って声に耳を傾けること、子どもや保護者への対応に苦慮して同僚と語ること、実践研究を積み重ねて研究会や学会で発表すること、PTA 活動で保護者と一緒になって楽しみ、子どもや地域のことを語り合うこと、多様な文化や人々と触れあい見識を広げること、このような様々な対話や自己研鑽が、教師の学びにとって非常に大きな意味をもつ。教師の学びを考える上で、まず教師研究における教師の学びの捉え方を整理しておきたい。

(1) スタンダードの構築と加算的学習モデル

教師の学習機会の一つとして、教員養成や教員研修等が挙げられる。そこでは、教師の仕事や求められる知識を細分化し、それに対応して授業科目を位置付ける形で、教師の学びを促すカリキュラムを構築してきた。教師に求められる資質力量の基準を定め、それを教育するためのカリキュラムを構築することで、教師の学びを促すことが可能と考える加算的学習モデルに基づいている。これは、スタンダードを設け、それに向けて体系的な教育システムを構築することで、教育水準の向上を目指す現代の教育改革と密接に関連している。

スタンダードに基づく教育改革は、1983 年に発刊された報告書『危機に立つ国家（Nation at Risk）』を契機にアメリカで進展した。教師教育の領域においても、教員養成段階の認証評価を行う各機関がスタンダードを構築し、教師の質を保証しようとしている。このスタンダードの構築には、教師研究者も参画しており、教師の知識や学習過程モデルの構築とも深く関わってきた。わが国における教師の知識研究でよく引用されているショーマンの知識基礎や学習過程モデルも（図 1-2）、この文脈に位置付いている。

わが国においても、2015 年以降、教員養成・採用・研修の一体的なスタンダードを設ける動きが進んでいる。その発端となったのは、教育再生実行会議（2015）による「これからの時代に求められる資質・能力と、それを培う教育、教師の在り方について（第七次提言）」であり、そこで「育成指標」という文言が初めて用いられた。その後、中央教育審議会答申（2015）「これからの学校教育を担う教員の資質能力の向上について」によって具体化され、教員の養成・採用・研修の接続の強化、一体性の確保を目指し、教育委

・教材に関する知識
・PCK
・カリキュラムに関する知識
・学習者に関する知識
・教育の目的に関する知識
・一般的な教育方法に関する知識
・他の内容に関する知識

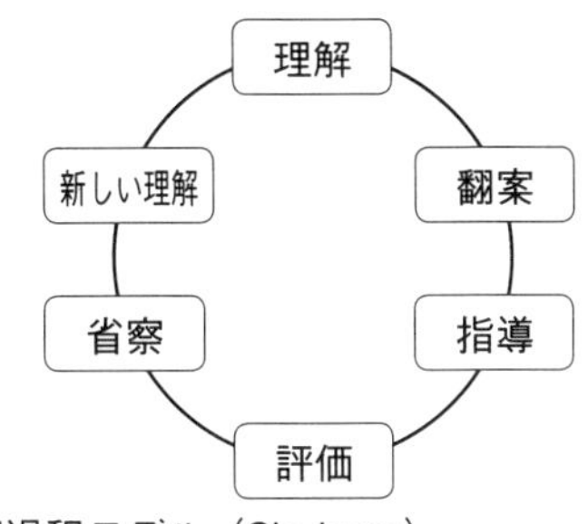

図 1-2　知識基礎の構成要素と学習過程モデル（Shulman）

員会と大学等で構成される教員育成協議会を各都道府県・政令指定都市に創設し、教員育成指標とそれに基づく教員研修計画を策定する新しい仕組みが提言されている。2022 年度に教員免許更新制度が廃止され、今後は、教員ごとの研修記録を作成することへ移行されるものの、考え方自体は変わっておらず、授業や研修を加算することで教師の学びが促されるという価値観が基盤にある。

(2) 経験の蓄積と省察

技術的熟達者としての教師像が一般的だった 1980 年以前は、専門的な知識をいかに習得するかが最も重視された。もちろん、知識は教師にとって重要であるが、各々の知識を記憶していれば全ての教育活動がうまくいくというものではない。日々の実践経験から学ぶためには、経験を積み重ねるとともに、経験を省察し、教育活動中に暗黙的に行った行為の本質を取り出し、経験知として身に付けていくことが重要となる。このような、教師が経験から学習するプロセスを定式化したのがコルトハーヘン（Korthagen 2001）である。コルトハーヘンは、実践するだけではなく、実践を省察し、経験知にまで高める過程を伴って初めて、教師にとっての学習が成立すると捉え、①行為、②行為の振り返り、③本質的な諸相への気づき、④行為の選択肢の拡大、⑤試みからなる ALACT モデルを提案した。

この時、教師が経験から学ぶ上での鍵を握るのが、経験の捉え直しである。教師は日常的に経験を蓄積し、それを自身やコミュニティで省察する。しかし、経験を実践者として対象化するだけではなく、Teacher as Researcher という自らの実践を観察者として対象化することにより、第三者に説明可能な水

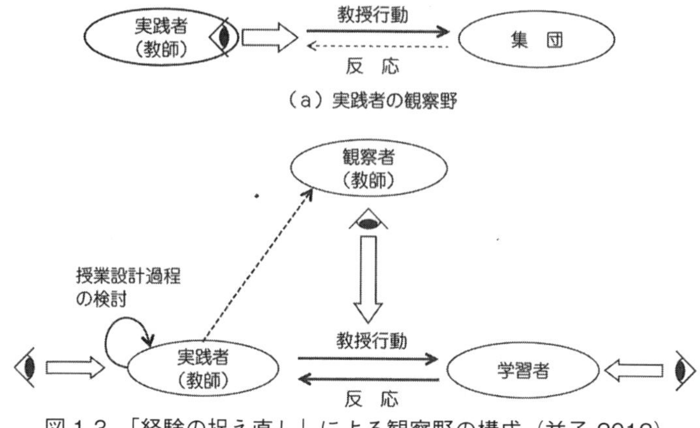

図 1-3 「経験の捉え直し」による観察野の構成 (益子 2012)

準で実践を意味付けることが可能になる。益子 (2012) がモデル化しているように、問いの設定と経験の整理を繰り返す「経験の捉え直し」によって知識生産者としての認識の形成に寄与すると考えられる (図 1-3)。

(3) コミュニティへの参画

これまでの教師の成長・発達に関する研究の多くは、教師個人がどのように変容したのかに注目することが多く、学校内外の環境やコミュニティとの関わりを捉えることはあまりなかった。それは、多くの研究知見は、日本と比べて個が重視される諸外国から持ち込まれていること、諸外国には異動という仕組みが存在しないことに起因している。

一方、日本の教師は、同僚教師との関わりが深く、協業体制を基本とする特質があり、また数年ごとに学校を異動し、場合によっては校種が変わることもある。このようなことから、日本の教師の成長・発達を解明する上で、環境やコミュニティとの関連でアプローチする研究が推進され始めている。例えば町支 (2015) は、初任校から2校目へ異動する際の環境変化に着目し、異動によって経験の幅の広がりにつながり、成長の後押しとなる可能性もあるが、初めての異動はどちらかというと負荷の側面が強いことを指摘している。また、昨今、日本発祥の校内授業研究が Lesson Study として諸外国にも拡大しつつある中で、教師の成長・発達とコミュニティとの関連

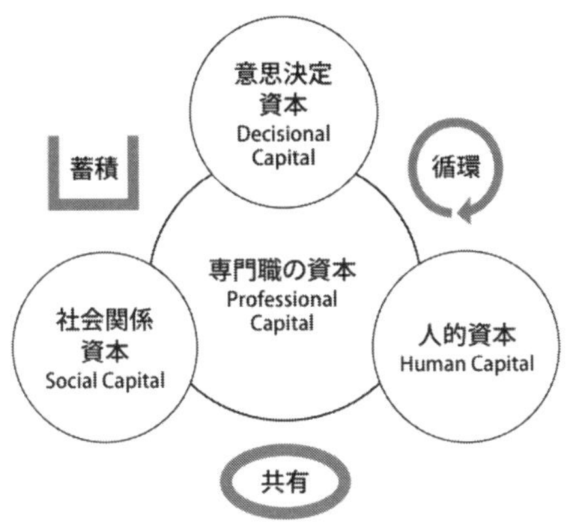

図 1-4　専門職の資本とその要素
（Hargreaves and Fullan 2011、木村優・篠原岳司・秋田喜代美監訳 2022）

に目を向ける研究も増えつつある。ハーグリーブスら（Hargreaves, A. and Fullan,M. 2011）が、教師にとっての社会関係資本の重要性を指摘しているように（図 1-4）、教師の学びを個人のみならずコミュニティとの関わりで捉えるアプローチへと移り変わりつつある。

第 2 節　教師の生涯発達とコミュニティ

これまで教師の学びの捉え方を整理してきたように、知を習得するという学びだけではなく、多様な観点から捉えられ始めている。加えて、教師の成長・発達を捉える上で、近年になって生涯発達の視点が重視されている。教師の成長や発達のプロセスにアプローチする研究は、1970 年頃から本格化したが、その捉え方は多様である。姫野（2016）は、教師の生涯発達の捉え方を 5 つのモデルに整理している（図 1-5）。

そこでは、教職経験を積むことによってプラス方向へと成長すると捉える「成長・熟達モデル」、教職経験を経ることによって獲得する側面と失う側面の正負の側面があると捉える「獲得・喪失両義性モデル」、学校や教師集団といったコミュニティに参加することに焦点をあてる「共同体参加モデル」、コミュニティ内の役割や立ち位置の変化に合わせてキャリアが移行されると

モデル	モデルイメージ	特徴
成長・熟達モデル	プラス	年月や経験を重ねることによって、一貫してプラス方向に成長・熟達すると考える。
獲得・喪失モデル	喪 失 獲 得 経 験	年月や経験を積むことによって獲得される側面と、マンネリズム等によって失う側面の両方があると考える。
共同体参加モデル	周辺 十全 共同体	ある集団や共同体への参加を通して、役割や地位、思考様式や信念等を獲得すると考える。
キャリア移行モデル		年月や経験によって成長・熟達するものの、環境や役割の変化に伴って、異なる経路へ移行して成長すると考える。
ライフヒストリーモデル	プラス	年代や環境による課題に向きあう中で、短期的な減退や停滞、成長を経て形成されていくと考える。

図 1-5　教師の生涯発達モデル

捉える「キャリア移行モデル」、そして直面する危機を契機としてアイデンティティが形成すると捉える「ライフヒストリーモデル」が示されている。どのスタンスが正しいというわけではなく、教師が成長・発達するという事実を対象化する視点によって、捉え方は異なっている。

このように、教師の学びや成長・発達の捉え方が多様な中、筆者らは教師を取り巻くコミュニティの視点から、教師の成長・発達を捉えようとしてきた(姫野・益子、2015)。管理職経験のある熟練教師にインタビュー調査を行い、個々の教師には学ぶことに「開いている状態」と「閉じている状態」があること、また教師コミュニティにおける位置付け方によって、教師の学びが開かれる場合があることを指摘した。それを踏まえて、教師の経験学習モデルを構築し（図 1-6)、そのモデルによって若手、中堅、ベテランの 3 者の学習過程を分析してきた（図 1-7)。そして、教師が経験から学習する状態になっ

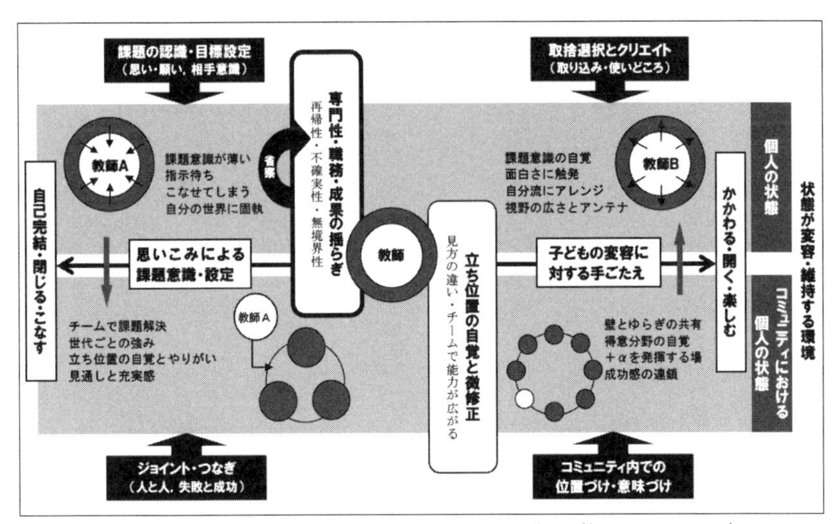

図 1-6　教師の経験学習を構成する要因モデル（姫野ら、2015）

年数	学校	担任・担当	開閉の自己評価					自己評価の背景要因
			1	2	3	4	5	
1	b1 小	4 年担任：単						初任者指導担当（教頭）との出会い。子どもに救われた。
2		3 年担任：単						職員集団が変わらず現状維持。学級経営の取り組みを発表。
3		5 年担任：単						得意領域をみつけたい。道徳研究会に属して授業発表
4	b2 中	3 年副担任						生徒指導方法への不信感。人権問題との出会い。
								自分の立ち位置・役割を探す。人権問題の学習会に参加。
5		産休・育休						漢字検定や書道などの資格取得。
6		3 年担任						チームが機能。情緒障害児との出会い。道徳教材サークル。
7		3 年副担任						年度の途中から産休。
8		産休・育休						自分なりにアレンジした道徳教材を作って楽しむ。
9		1 年担任						恵まれた学年。人権運動に参加する生徒を担任。
10	b3 小	特支学級担任						不本意な異動。特別支援担当への同僚からの視線・悔しさ。
								情報機器がツールになりそう。情報教育研究会への参加。
11		特支学級担任						10 年研で同期とつながる。通信で特別支援教員免許取得。
12		特支学級担任						特別支援学級と通常学級の交流をレポートにまとめて発表。
13	b4 小	4 年担任						学外研修に積極的に参加。教育実践論文で厳しい評価。
14		3 年担任						学校の雰囲気が崩壊。高め合いは学外。
15		5 年担任						同期の同僚と学校改革を進める。市の研究会で授業研究。
16		6 年担任						研究方法の未熟さを痛感。大学院受験。市の研究員。
17		6 年担任						大学院在籍。学び直し。学校では見聞きしない情報。
18		5 年担任						大学院在籍。自校の校内研究が機能していないことを自覚。

図 1-7　中堅教師のライフヒストリーと学びへの開かれ方（姫野ら、2015）

ているかどうかは、コミュニティ内の教師の立ち位置によって変動すること、教師の学習の状態を開く上で、学校外のコミュニティや勤務校の異動、自らの実践を対象化することが鍵になることを明らかにしてきた。
しかしながら同研究では、学ぶことに開かれた少数の教師を対象としていたこともあり、閉じてしまう教師の背景要因の吟味が不十分であり、また教師の学習に影響を及ぼすコミュニティの具体については明らかにできていないという課題があった。

第3節　研究の枠組みと方法

本研究では、拙著『学び続ける教師の養成（姫野 2013)』の第3章で調査に協力してもらった学生10名のうち8名[1)]について、大学卒業後10年間のライフヒストリーをまとめることを通して、教師の学びや成長・発達について深く検討することを目的とする。
調査は、2012年3月以降、年1回半構造化インタビューを行った。その際、教師のライフヒストリー研究で用いられているworklineの手法を援用し、月ごとの好調不調を自己評価してもらうとともに（例えば表2-2)、それに即して一年間の出来事や思いを詳しく語ってもらった。表には、不調を1、好調を5として自己評価を表示している。

〈注〉

1) 姫野（2013）で調査対象となった10名のうち1名は教師以外に就職したことから、本研究では対象から除外した。また、もう1名は、大学卒業後8年間にわたって調査を継続したが、その後の調査を辞退したため、本調査では対象としていない。

〈引用文献〉

町支太祐（2015）初めての異動—初任校から2校目への環境変化、中原淳・脇本健弘・町支大祐、教師の学びを科学する　—データから見える若手の育成と熟達のモデル、北大路書房、pp.103-113.
中央教育審議会（2012）教職生活の全体を通じた教員の資質能力の総合的な向上方策について（答申）

中央教育審議会（2015）これからの学校教育を担う教員の資質能力の向上について

Hargreaves,A. and Fullan,M.（2011）Professional Capital Transfoming Teaching in Every Scool.（木村優・篠原岳司・秋田喜代美（監訳）（2022）専門職としての教師の資本　21世紀を確信する教師・学校・教育政策のグランドデザイン、金子書房）

姫野完治（2013）学び続ける教師の養成―成長観の変容とライフヒストリー、大阪大学出版会

姫野完治（2016）実践知の伝承と教育、電設技術、第62巻（7）、pp.22-27.

姫野完治・益子典文（2015）教師の経験学習を構成する要因のモデル化、日本教育工学会論文誌、39（3）：139-152

岩田康之（2001）「教師の専門性」研究の方法論的課題、日本教師教育学会年報、10：67-71

Korthagen,F.A.J., Kennels,J., Koster,B., Legerwelf,B. & Wubbels,T.（2001）Linking Practice and Theory: The Pedagogy of Realistic Teacher Education. Routledge. 武田信子（監訳）（2010）教師教育学－理論と実践をつなぐリアリスティック・アプローチ．学文社

教育再生実行会議（2015）これからの時代に求められる資質能力と、それを培う教育、教師の在り方について（第七次提言）

益子典文（2016）大学院における「実践経験のとらえ直し」を基盤とする教育実践研究の方法、西之園晴夫・生田孝至・小柳和喜雄（編著）教育工学選書5　教育工学における教育実践研究、ミネルヴァ書房、pp.12-29

United States. National Commission on Excellence in Education（1983）A nation at risk, University of Michigan Library

Schon,D（1983）The Reflective Practitioner: How Professional Think in Action. Basic Books.（ドナルド・ショーン（2001）『専門家の知恵―反省的実践家は行為しながら考える―』佐藤学・秋田喜代美、訳．ゆみる出版）

Shulman,L.S（1986）Those who understand: knowledge growth in teaching, Educational Researcher, 15.2：4-14

Shulman,L.S（1987）Knowledge and teaching: Foundations of the new reform. Harvard Educational Review, 57.1：1-22

第2章　子育てを教師としての力に代えて
森下あかねのライフヒストリー

第1節　教職への思いと10年間の概要

「先生になりたい気持ちは誰にも負けない自信があります。」「絶対絶対絶対がつくほど地元です。」と言うほど、地元で教師になるという強い気持ちをもって大学に入学した森下あかね（仮名）は、大学4年間の中で紆余曲折あったものの、2011年4月より地元である甲信越地方で小学校教諭に就いた。それ以降、小学校3校に勤務してきた（表2-1）。10年間の軌跡と概要を表2-2に示す。

大学卒業以降の10年間で3校の小学校に勤務し、1年生から5年生の担任を担った。4年目に結婚し、6年目以降に3人の子どもを出産したこともあり、教職経験は10年だが、実際に教壇に立ったのは5年強である。年1回のインタビューで語ってもらった発話データをもとに、ライフヒストリーをまとめていく。

表2-1　大学卒業後10年間の履歴

年度	勤務校	担当	備考
小学校教師1年目	A小学校	4年生担任	
小学校教師2年目		2年生担任	
小学校教師3年目		3年生担任	
小学校教師4年目	B小学校	1年生担任	
小学校教師5年目		5年生担任	
小学校教師6年目		産休・育休	第一子出産
小学校教師7年目		育休	
小学校教師8年目	C小学校	担任外・産休	第二子出産
小学校教師9年目		育休	
小学校教師10年目		産休・育休	第三子出産

第２節　教師としての学びの軌跡

〈小学校教師１年目〉

大学を卒業して実家へ戻り、４月１日の勤務初日を迎えた。校長室で職員室の机の配置が手渡され､4年３組のところに自分の名前を見付けた。そこで、夢だった教職に就いて初めて受け持つ子どもたちが、４年生だと知った。

前担任からの引き継ぎは、紙切れ一枚。同じ４年生を受け持つ学年主任が前担任なのだが、それほど詳しい引き継ぎの話はなかった。紙には、「この子はお手伝いをする」というように、一人ひとりについて説明が書いてあったが、何も書かれていない子どももいた。先入観を持たないようにという配慮もあるのだろうが、初めて担任を受け持つ者としては、もう少し教えてほしいとも思った。先が見通せない中で、４月５日の始業式に向けて手探りで進めるしかなかった。

始業式の朝、慣れない自動車の運転でミスをして、車をぶつけてしまった。何もかも不安な中で、よりいっそう不安は高まった。とはいうものの、教室に行き、35名の子どもたちを見て、気持ちは引き締まった。

「子どもの印象は、元気がいいし、反応もいいから、今まで教育実習とかで出会ってきた中で、一番とっかかりやすいっていうか、自分には合っているかなあって思ったんですよ、最初は。」

ただ、子どもへの第一印象は、その日のうちに曇り始めていった。ある男の子が、「これ落ちていました」と一人の女の子の靴箱の名前シールを持ってきてくれた。まだ貼ったばかりで、自然に剝がれるはずはない。引き継ぎでもらった紙を見直してみると、剝がれたシールの子のところには「多少癖がある」と書かれていた。

翌日から授業が始まり、いきなり５時間や６時間分の授業の準備をしなければならない。できるだけ興味を引く授業をしたいとは思うが、教育実習のように、一時間の授業に向けて綿密に準備をする余裕はない。「はい。教科

表2-2 森下あかねの

年	2011年度 A小学校 4年生担任												2012年度 A小学校 2年生担任												2013年度 A小学校					
月	4	5	6	7	8	9	10	11	12	1	2	3	4	5	6	7	8	9	10	11	12	1	2	3	4	5	6	7	8	9
出来事・思い	毎日の仕事をこなすことで精一杯。黄金の一日	運動会の翌日本気で辞めたいと思った。	公開授業でけなされ続ける。週末のために生きていた。	保護者から「担任を変えてくれ」と言われる。	初任研で同じような悩みを持つ仲間と出会う。	夏休みマジック？ 子どもが変わった。	研究授業で国語の授業が楽しくなる。		子どもから「来年も先生がいい」と言われ嬉しい。	音楽の授業が褒められ、音楽が好きになる。	早く春休みになってもらいたい。	子どもには申し訳ないけれど、クラス解体でホッと。	クラスの土台作りに命をかける。	やることすべてがヒット。自分の仕事に満足。	初めての音楽の授業公開で、さらに極めたいと思う。	プライベートがうまくいかない。	県内外の研修に積極的に参加。	遠足が楽しかった。	文化祭担当で、主でやる快感を味わう。彼氏と別れる。	公開授業研究でかなりの手ごたえ。	クラスでの取組が成功。仕事が恋人。	保護者から「先生のクラスで良かった」と言われる。	県外の研究会に参加し、専門性を高めたいと思う。	次年度1年生を希望していたが3年生に。	暴力的な子どもの担当。成長させたい。	R君と作戦を立てる。	R君の行動にも少しずつ変化。	将来の旦那と出会う。結婚を意識。		主任が仕事をしない。
5													■	■					■	■	■	■	■	■				■	■	
4															■	■	■	■												■
3	■				■	■																					■			
2							■	■	■	■	■	■													■	■				
1		■	■	■																										

年	2016年度 B小学校 産休・育休												2017年度 B小学校 育休												2018年度 C小学校					
月	4	5	6	7	8	9	10	11	12	1	2	3	4	5	6	7	8	9	10	11	12	1	2	3	4	5	6	7	8	9
出来事・思い	産休に入る。暇。趣味がない。	実家に帰り、さらに太る。出産怖い、ドキドキ。	待望の第一子誕生。産後うつ？	土地と家を購入。母乳外来の存在を知る。	母乳が軌道にのり、寝るようになり自信がつく。		3人生活がスタート。旦那の帰りが遅い。	ママ友との出会い。	研究授業が近づくと旦那の帰りが深夜。限界。	おすわりやズリバイができず指摘される。	ママ友ファミリーとパーティー。	新居の完成。引越し。旦那からの手紙に感激。	育児休業。いろいろな支援センターを訪問。	子どもの卵アレルギーが発覚。	子どもの一歳誕生日。	保育園で少し先生体験。やっぱり子どもが好き。	子どもの突発性発疹。	2人目が欲しいと思うが不調。	2人目が欲しいと思う。転職を考える。	子どもが歩き始める。感動。	第二子妊娠発覚。		子どもが入園する保育園が決定。	復帰する学校が決まる。	2年ぶりの仕事復帰。久しぶりの学校にウキウキ。	担任外のため学校のいろいろなことがよく見える	担当学級から手紙をもらう。	産休開始。	第二子出産。	長男のぐずりに戸惑う。
5												■	■		■		■		■	■	■		■	■		■	■	■	■	
4		■	■		■			■	■	■	■			■											■					
3	■			■		■	■											■				■								
2																■														■
1																														

ライフヒストリー

3年生担任						2014年度　B小学校　1年生担任												2015年度　B小学校　5年生担任											
10	11	12	1	2	3	4	5	6	7	8	9	10	11	12	1	2	3	4	5	6	7	8	9	10	11	12	1	2	3
校舎建替えにより引越し。研究授業。歌を習い始める。	校外学習を一人で切り盛りできるようになり自信。	プロポーズ。嬉しかった。互いの両親を説得。	R君、プラス面の行動が増える。		入籍。引越し。自分の人生について考える。	異動。人数が減って楽だと思っていたけど。	職場の人間関係で悩む	気を使う。とにかく気を使う。	公開研究授業で褒めてもらう。	夏休みにいろんなところに行ってリフレッシュ。	陸上練習が始まり、陸上魂がよみがえる。	音楽について学ぶ。	主任の先生に行事を任せきりで申し訳ない。	クラスが落ち着いてきた。	校内研究で授業がうまくいかず反省。	学習発表会で子どもたちの成長を実感。	結婚式。	初の高学年。期待されていると思い嬉しい。	学級の雰囲気が悪い。	問題が改善できない。辛くてくじけそうな日々。	自分の無力さにただただ虚しさを感じる。	夏休みに入ってもやる気が出ない。	新婚旅行でリフレッシュ。	妊娠発覚。	研究会や行事が終わった。	わが子について考える時間ができてよかった。	心に少し余裕ができた。	いろいろと指導があり落ち込むが、勉強にはなる。	産休までのカウントダウン。
										■						■	■	■											
■	■				■				■		■	■		■								■	■						■
			■	■															■					■		■	■		
		■				■		■					■		■														
							■													■	■				■			■	

担任外						2019年度　C小学校　育休												2020年度　C小学校　育休											
10	11	12	1	2	3	4	5	6	7	8	9	10	11	12	1	2	3	4	5	6	7	8	9	10	11	12	1	2	3
旦那と日々帰り時間について話し合い。	保育園の先生の言動について気になる。	子どもの発表会で感涙。	子育てセミナーで勉強。	旦那の教材研究のお手伝い。	旦那の激務に拍車がかかる。		GWに家族で庭づくり。	子ども2人が同時に体調を崩す。	教員免許更新講習受講。	第三子妊娠発覚。		旦那の帰宅が遅い日が続く。	旦那の発表が終わり7時帰宅にホッとする。	保育園の発表会で子どもの成長に感涙。			コロナウイルス感染症が拡大し始める。	コロナ禍のため一人で出産。面会なし。	ステイホーム続く。	旦那の教育実践論文執筆が始まる。	祖母の体調が悪化。			祖母手術。	旦那の教育実践論文が掲載される。				祖母の死去。職場復帰への準備。
■			■	■		■	■			■			■			■	■			■		■					■	■	
	■							■	■					■	■			■			■				■	■			
		■			■						■	■												■					
																			■				■						

書何ページ開いてください」のような、単純な授業をしたいわけではないが、少ない引き出しでできることは限られている。しかも、そういった形の授業でさえ、少しずつ崩れ始めていった。子どもと信頼関係を築くことは重要であるが、それは子どもの言うがままを全て許容することとは異なる。それはわかっているが、一度緩めた手綱を急に引き締めることはできなかった。大学生の時に「黄金の三日間」が重要だと聞いたが、実際には「黄金の一日」だった。

「なんか私の中では、子どもの話はじっくりと聞こうって感じに思っていて、みんな話したがりじゃないですか。だから授業している時も色々話しかけてくれるわけですよ。私が話しているのに割り込んでくるみたいな。でも、子どもの話は聞かなきゃと思っていたから、それにすごい丁寧に対応してたら、話が聞けないクラスになっちゃって。」

落ち着かない教室。思った通りに進まない授業。初任者研修の一環として毎週やらなくてはならない授業公開。放課後に一緒に残って相談に乗ってくれたり、言葉をかけてくれたりする同僚もいるが、精神的にはかなり追いつめられる日が続く。5月の運動会が終わった翌日、本気で辞めたいと考えた。その思いを、あり得ないことに初任者指導のための拠点校指導員の言動が後押しする。初任者教員には、市町村内にある複数の拠点校に在籍する初任者を指導するベテラン教員が配当されており、週に一度、実施した授業に対して指導をしてくれることになっている。ただ、「子どもの着席率がなっていない」や「このままだと学級崩れるよ」と言われても、立て直すヒントになるどころか、半分折れかかった気持ちに重くのしかかるだけだった。

それを何とか乗り越えられたのは、週に一度、初任者研修のために学級を離れて、初任者同士で慰め合ったことが大きい。研究授業のための指導案や報告書の作成は大変だけれど、同じ立場にある初任者同士で集まり、日々の大変さや拠点校指導員への愚痴を共有できたことで、自分だけではないという安心感を持つことができた。

何とか1学期を乗り越え、2学期を迎えた。またあの日々が始まるのかと思いつつ学校へ行くと、そこには1学期と違う子どもの姿があった。同僚や他校の初任者に聞いてみると、「夏休み効果」ということがあるらしい。話を聞けるようになり、ようやく普通に授業ができるようになった。この機会を逃してはいけないと、10月の研究授業に力を入れた。これまでになく充実した授業ができた成果かどうかはわからないが、後日同僚から「研究授業の日から子ども変わったよね。先生の授業を聞いていれば自分の力が伸びていけるんだっていうのをわかったんだね。」と言われ、少し自信が出始めた。

加えて、自分の強みを少しずつ意識できるようになったのも大きい。大学では国語を専門教科としていたため、自分の専門は国語と考えてきた。ただ、音楽の時間に、子どもの頃から好きだったピアノを弾いたところ、子どもたちが楽しそうに歌ってくれたことが嬉しかった。最悪と感じていた拠点校の初任者指導教員にも、音楽の授業は褒められた。いずれは合唱を指導できるようになればいいなと思うようになってきた。

授業が少しずつ改善されてきたとはいえ、まだまだ課題も多い。いつも相談に乗ってくれる教務主任がT2として補助に入ってくれた時に、子どもがいつもよりピシッとしている様子を見ると、同じようにできていない自分を不甲斐なく思う。ただ、ある時、同僚から「ぶっちゃけ言うけど、先生のクラス、たぶん学校の中で2番目に大変だよ。」「このクラス持てたら、どのクラスでも持てる。」と言われ、ベテラン教師が大変というクラスをよく受け持ってきたなと自分を誉めたくもなる。一方、問題を抱えている子どもがいるのは確かだけれど、一人ひとりの子どもの良さを生かせず、学校で2番目に大変な集団にしてしまった自分を責める気持ちも大きい。教師1年目も終盤を迎え、この一年間に点数をつけるとしたら、赤点より1点高い31点。少しずつ子どもとの信頼関係が築けてきたとはいえ、学級満足度調査の結果を見ると、満足できていない子どもが少なからず存在している。

「私がこのクラス早く終わりたいなと思っているのと同時に、絶対いるんですよ。このクラス早く終わってほしいって思っている子が。だから、居心地のいい学級にさせられなかったなっていう思いがすごくあって、悔しいですね。」

〈小学校教師２年目〉

春休みに告げられた次年度の担当は、２年生。昨年度は採用３年目の若い先生が受け持っていたクラスで、いろいろな行事を通して「あのクラスいいな」と思っていた。そんなクラスを担当できることに気持ちも高まっていった。「黄金の３日」ならぬ「黄金の１日」で苦しんだ１年目を反省して、２年目はクラスの土台づくりに命をかけた。春休みのうちに、いろいろな研究サークルに参加して、２年生の教材や学級づくりについて考えた。

そして迎えた始業式。昨年担当した４年生と比べると、「話が通りにくいな」と感じたが、３日過ぎたあたりからは、子どもたちの理解も深まり、毎日の授業が楽しくなった。そう思う背景には、学年の教員同士のまとまりがあることも大きい。昨年度は、主任ともう一人の担任の関係がぎくしゃくしていて、その板挟みになる場合もあり、気軽に聞きにくい環境だった。それに比べて今年は、学年団に恵まれたため、思い切ってやりたいことができている。

「主任がすっごくいい主任で、もう一人の男の先生いるんですけど、その先生もすんごくいい先生で、恵まれました。（中略）天国に来たって思いましたもん。去年地獄だと思ったから。」

それに加えて、学年以外の先生方から学ぶことも多い。何もかもが初めてだった１年目は、見通しを持てないまま毎日何かに追われていたため、何を聞いてよいか、何を生かせるのかがわからなかった。一年間の大まかな流れや生かしどころがわかった２年目は、何気ない日常からヒントを得ることも多い。

「日直で学校の中を回るんですよ。そういう時とかに、いろんなクラスを見ると、そこでヒントをもらったりとか。本とか研修に行った時とかに、聞いて、メモしたやつがふっと出てきたり。そういうのができるようになってきたのが今年ですね」

いろいろな同僚と関わり、学んでいくうちに、学校外の研修に誘ってもらうことも増えた。そして、そういった研修に参加して、そこで得たことをクラスに持ち帰ると、よりいっそうクラスの雰囲気もよくなっていった。さらに授業をよくしていくための機会が欲しい。そう考えて、秋に予定されている公開授業研究会の授業者に立候補した。2年目の自分が授業者になっていいのかという思いも多少はあったが、周りからはむしろ評価する声をかけてもらい、手を挙げてよかったと安心した。

仕事がうまくいっている一方で、プライベートはどうもうまくいっていない。大学時代から付き合っている彼は、他県で講師をしているため、それほど頻繁に会うことはできない。仕事がうまくいっていなかった昨年は、落ち込んだ時に支えてもらったが、クラスの状況が順調な今は、離れた場所まで会いに行くことが億劫になることもある。将来結婚できたらいいねと大学時代から話してきたが、現実的に考えると、一緒に暮らすためにはどちらかが辞めて、改めて採用試験を受けなければならない。あまり考えないようにはしているが、たまに時間ができた時に、そんなことがふと頭によぎる。

2学期に入り、全校の公開研究授業が近付いてきた。昨年は夏休み明けに子どもたちの状況がガラッとよくなる「夏休み効果」を経験したが、元々よかった今年はそれほど変わらなかった。公開研究授業の準備も佳境を迎え、教育委員会の指導主事も見に来ると聞き気持ちが引き締まってきた。そして迎えた研究会。授業の内容ももちろんだが、学習態度面についても評価してもらい、やってきたことが間違っていなかったと嬉しくなった。それとともに、苦しかった昨年を思いだし、今年担任している子どもたちへの感謝の気持ちがわいてきた。

「本当に私、この子たちに感謝してて。このクラスに会ってなかったら、辞めてたかもしれない。辞めてないにしても、どうせ頑張ったってみたいな、向いてないかもと思ってたと思う。（中略）トラブルとかはそれはもちろんつきものだけど、そこまで動揺しないで対応できた気がする。」

公開研究授業で自信が付き、もっと自分の力を高めたいという思いは強くなってきている。付き合っていた彼とも分かれ、しばらくは仕事に熱中したい。専門を国語にするか音楽にするかはまだ決めかねているが、市の音楽サークルに参加した際、歌唱指導の講師から指導を受けたところ、自分の歌唱力が上がったことを実感できた。ピアノを弾けることが「自分の武器」になることは、昨年も感じていたが、それを生かすには、歌唱指導のスキルを上げる必要がある。その講師の先生に習いに行くことも考え始めた。自分の力を高める機会は、学校外の研究会に参加するだけではない。同じ学校内には、新聞で実践が取り上げられるくらい力のある先生もいる。通級指導の教室には、子どものことをみとり、とても上手に褒める先生もいる。そんな先生方の子どもへの声のかけ方、学級通信の工夫から学ぶことも多い。

2年目も終わりに近づき、来年の希望調査があった。今年受け持った子どもたちを持ちあがることも楽しみではあるが、早いうちに1年生を経験したいと思う気持ちがあり、第1希望に1年生、第2希望に3年生と書いた。この県では、初任者は原則3年で学校が異動となる。A小学校に勤務するのはあと1年。今は実家から通っているため、家事は両親に任せられるが、異動後は基本的に実家から遠く離れた地区になるため、そうはいかない。あと一年間、親に頼りながら、これからの教師生活の礎になる年にしたい。

と思っていた年度末、新年度の担当が漏れ聞こえてきた。どうも3年生の担任になるらしい。1年生ではなかったのは残念だが、今担任している子どもの約1/3がいると思うと、それはそれで楽しみになる。ただ、初任者研修で指導してもらい、散々けなしてきた先生が、3年生の学年主任になると聞き、不安な気持ちもある。

〈小学校教師3年目〉

初めての持ち上がりの学年。クラス再編されたため、担任した子どもたちばかりではないが、全く知らない子どもではないぶん安心して新年度を迎えた。ただ、2年生の時から暴力的で名を馳せた子どもが在籍するため、その点が気がかりではある。始業式の日から、さっそく近くの子どもに飛び膝蹴りをしている様子を見て、大変な1年になる予感がした。昨年一緒に悪さをしていた友達とクラスを離したこともあり、この子の居場所をどう作っていくかが大きな課題になる。通級指導の先生とも相談して、一年間かけて成長を見守るための作戦をたてた。それは、「とにかく悪いことは無視する。」「ちょっとでもいいことをしたら、とにかく褒める」というもの。これまで散々叱られてきているけれど、それでよくならないのはもうわかっていた。始業式からの1か月は、特に気を抜けないと学年団で共有した。

初任者研修で指導を受け、今年度3年生の学年主任を担当する先生は、意外なほどやさしく接してくれた。初任の時はあんなに厳しくあたってきたので、年度当初はビクビクしていたが、立場が変わったせいか、それとも自分が学年の仕事をかなり引き受けているせいか、協力して学年運営を進めることができている。同じ3年生を組むもう一人は、今年度から異動してきたベテランの女性の先生で、子ども4人を育てながら仕事もバリバリこなしていて、公私ともいろいろと相談しやすい。通級教室の先生も含めて、学年団で連携して指導にあたれるのは、とても心強く感じた。

大学の教育実習で、2回とも3年生に配属されたため、3年生の教材について多少理解していたが、9月の数週間の教育実習とは役割も責任も全く違うため、あまり参考にはならなかった。今まで担当した2年生と4年生とはまた違った3年生ならではの面白さがあった。

「本当に3年生って新しいことを始めるのがいっぱいなんですよね。理科、社会、総合が増えるだけじゃなくて、書道も始まるし、リコーダーも始まる。普通のことをやっても、みんなは感動しているみたいな。これがリコーダー、これが筆とか。そういう初めてをみんなと一緒に共有できたのはすごく嬉しかったです。」

昨年度、公開授業研究会で授業者をさせてもらい、自分の学びになったため、今年度も立候補しようと思ったのだが、2年連続は避けてほしいと言われた。市教研で授業をする機会もなく、何となくモチベーションが上がらない。もちろん、学校の方針として、全員一度は校内で授業を公開するのだが、大勢の教師や指導主事が関わる研究会ではないため、「こんなんでいいのか」という思いもある。

だからといって、学ぶことがないわけではない。毎日の授業や学級経営の中では、日々何かしらの問題が起こる。そのつど、どう対応するのがよいのか考える際、同僚からのアドバイスは教師としての経験値を高めてくれる。そんな同僚がたくさんいて、問題や状況に応じて手を差し伸べてくれる環境が、この学校にはある。

「困ったことがあって、どうしようって思った時に、自分の中で何先生に聞こうかなって、いっぱいいるんですよ。聞ける先生が。この問題だったら、この先生だなとか。これは今暇そうにしているあの先生だなとかって。そういうふうにライフカードじゃないけど。言われなくても話していいよっていう雰囲気だしてるんですよ。どの先生も。」

そのような学び合える仲間は、教師生活の2年間で学校外にも増えてきている。初任者研修で共に慰め合った同期、同僚に連れて行ってもらった研究会で出会った先生方など、ネットワークは少しずつ広がりつつある。1学期も終わりに近づいた7月、研究サークルの懇親会があった。そこで、初任者研修ではあまり関わる機会のなかった同期と再会した。子どものこと、学校のこと、困ったこと、嬉しかったこと、いろいろな話で盛り上がった。近くに座っていた知り合いの先生から、「2人いいじゃん」と言われ、何となく意識するようになった。その後、お互いに連絡を取るようになり、何度かデートを重ねて、付き合うことになった。

2学期に入り、問題を抱えていた子どもも少しずつ落ち着くようになってきた。取り組んできたブロークン・レコードやトークン表の成果が表れてきたのかもしれない。それでも、毎日いろいろと業務があるもので、帰宅時間は9時を過ぎることも珍しくない。朝7時半の出勤から考えると、一日の勤務時間は13時間以上にもなる。付き合っている彼との将来を考えると、家庭生活との両立は難しいのではないかと頭によぎる。そんな時は、同学年を組む女性の先生のところに駆け込むようにしている。4人の子育てをしながらの教職生活について聞くうちに、不安も落ち着いてくる。この先生と話していると、自分がこれまで取り組んできた教育活動の振り返りにもなる。

「最初、1、2学期は、こんなんでいいのかなあみたいな感じだったけど、やっぱりその先生が言ってた通り、1年かけてっていう意味がよくわかった。最後すごくよくなってたから。うちはなんか平行線だった。その先生によく言われたのが、『一年間通してやるようなことを、先生は一か月でやろうとしているよ。』とかって。」

子どもたちにとって居心地のよい学級にしていきたい。これは一貫して思っている。ただ、一度そのような学級になったら、そのまま継続するかというとそうではない。この先生と話す中で、「一年間かけて学級をつくっていく」という意味が何となくイメージできてきたが、これからの大きな課題だなとも思う。

12月頃になり、学校ではそろそろ異動に向けた管理職の面接が始まる。初任者は原則的に3年間で異動するため、実家から通えない地域へ異動になることはほぼ決まっている。それは、彼も一緒だ。そんな12月のある日、彼から結婚してほしいとプロポーズを受けた。もちろん承諾した。結婚するとなると、4月の異動にも影響する。バラバラの地域で新婚生活を迎えることはできるだけ避けたい。そのために、すぐに管理職に相談したいところだが、まずお互いの両親に結婚を考えていることを相談した。ただ、一人っ子ということもあるだろうが、まだ若いという理由で自分の両親からの承諾がなかなか得られない。焦る気持ちから、両親の承諾を得ないまま、今年度中に入籍することを管理職に伝え、何とか一緒に住むことができるよう、教育委員会に掛け合ってもらった。3月中旬に内示を受け、2人とも同じ地区に異動になることが決まり、ホッとした。初任の3年間、そして今年一年間を振り返りたい気持ちもあるが、職員室を片付け、引越し先のアパートを決め、荷物をまとめていると、3月はあっという間に過ぎてしまった。新天地で教師生活4年目を迎える。

「今年1年、なんだったんだろうなぁ。プライベートの方は縁あってこういう風になったけど、仕事の方がどうなんだろう。これでいいのかなあっていう感じもする。個人が成長した姿を見れたから、それはよかったなって思います。でも、たまに自分の自己満足なんじゃないかとかも思ったし。（中略）うまく言えないけど、去年みたいな達成感はないなあ。」

〈小学校教師４年目〉

実家を離れ、新天地での生活が始まった。3月に入籍した夫との２人暮らしは、家事を全て両親に任せていた実家暮らしの時と比べて、かえって規則正しい生活になっている。大学生の時に一人暮らしの経験はあるが、その時はコンビニで弁当やお惣菜を買ったり、アルバイト先のまかない料理で済ませたりすることが多く、自分で料理を作る機会はそれほど多くなかった。そのため、毎日料理をするのは、生まれて初めてになる。ただ、その立場になってみると、料理をすることは全く負担に感じず、むしろ趣味になりつつある。

初任校は、住宅地にある自宅から通える中規模校だったが、2校目は、1学年１クラスが多い郡部の小規模校。実際に住んでみると、スーパーや繁華街もそこそこあるため、今のところ不自由は感じない。ただ、人のつながりが密なため、うわさ話が拡がるスピードがとても速い。ゴミの出し方など、教師として後ろ指さされない生活を心がけたいと肝に銘じた。

新しく受け持つクラスは１年生になった。幸運なことに１年生は30人以下で構成することになっているため、２クラスに分かれており、担任するクラスは17名という少人数だった。隣のクラスの主任に聞きながら取り組めるのは大きい。ただ、これまで担任した4年生、２年生、３年生は、それまでの学校生活で少なからず下地ができた子どもたちだったが、１年生はその下地がない。自由奔放に動き回る子どもたち、しかもこだわりが強かったり、教室を抜け出したりする子どもたちと授業や給食をともにすると、放課後はどっと疲れが出て、しばらく動けない日が続いた。

「入学式の時に写真撮影が全然できなくて、みんな動くんですよ。本当に。落ち着きないなと思って。入学式終わって教室に戻ってきて、先生の名前はとかってあるじゃないですか。全然聞いてないみたいな。（中略）１年生なので、すごい先生、先生っていう感じで、超ウェルカムで、抱きついてきたり、教室入れば『おはようございます』が2倍、3倍になって返ってくる。」

郡部の学校への異動を希望する教師が相対的に少ないこともあり、郡部の学校はどこも比較的若い教師が集まる傾向がある。その反面、その地域で生まれ育った教師などは、その地域の数校で異動を繰り返す場合もある。そのため、郡部の学校は、外から来る若手と、長く住むベテランに二極化することも少なくない。長く地域に住んでいる方の中には、外から入ってくる人に対して、最初は心を開かない方もおり、周りの教師から、「あの人が、〇〇言ってたよ」などと噂されていることを聞いた。後になって考えてみると、自分のことで手いっぱいになってしまい、挨拶が素っ気なかったかもしれないと反省した。それ以降、挨拶にプラスして話をするように心がけ、少しずつ打ち解けていった。

初めての異動は、前任校とのギャップに苦しむと聞いたことがある。それほど大きなギャップは感じなかったが、研究テーマの設定方法など、多少はやりにくさを感じることもあった。前任校は、独自性のある課題を設定することが強く求められる一方で、教科は各々の専門教科で構わなかった。一方、新しい学校では、教科は算数、しかも教科書に載っている問題を使うという制限があり、それを使っていかに学び合う環境を作るかに主眼が置かれていた。今までは、特に国語や音楽に焦点をあてて研究してきただけに、その微修正に時間がかかった。来年は、算数の研究指定校として公開授業をしなければならないと決まっている。まだ先のことではあるが、先進校に視察に行く際は、少しずつ算数の授業を参観しようと考え始めた。

問題を抱えている子どもが何人かいるものの、学年主任からいろいろ教えてもらいながら、日々の取り組みは滞りなく進んでいった。それでも、同じ1年生なのに、担任するクラスと隣のクラスで、少しずつできることに違いが出ると、不安な気持ちも高まった。学年主任は30代中盤で、まだ子どもが小さいため、退勤時間が過ぎると割と早い時間に帰宅する。そのため、主任が学校にいるうちにできるだけ多くのことを聞こうと、放課後にいろいろ質問した。

「不安はずっとあって、隣のクラスはもうこれができるのに、うちのクラスはできてないとか。関係はよかったんですけど、不安はありましたね。」

初任校の時に関わっていたサークルに参加するのは、距離的に難しいため、新たに地区の若手サークルに入った。それに加えて、初任４年目を対象とした研修が義務付けられており、そこには同期採用の夫とともに参加した。独身時代を知っている仲間同士の中で、夫と一緒にいるのは、何となくやりにくいというか恥ずかしい気持ちもあるが、それでも同じ職業だからこそ支え合える部分も多い。夫は体育を専門としていることもあり、簡単にできる体づくり運動や、子どもが楽しんで体を動かせる方法を聞いたりできるのは、とても助かっている。お互い帰宅時間は遅いけれど、食事の準備と洗濯は自分、後片付けと掃除は夫など、協力してできていることもありがたい。

クラスの状況は上がったり下がったりを繰り返しながらも、少しずつ落ち着き始め、学習発表会などで子どもの成長を実感できてきた。校内研究で行った算数の授業がうまくいかなかったという反省はあるが、大きな問題なく取り組めていることは自信になる。クラスの状況が落ち着き始めると、３月末に予定されている結婚式の準備にも気持ちが入る。夫婦ともに教師をしているため、結婚式をいつ行うかは、なかなか難しい。学校行事や様々な校務のことを考えて時期を決めた。ただ、３月末に式を挙げるためには、その前にやらなければならないことがたくさんある。わかっていたことではあるが、通知表や指導要録の作成と、披露宴の準備が重なるのは、本当に大変だった。たくさんの方が集まってくれて、同僚による余興や子どもからのメッセージなど、本当に幸せな披露宴になったことを嬉しく思うものの、もしも担任するクラスが授業時間や業務量の多い高学年だったらと考えると、とても乗り越えられなかったのではないかと思う。

「（披露宴の）打合せ中も、ずっと休みなしで打ち合わせっていうわけじゃなくて、間に休みがあったりするんですけど、この部屋一日使っていいからって言われて、その合間に旦那もパソコン開いて何かしたりとか。」

結婚式が終わると、休む間もなく次年度に向けた準備が始まる。告げられた担当は、新５年生の担任。高学年を経験したいと思い、自分から希望したとはいえ、女の子同士の関係がとても難しく、教師と子どもの関係がこじれたと聞いていたこともあり、幸せな気持ちは一気に現実に引き戻された。

〈小学校教師５年目〉

新年度が始まった。担任する５年生は、１クラスしかないため、自動的に学年主任を兼務することになる。これまでは学級が複数ある学年を担任してきたため、学年主任を始めとする他のクラスの先生方について行けばよかったが、今年はそうはいかない。前担任からの引き継ぎでは、女の子同士の関係が崩れていること、その中でも一人の女の子がかなりの大物という話を聞いた。大変だということは噂で知っていたけれど、具体的なエピソードを聞くと、手に負えるだろうかという不安が頭をよぎる。

高学年を任せてくれた期待に応えなければいけない。いつも以上に、厳しい態度で学級づくりに取り組み始めた。前担任との指導方針の違いに、子どもたちが戸惑う場面もあったが、滑り出しは好調だった。もちろん女の子同士の小さないざこざや、仲良しグループの入れ替わりはあるものの、問題を抱えていると言われた子どもも、ひとまず大きなトラブルは起こしてない。ところが、少しずつ慣れが出てきた４月末に、子ども同士のトラブルに対して指導したところ、その女の子が突然学校を飛び出してしまった。それを契機に、些細なことですぐにキレて、誰彼構わず暴言を吐いたり、物を投げたり、机や椅子を蹴ったりするようになった。

この子との関係を築くことが、何よりも最優先だと思い、校内のあらゆる先生方に相談した。病院や特別支援学校ともつながり、こういった時の子どもの精神状態やその背景、そしてどのように関係を築いていくかなどを教えてもらい、できることから実践した。保護者の方への連絡帳に、その子の良いところを毎日書く。友達とのトラブルがあった時は、その子と相手の子がどういう気持ちだったのかを、ノートに整理して共有する。お医者さんから教えてもらった、自分と相手を入れ替えて気持ちを推測する逆ロールプレイも実践した。一昨年試して成果があったトークン表なども取り入れて、その子が自分の良さや成長を感じられるように取り組んだ。それでも、一気に変わるわけではない。先のみえない状況に、気持ちは一杯一杯だった。

「ボーナスが出て、一番高いぐらいのお寿司屋さんに行った時があって。最初は美味しく食べてたんですけど、やっぱりその子が一番荒れている時で、おいしいお寿司を食べながら、ぼろぼろ涙が出てきたのが印象的でしたね。おいしいお酒をぐびぐびのみながら、やってらんねぇみたいな。」

そんな苦しい毎日で、辞めたくなる気持ちもあるが、同僚から励まされて何とか続けられている。初任１年目の時も苦しい日々が続き、親身になって励ましてくれる同僚のおかげで何とか乗り越えた。ただ、その時は何もわからない自分に「こうした方がいいよ」などと親身に指導してくれることが多かったが、今の職場は、問題に立ち向かっている自分を包み込んでくれるやさしさがある。

「こういう風なことで何かまた友達と喧嘩してるらしいんですよねとか言うと、生徒指導の先生とかが笑ってくれるんですよ。爆笑してくれて。くだらないことで喧嘩してんねみたいな。何か笑い飛ばしてくれる先生で、全然気持ちの持ちようが違うっていうか。」

２学期に入り、それぞれの子どもとの関係は、少しずつ改良されてきた。ただ、子ども同士の関係は根深く、一朝一夕に改善していかない。郡部の小規模校の場合、子どもの数が少なく、また幼稚園や保育園がたくさんあるわけではないため、幼少期からほぼ同じコミュニティで生活することになる。小学校も単級のため、ほとんどの子どもは３歳から５年生まで、いろいろな思いを抱き、それが蓄積されている。その思いは、そう簡単に覆すことができない。問題を起こす子ばかりに気をとられていると、他の子どもたちにとっては面白くない。バランスをとりながら学級としてのまとまりをつくっていくには、繊細な気配りが求められる。

「そんな子なので友達いないわけですよ。今までその子はひどいことしてきたんです、みんなに。幼稚園の時にこうされたんだとか言ってます。だから、一対一の関係築きながら、学級経営をしなくちゃいけなくて、やっぱりクラスのみんなでガス抜きみたいなことも2回くらいやったのかな。」

2学期も終わりに近付いた頃、そのような試行錯誤が少しずつ実を結び始めた。誰彼構わずに暴言を吐いていた子どもとも少しずつわかり合えるようになり、問題を起こした後に話しをすると、泣く場面も出てきた。目がつりあがって人や物に当たり散らしていた1学期と比べて、キレることも少なくなっていった。子ども同士の関係はまだまだ課題があるが、その甲斐あってか、2学期に行ったQ-Uテストで、クラス満足度が80%にまでなった。1年前が50%だったことを考えると、少しは改善したことを嬉しく思う。10月頃に発覚した妊娠を、年明けに子どもたちに伝えたところ、みんな驚き、喜んでくれた。「先生に重いものを持たせないように」など、子どもながらに気を使ってくれる様子を見ると、クラスとしての成長を実感する。

4月から産休、そして育休に入るため、この3月で教師生活は一区切りとなる。郡部にあるこの学校へ異動してくる時、原則的に3年間という期間が決まっており、その中には産休や育休も含まれる。そのため、異動願を出せば、都市部の学校で復職することになる。今年度担任した5年生は、一年間本当に苦労したけれど、そこで学んだことも大きい。ただ、自分の中では、あまりうまくいかなかったという気持ちが強くあるため、復職した時に高学年を担任することに多少怖さも感じる。出産と育児を経験して、人間としても教師としても幅を広げて、教師として戻ってこようと心に決めた。

「高学年持たないとわかんなかったことなのかな。ある意味力の抜き方を知った。たぶん、4月とかは全然笑わなかったと思います。ああしなきゃこうしなきゃみたいな。理想と現実のギャップを埋めるために、厳しくしてりゃ何とかなるとかって思ってたけど。（中略）逆に言えば、このクラスじゃなきゃ、そういうことは身につかなかったかもしれないですね。何でも素直に聞くクラスだったら、ちょっと厳しく、高いものを常に要求してっていう感じだったかもしれない。」

〈小学校教師６年目〉

大変なクラスの担任を終え、産休に入る。3月末の離任式で異動する先生方を見送り、そして自分も送り出された。あれだけ休みを待ち望んでいたはずなのに、学校での生活に一区切りつくことを寂しく思う。

「本当にぽっかり何か空っぽになっちゃって。自分の中で。カウントダウンで辞めたかったのに、いざ辞めると何もないんだなって思いました。」

朝起きて朝食を食べ、夫を送り出し、一人自宅で過ごす生活が始まった。出産まで2か月となり、お腹は大きくなってきているが、これまでと特に変わりない。いざ時間ができてみると、意外なほど自分に趣味がなかったことに驚く。今までの休日は、本を読んだり買い物をしたりしてきたが、そこで読む本は学級経営や授業づくりに関するものがほとんどで、買い物も授業で使える教材づくりのためのウィンドウショッピングになっていた。そのため、学校へ行かなくてよいとなると、特にやりたいこともなく、時間を持て余した。それも勿体ないので、手芸をしたり本を読んだりもしたが、長続きはしなかった。里帰り出産のためGW後に実家へ戻る予定だったが、あまりにも暇だったため、繰り上げて4月下旬に戻ることにした。

実家に戻ったからといって、趣味ができるわけではないが、歓待してくれる家族がいて、古くからの友人と会ったりできる分、多少気持ちは満たされた。出産予定日を10日ほど過ぎた頃にようやく陣痛が始まり、ぶじ出産することができた。「出産を経験したら、この先怖いものはない」と言われるように、24時間以上にも及ぶ痛みを耐えた経験は、想像以上に大変だった。子どもが日中も夜中もあまり寝てくれず、その理由もわからない中で、母乳がなかなか出ない自分のせいではないかと自己嫌悪に陥る。

退院して実家に戻ると、夫から自宅の購入について話があった。あと1年すると、夫婦とも異動になることもあり、戻って来た時の住処をどうするかは、これまでも話し合ってきた。いずれは家を建てたいと、たまに住宅展示場などを見に行ったりもしてきた。ただ、お互いの実家の兼ね合いもあり、どこに家を建てるかが難しく、なかなか前に進める状況にはなかった。それでも子どもが生まれ、異動で戻って来るこの機会を逃さぬよう、夫が両家の両親とも話し合い、戻って来た時に、新居に入れるよう説得したということだった。しかも、すでに土地も仮契約し、家の間取りなども相談し始めているとのことで、話の進む速さがあまりにも早く驚く間もなかった。

子どもの状況が安定した秋ごろ、夫の住む自宅に戻った。最初の頃は、子どもをお風呂に入れるため、7時頃に帰宅してくれていたが、2週間もすると少しずつ帰宅時間が遅くなり、しまいに深夜まで帰って来ないこともあった。学校やサークルなどで研究授業をする機会が重なっており、その上せっかくの学びの機会にこだわりを持って取り組みたい気持ちは、教師としては理解できるが、家族としてはなかなか理解しがたい。少しは考えてほしいと伝え、多少改善された日もあったが、またすぐに元に戻った。教師という仕事は、子どもと関わり、その成長に寄り添えるとても意義のある仕事だと思うし、自分自身もこだわりを持って取り組んできたから、夫の気持ちもわからなくはない。しかし、テレビや雑誌で教師の忙しさが特集されているのを見ると、仕事に復帰してやっていけるのだろうかという思いも頭に浮かぶ。

「だからもう腹をくくりました。私はシングルマザーだって思って。何かしてもらおうなんて考えたら、逆に期待しちゃって落ち込むから、期待しない。」

たまに学校のことを考える時、昨年受け持った5年生が6年生になり、今どうなっているのだろうと想像したりもする。厳しい指導で有名な女性の先生が担任になり、一気に落ち着かせたということは聞いていたが、その後の情報は入ってこない。復職するのは先のことだけれど、その時のことを考えることもある。

「今も考えるんです。夢にも、先生になっている自分が夢に出てきたりするぐらいなんですけど。でも、今考えると、結構学級経営の本とか見たり、研修とかに行ってこれやりたいって思ったけど、目の前の子どもあんまり見とれてなかったかなっていうのは、感じるところで。（中略）すごい見栄えを気にしてたんですよね。あのクラス格好いいみたいな、あの先生格好いいみたいな。見栄えよりも、もっと大切な根本を育てたいなって。」

5年間の教職生活で学んだこともたくさんあるが、出産と育児を経験し、学校と少し離れて教職生活を振り返る時間ができたことで、自分自身の働き方や生き方を問い直す機会になっている。ある時、夫の同僚の先生とご飯を食べる機会があった。教師になりたいと考えた時や初めて担任した時の新鮮な思いが蘇ってきた。育休期間はまだ続く。3月には、新居での生活も始まる。焦らずに自分なりの生き方を模索するまたとない機会を大切にしたい。

「先生っていう仕事をやんなきゃいけない仕事じゃなくて、ローン返済のためにとかじゃなくて、自分がやりたいからやっているみたいな言い方をしている時があって、ああ、これだって。なりたいからなったのに、いつの間にかやらなきゃいけないみたいな。（中略）仕事に対する考え方っていうか、やり方を変えないとつまんないって思って。じゃあ、どうしたら楽しくなるんだろうって考えてる途中なんですけど。」

〈小学校教師7年目〉

完成したばかりの新居で育休2年目を迎えた。自分の実家から車で30分、夫の実家から車で15分の場所を選んだのは、お互いの両親との距離感を保つ上で正解だった。初めて住む土地のため、近所に知り合いはいないが、近くの子育て支援センターに行けば、たくさんの子育て中の母親や助産師に会い、いろいろな相談や愚痴の言い合いをできるので、特に不便はない。新しい学校に異動になった夫は、5年生の担任になったらしい。相変わらず帰宅時間は遅いが、それでも新居で家族一緒に過ごせることに、幸せを感じる。

子どもはすくすくと育っているが、同じ月齢の子どもができることを、自分の子どもができない時があり、たまに不安に思うこともある。そんな時は、子育て支援センターに駆け込み、助産師さんから「大丈夫だよ」という言葉を聞き、あまり考えすぎないようにしている。5月のある日、加熱しきっていない卵料理を食べさせた後、噴水のように吐いて、蕁麻疹が出た。今までもたまに吐くことはあったが、この時はいつもと状況が違った。翌日病院に行くと、卵アレルギーと診断された。担任を受け持っていた時も、いろいろなアレルギーを持っている子どもがいた。保護者の方とも密に連絡を取り合ってきたけれど、どこか他人ごとだったかもしれない。親として直面することで、保護者の方の苦労を実感し、今までの対応を反省した。

「自分の子どもがそうなって、初めてアレルギーについてしっかり考える感じでした。今まで担任持ってた時も、お母さんと連絡ややり取りしたけど、学校でミスがないようにって、そこしか思ってなかったので、大変なことがわかりました。」

子どもと日々過ごしていると、教師として保護者と関わった際の自分の至らなさを振り返ることが多い。ママ友家族と遊んでいる時に、子ども同士で物の取り合いになって、自分の子どもの手が出てしまったり、大きな声を出したりしりすると、親として申し訳なさと恥ずかしさで心を痛めた。教師をしていた時を思い出すと、できるだけ丁寧に対応してはきたが、その背景には「保護者から何か言われなきゃいいな」という外面を気にしてのことだったと感じる。教師に復職する際は、親として学んだ経験を生かしていきたいと強く思った。

その一方で、ママ友と話をすると、仕事に復帰したくないという話もよく聞く。自分自身も、育休後に復職するかどうか、というよりも、復職したとして、子育てと並行してやっていけるのかどうかは、以前から不安に思っている。だからといって、家のローンのことを考えると、働かないわけにはいかない。昨年夫の同僚と話す中で、楽しく仕事をするように考え始めたつもりなのだが、どうしてもネガティブな方向に考えてしまう。どちらにしろ、元々子どもはたくさん欲しいとの思いがあるので、何度も出産と復職を繰り返すよりも、このまま2人目を妊娠する方が得策なのかもしれないとも考える。12月に入り、来年4月からの復職について前任校に伝えたものの、ほどなくして第二子の妊娠が発覚した。

第二子の出産時期を考えると、教師として働けるのは4月から6月の短い期間になるが、復職の時期が近付いてくると、2年前の大変だった教師生活を思いだす。その一方、夫はとても充実した教師生活を送っているようで、羨ましい気持ちもある。

「自分が5年生、2年前何かあんまり不完全な感じで終わった同じ5年生が、話聞いていれば全然違うわけなんですよ。姿が。だからすごい羨ましいっていうか、置いて行かれている感じ。私は家にいて、何か褒められることと言ったら、夕飯美味しいねぐらいしかないのに、何かすごい日々達成感を感じてずるいなって。」

4月から子どもを預ける保育園が2月に決まり、3月に入ると自分が復帰する学校も決まった。新しく勤務する学校は、自宅から徒歩5分程度。その学校の校区内に自宅がある。いずれは自分の子どもが通うことになる学校に勤務することになった。4月から6月の短期間の勤務になるため、できるだけ子どもたちにも先生方にも迷惑をかけないように、担当を決めてほしいと願い出た。3月下旬になり、担任を持たず、低学年の副担当と、いくつかのクラスで音楽と家庭科の授業をする役割になったと連絡があった。限られた教職員で仕事を分担する中で、かなり優遇してもらったことを申し訳なく思うと同時に、2年間のブランクや、自分の体のことを考えると、とてもありがたい。

4月1日から仕事が始まるため、できれば慣らし保育を3月中にできないかと保育園に問い合わせてみたが、それは難しいとのことだった。保育園に入りたては、子どもがぐずったり、病気をもらってきたりすることも多いと聞く。そんな新しい生活への親の不安を感じ取っているのか、子どもがたまに夜泣きする時も出てきた。

〈小学校教師８年目〉

Ｂ小学校で問題の多かった５年生を担任して以来、２年ぶりに学校へ戻ってきた。新しく勤務するＣ小学校は、自宅のある新興住宅地にあり、年々子どもが増えつつある。これまで勤務した２校よりも規模が大きく、今年度は各学年３クラス、特別支援学級が６クラスあり、教職員も50人ほどが在籍している。２年ぶりの復職で、緊張する気持ちも多少はあるが、担任を持たないという心の余裕からか、育児から離れ、多くの人と関われるという楽しみからか、学校へ行くのを心待ちにしていた。

担任外のいろいろな業務を担うことになっているが、主な担当は低学年の副担当ということで、職員室では１・２年生の先生方と並んで座ることになった。始業式に向けて、様々な準備が進む中、担任だけが集まっての打合せも多い。そうした時は、担任を受け持っていない自分は参加しないため、何となく仲間外しにされた気分になる。できるだけ自分にできることをしようと動くようにしたが、妊娠中でお腹が大きいこともあり、重いものや寒いところを避けるように周りが気を使ってくれる。気を使ってもらうことに感謝する一方で、何も力になれず申し訳ない思いに苛まれた。そんな中でも、いろいろな人が声をかけてくれて、数日のうちに疎外感は和らいでいった。

低学年や特別支援学級の授業補助をする上で特に準備することはないが、音楽と家庭科の授業をするためには、教材研究は欠かせない。とりわけ、昨年から崩壊気味の６年生で行う家庭科の授業準備には、かなり力を入れた。家庭科のみ、しかも３か月という短い期間しか担当しない教師に注意されたとしても、聞く耳を持つはずはない。これは授業で勝負するしかない。超楽しい家庭科の授業にして、引き付けようと決意した。

ある程度授業はあるものの、職員室で給食主任の仕事をすることも多い。職員室にいると、いろいろな先生方の働き方から特徴がわかってくる。

「休み時間とかも職員室にいたんですよね。そしたら、やっぱり年配の先生ほど、よく戻って来るんだなって。今年退職迎える女の先生がいて、休み時間ゆっくりお茶飲んで。保護者に電話だけはしょっちゅうかけてましたね。親との絆が固いんだろうなって。若い先生ほど戻って来ない。私もそうだったなと思って。戻って来て、お茶の一杯飲んだら何か変わっていたかもしれないって思いました。」

そんなことを考えていた6月頃、3年生の担任をしている初任の先生が年休をとったと聞いた。何となくピンと来て、隣のクラスの先生に状況を尋ねると、「たぶん続くかも」との回答だった。3年生の先生方はとても仲良く、自分が話しかけた時は元気そうだったし、自分の新採用の頃よりよほどちゃんとしていた。それでも、思い返すと職員室にはあまり戻って来ていなかった。担任を持っておらず、少し余裕のある自分がどうして声をかけてあげられなかったのだろうかと悔やむ気持ちは大きい。気持ちと心をリフレッシュして、戻ってきてほしいと願うしかないのだが、何か支えになりたいとも思った。

忙しい先生方のお助けマン的な立ち位置で、力になれず申し訳ないと思うが、頼まれたことを手助けすると感謝されることが多く、今までと違うやりがいはある。ある時、道徳の授業で命の教育をしたいので手伝ってほしいとお願いされ、授業協力者として話をする機会があった。

「逆に妊婦っていうのを使って何かできないかなって思った時に、担任の先生から依頼が来て。道徳で命についてやりたいんだけど、妊婦の気持ちとか話してもらっていいですかって。上の子の出産までと、2人目の子のことを語り。（中略）じゃあうちもみたいな依頼が来て。」

それ以外にも、急な対応が必要になった教師の代わりに授業をする機会も多い。担任をしていた時は、かなり綿密な準備をして授業に臨んできたので、急な対応を求められると苦しくはある。ただ、準備をしていた時は、ここまで終わらせなきゃ等、自分のやりたいことに固執してしまうこともあったが、準備をしていない分、子どもたちをよく見て、よく話して、進め方を考えるように気をつけている。そうすると、いかに今まで子どものことを見ていなかったかに気付かされる。

「準備をしてたら、きっとここまで終わらせなきゃいけないとか、自分のやりたいことが優先して子どもを見てなかったと思って。今までいかに子どもを見てなかったなって思ったんですよね。（中略）子どもを見るってこういうことなのかって。この子がこんなにできるようになったとか。この子はここまで書けたとか。」

こういったことは、長男が通う保育園で、先生方と関わる中でも感じる。子どもの髪を切った翌日保育園へ行くと、入りたての先生はいつも通りの挨拶だったが、ベテランの先生は「おお、髪切ったね。カッコいい。」と頭をゴシゴシしてくれた。自分が担任をしていた時、こういう小さな変化に気付けていただろうか、と反省する。夫との話の中でも感じることがある。昨年度はとてもうまくいっていたクラスを、そのまま持ち上がったにも関わらず、少しずつ崩れてきていると聞く。学年の仕事や研究会の担当などで忙しすぎたこともあり、目立たない子どものことを見ることができていなかったことが原因のようで、それを悔やんでいる。そういった話を聞くと、子ども一人ひとりを見るということが何なのかを考えさせられる。このことは、B小学校でお世話になったベテランの女性教師と話していた時も感じた。その時クラスがまとまっているように見えても、先生が変わって崩れてしまう場合もある。もちろん引き継いだ先生の力不足の側面もあるが、そう単純ではないという。「見かけのクラスと本質は違う」と聞くと、自分が受け持ってきたクラスはどうだったのだろう、次はどうしていけばいいのだろうとわからなくなってくる。

産休に入る日が近づいてきた。家庭科を担当した荒れたクラスの子どもたちから、サプライズで一人ずつ手紙をもらった。今までも子どもたちから手紙をもらうことはあったが、個性豊かでエネルギッシュな６年生の文章力には、驚かされ、感動した。その手紙は、痛みで苦しくなった時のお守りとして、分娩台まで持って行った。

第一子の時とは異なり、第二子はすんなりと生まれてくれた。長男の赤ちゃん返りには多少参ったが、何もかも２回目なので、どっしりと構えて育児をすることができている。とはいうものの、不安にならないわけではない。そういう時は、助産師さんに電話をかけて相談して何とか乗り越えている。夫の帰りは相変わらず遅く、幾度となく議論になるが、あまり変化はない。大変なのはわかるが、もう少し家族のことを考えてもらいたいとも思う。来年度は、研究主任になることが決まったらしい。よりいっそう忙しくなり、帰宅時間が遅くなることを覚悟した。

〈小学校教師９年目〉

幼少期の子どもとの関わりを大切にするため、せめて一歳までは育休をとりたい。年度途中での復帰は、かえって学校に迷惑をかける。いろいろ考えた末、もう１年育休を申請した。夫が仕事に行き、長男を保育園に送り出した後の、長女との２人での生活は、とてもゆったり時間が流れる。

夫は、今年度は４年生の担任に加えて、初めて研究主任となった。ただでさえ忙しいのに、県の教育センターから理科の研究リーダーの依頼があり、断れずに引き受けてしまったと聞いた。これまでも帰宅時間について揉めたことはあったが、平日の帰宅が遅いだけではなく、土日も朝から夜まで仕事になると、さすがに呆れる気持ちもある。ただ、教師の仕事の楽しみややりがいもわかるし、家の手伝いも最低限はしてくれている以上、これ以上は強く言いにくい。せめて、ゴールデンウィークや記念日などに、家族で過ごせるようにしてほしいと伝えた。

大学卒業からまもなく10年を迎える。教員免許状を更新するためには、今年度と来年度で30時間分の講習を受講しなければならない。来年４月から復職することを考えて、今年度中に履修することにした。夫からは、教員免許講習についてあまりよい話を聞いていなかったが、タイトルを見ると、復職した時に参考になりそうな内容や自分の子育てにも役立ちそうな内容があり、楽しみになった。内容ももちろんだが、子どもと少し離れて興味のある話を聞くことができるというのは、この上ない幸せな時間だった。

「私も、行くのは最初は億劫だったんですけど、何がいいって一人になれる。（中略）しかも、内容にこだわって選んだので、全部自分の興味ある内容だった。もともと子育ての講演会とか、そういうの行くのも好きだったので、一日話聞いてても全然よかったです。」

このような講習を受けると、来年4月に復職することが楽しみになる。免許更新講習を受講するための書類を取りに学校へ行った際も、子どもたちや先生方から声をかけてもらうと、「本当は働きたいんだな」と自分の気持ちに気付く。同じ頃、育休中の女性教師が集まる会に参加し、そこで教師にも時短勤務があることを知った。一般企業の友人は、時短で働く人もいたが、担任をもっていると難しいのではないかと思っていたが、どうやら可能らしい。自分が使うかどうかはわからないが、いざとなればそんな方法もあることを知れたのはよかった。

ところが、8月に入り第三子の妊娠が発覚した。これまで出会った女性の先生の中にも、たくさんの子どもを育てている方は意外と多く、たいていは短期間に集中して出産していた。長い間現場を離れることに若干後ろめたい気持ちもあるが、自分が一人っ子だったこともあり、昔から子沢山の家庭に憧れていた。夫も喜んでくれた。

11月に夫の研究発表が終わり、ようやく夕食を一緒に食べられる時間に帰宅するようになった。父親と一緒に遊ぶことができると、子どももいつも以上に元気になる。いつもこの時間に帰ってきてくれたらと改めて思った。

そんなことが、思いがけずに実現した。2月以降に新型コロナウイルス感染症が全国的に拡がったこともあり、全国的に学校が休校になった。学校が休みになっても教師は勤務に行くが、子どもがいなければ仕事量は限られている。コロナウイルスの拡大は大きな問題だが、それによって夫は定時に帰宅するため、日々のストレスは大きく軽減した。

「学校も休みだから、旦那が定時で帰って来てくれるんですよね。何か、すごいノンストレスで、また新生児に会える楽しみもあると思うんですけど、本当に絶好調で幸せなんですよ。」

先の見えないコロナ禍により、出産の際には家族も立ち会えないことが予想される。3人目ということもあり、出産そのものへの心配はそれほどないが、家族と離れて出産するというのは、心細い気持ちになる。それと同時に、夫は、長男と長女との3人生活に耐えられるだろうかという不安もある。

〈小学校教師10年目〉

世界的なコロナ感染症の拡大が毎日のようにニュースで報道される中、ぶじに3人目を出産した。もちろん家族の立ち合いや面会はない。陣痛の痛みは、3人目だからといって慣れるはずはないが、2人目の時と同様に短時間で生まれてきてくれたのが救いだった。夫と子ども2人の3人生活は、ちょうどコロナ感染拡大による臨時休校と重なったこともあり、何とかなったようだ。ただ、上の子2人を預けている保育園が休園になってしまったことは、想定外だった。

「コロナで学校が休校してたんですよね。世間では、先生たち休校になったりして、消毒とか衛生面でも仕事増えて大変なんきゃないかって言われてて、実際は子ども来ないんでそんなに大変じゃなくて。そこまではよかったんですけど、子どもも保育園が休みになっちゃって。」

学校が休校になっても、休校中の課題を準備したり、リモート授業への対応を検討したりするため、教師としての仕事がないわけではない。職員室の3密を避けるため在宅勤務の場合もあるが、教師同士でリモート会議をできる環境がないため、学校に行かざるを得ない場面も多い。夫が出勤することと出産後の自分の体調を考えると、できれば上の子どもたちを保育園に預けたい。

ところが、保育園の休校措置が明けても、密を回避するという理由から、親が自宅にいる場合は預けられないと連絡がきた。退院したばかりで、まだ骨盤もガクガクの状態でありながら、3人の子育てをするというのは、かなり厳しい。ただ、未知のコロナウイルスへの対応に保育園も過敏になっているためか、そのような辛い状況を説明しても、「親が自宅にいる場合は預けられない」の一点張りだった。教師として働いてきた経験もあり、このような状況の中で毎日子どもを見ることの大変さは十分理解できるが、出産後すぐに4歳、2歳、0歳の子どもの面倒を見るのは、数日が限界だった。市役所の担当から事情を連絡してもらい、長男と長女を預けることができるようになり、ようやく身体を休められるようになった。

6月に入り臨時休校が解けた。まだまだコロナ前のようにはいかないが、家の前を子どもたちが通学する様子を見ると嬉しくなる。関東や北海道など、コロナウイルスの感染が拡大している地域のニュースを見ると、たくさんの子どもが集まる学校や保育園では、いつクラスターが発生してもおかしくないのだろう。かといって、マスクをして、手洗いとうがいの徹底、そしてできるだけ人ごみにいかないくらいしか対応できることはない。

コロナ禍で学校行事は軒並み中止や延期になっており、夫は比較的早めの時間に帰宅できている。そんな中、県の研究団体が主催している教育論文にまとめないかと話があったらしい。体育を専門としていることもあり、体を動かしたり実践したりするのはお手の物だが、それを文章にまとめるのは、それほど得意とは言えない。通常業務の傍ら深夜まで執筆し、休みの日にはそれを見てもらう日々が続いた。土日の家族サービスへの影響はあるが、コロナ禍のため、どちらにしろ外出できるわけではない。せっかく書くのであれば、その頑張りが報われるようにと応援にも力が入る。その甲斐あってか、一次選考を通過し、二次選考を通過し、最終的に執筆した論文が冊子に掲載され、賞状と金一封をもらうことができた。コロナ禍でどこに行くこともできず、しかも祖母の病気や手術など、あまりいいことがなかっただけに、久しぶりに気持ちが高まった。

12月頃になり、来年4月以降の復職について決める時期になった。時短勤務は申請せず、通常の形態での復職が決まった。教職経験年数はまもなく10年になるが、出産と育児が続いたこともあり、教壇に立ったのは実質5年余り。B小学校で5年生を受け持ってからの5年間の中で、3か月しか教壇に立っていない。教師の仕事の面白さもわかるぶん楽しみではあるが、子ども3人を育て、家事を担いながらの復職は、不安要素が大きい。担当について希望を聞かれた際は、できれば担任外、それが難しいようであれば特別支援学級の担任と答えた。

３月に入り、担任外と特別支援学級の担任は、他の先生方の配置を考えた時に難しいと連絡があった。打診されたのは、授業時数が少なく、比較的早く帰宅が可能な２年生の学級担任だった。2年生はＡ小学校の２年目に担当し、とても充実していた記憶がある。ただ、懸念が一つ頭をよぎった。隣の家に２年生の子どもがおり、引っ越してきてからずっと家族ぐるみの付き合いをしてきた。今でも毎日のように行き来し、夏には家族一緒にバーベキューをすることもある間柄だ。校区内に自宅があるため、自分の子どもが入学するまでには異動した方がいいとは思っていたが、まさか隣人との関わりまでが影響するとは思いもよらなかった。さすがに２年生は避けた方が良いと考え、改めて相談し、１年生の担任になることが決まった。

担当学年が決まり、いよいよ職場復帰が近づいてきた。そんな折、いつも自分の味方でいてくれた祖母が亡くなった。そんな悲しみと緊張を察したのだろうか。長女が保育園に行きたくないと言い出した。保育園の先生の勧めもあり、保育園を休み、長女と２人買い物したり、日帰り温泉に行ったりして、お互いの不安を解消した。夫には、４月以降についての不安を相談することはあるが、できるだけ子どもの前では出さないようにしてきたつもりだった。それでも、一緒に住む子どもは敏感に感じ取るものだと知った。それとともに、過去に受け持った１年生や、４月から受け持つ１年生の子どもたちの不安な気持ちが何となく理解できるようになった。

復職する４月１日を迎えるにあたって、日を追うごとに子どもたちと関わることができることへのワクワク感と不安が高まってくる。Ａ小学校とＢ小学校で担任をしていた時は、子どももおらず、自分のやりたいように時間を使うことができた。いろいろと失敗があっても、時間をかけて乗り越えてきた。しかし、今はその時間がない。その分、結婚と子育てで得た経験があるとも言えるが、なかなかそうは思えなかった。不安と楽しみを胸に、担任として５年ぶりに学校現場へ戻る。

「今までは全然力ないくせに、時間だけはあったんですよ。だから時間でカバーしてこれたんです。例えば、５年生の時にすごい手を焼いた子どもがいたんですけど、土曜日に病院の先生と連携とってとか、その子の良かったことを連絡帳にかいたりとか、全部時間があったからできた。時間でカバーしてきたんですよ。全て。（中略）でも時間という武器を失った私は、何も残ってないんですよ。」

第3章　教師と音楽　2つの道を生き続ける
高木祐幸のライフヒストリー

第1節　教職への思いと10年間の概要

人生を楽しめる教師になりたい。好きな音楽と教職の二兎を追い求める高木裕幸（仮名）の姿勢は、大学卒業後も一切変わらない。大学3年次までに履修しなければならない必修科目を取りこぼしてしまったため、4年進級時に留年することになり、1年遅れの2012年春に卒業した。卒業して以降、関東圏の自治体で、臨時講師として2つの小学校に勤務してきている（表3-1)。10年間の軌跡と概要を表3-2に示す。

勤務する学校では、子どもからも同僚からも信頼を集め、責任ある業務を任される一方で、教員採用試験では評価されず不合格が続いた。大学在学中を含めて10回目の受験でようやく合格し、2021年度より教諭として教壇に立つ。年1回のインタビューで語ってもらった発話データをもとに、ライフヒストリーをまとめていく。

表3-1　大学卒業後10年間の履歴

年度	勤務校	担当	備考
2011年度			大学在学
2012年度	A小学校	3年生担任	臨時講師
2013年度		3年生担任	臨時講師
2014年度		2年生担任	臨時講師
2015年度	B小学校	3年生担任	臨時講師
2016年度		4年生担任	臨時講師
2017年度		音楽専科	臨時講師
2018年度	A小学校	音楽専科	臨時講師
2019年度		担任外	臨時講師
2020年度		5年生担任	臨時講師、教員採用試験合格

第2節　教師としての学びの軌跡

〈大学4年次〉

大学3年次から4年次に上がる際に留年したため、1年遅れて大学4年次に進級した。同期のみんなが卒業し、一人残されてしまったものの、仲の良い吹奏楽の後輩はたくさんいる。同じように留年した先輩もたくさん見てきたので、特に寂しいとは思わない。今年のうちに残っている単位を修得して、来年からは教壇に立つということを想像はしているが、必ずしもそう思わない自分もいる。焦らずに今を楽しもうと前を向いた。

今年のうちに残っている単位を修得しなければ卒業がさらに伸びてしまうため、ひとまず履修登録をした。ただ、なかなか気持ちが乗らない。2年次の時に受講し、レポートで不可になった科目については、担当教員から何度も「レポートだけ出せば評価するから」と言われている。にも関わらず、2年経っても筆が進まない。だからといって、7月に受験する教員採用試験の勉強が進んでいるわけでもない。教員採用試験は、地元ではなく関東圏の自治体を受験しようと考えている。高校の時から付き合っている彼女がいることもあるが、指揮を教えてくれる先生が近隣にいることが大きい。いつかは地元に帰れたらとも思うが、その前に都会でいろいろな経験をしたい。

「（地元の教員採用試験は）受けなかったですね。まだいいかなと。万が一受かってしまったら嫌だなと思って。いわゆる記念受験っていう、そういう感じで。」

授業はそれほど多くなく、教員採用試験の勉強をしているわけでもないが、意外と暇ではない。吹奏楽の演奏会をはじめ、学校や地域から演奏指導などの依頼もあり、なんだかんだ予定が埋まっている。吹奏楽の指導で学校を回ると、上達することに喜びを感じている子どもの様子を見て、自分が子どもの頃のことを思いだす。と同時に、教師の嫌な面も見えてくる。特に、吹奏楽経験がないにも関わらず、間違った指導を強要している教師を見ると、教

表 3-2 高木祐幸の

年	2011年度　大学4年生（2回目）											
月	4	5	6	7	8	9	10	11	12	1	2	3
出来事・思い	留年											大学卒業
5												
4												
3												
2												
1												

年	2012年度　A小学校　3年生担任（講師）											
月	4	5	6	7	8	9	10	11	12	1	2	3
出来事・思い	新しい生活に期待と不安。	運動会。トランペット隊の指導に関わる。	土日や空き時間に音楽できる。仕事は何とかなりそう。	教員採用一次試験。将来のことを少し考える。	一次試験合格。家族会議。	成績処理が大変。友人の結婚式の余興で演奏楽しい。	クラスの子が万引き。職員バンド楽しい。二次不合格。	同僚に誘われ5キロのランニング開始。	家業がピンチ。退路を断たれた感。	研究授業に向けて教材研究。	依頼されて作曲。楽しい。	成績処理。来年度も同じ学校という安心感。
5					■						■	
4	■	■	■	■		■	■	■		■		■
3									■			
2												
1												

年	2013年度　A小学校					
月	4	5	6	7	8	9
出来事・思い	同僚に誘われて研修に参加。登校渋りが始まる。	運動会。仕事が増えた。	オーケストラ。	教員採用一次試験。	今度こそ二次も行けるでしょう。	
5						
4	■	■	■	■	■	
3						■
2						
1						

年	2016年度　B小学校　4年生担任（講師）											
月	4	5	6	7	8	9	10	11	12	1	2	3
出来事・思い	初の4年生。持ち上がりは楽しい。演奏。	演奏。	宿泊体験学習。演奏。	音楽活動。演奏。教員採用一次試験。	教員採用二次試験。初めて模擬授業の練習。演奏。		二次試験不合格。そろそろ本気で受けないと。	研究授業。	演奏。	演奏。		
5												
4	■	■	■	■	■	■					■	■
3							■	■	■	■		
2												
1												

年	2017年度　B小学校　音楽専科（講師）											
月	4	5	6	7	8	9	10	11	12	1	2	3
出来事・思い	演奏。アイドル係の創作。	音楽専科とても楽しい。またやりたい。演奏。	職員用に曲をアレンジ。演奏。	教員採用一次試験。演奏。	教員採用二次試験。演奏。	校内のｉＰａｄ研修を担当。演奏。	二次不合格。運動会。ＰＴＡ演奏会用にアレンジ。	演奏。	演奏。	演奏。	演奏。	ＰＴＡで演奏会。演奏。
5	■	■	■	■	■	■	■	■	■	■	■	■
4												
3												
2												
1												

年	2018年度　A小学校					
月	4	5	6	7	8	9
出来事・思い	3年前まで勤務した学校に異動。いい雰囲気。	交際開始。	家に人がいるのが嬉しい。	教員採用一次試験。まさかの一次不合格。演奏。	演奏。	演奏。
5	■	■	■		■	■
4				■		
3						
2						
1						

ライフヒストリー

3年生担任（講師）						2014年度　A小学校　2年生担任（講師）												2015年度　B小学校　3年生担任（講師）											
10	11	12	1	2	3	4	5	6	7	8	9	10	11	12	1	2	3	4	5	6	7	8	9	10	11	12	1	2	3
二次不合格。授業研究（体）。	音楽祭で発表。		登校渋りの子どもが学校に来られるようになった。	褒められて嬉しい。			個々にいろいろある子どもとどう接するか。	運動会。彼女と破局。同僚が療休。	教員採用一次試験。演奏。	一次試験不合格。	研究授業（国）			演奏。		演奏。同僚とマラソン大会出場。	演奏。	学校が変わった。勝手が違う。帰りの遅い職員室。	演奏。		教員採用一次試験。	演奏。二次試験。		学校になじんできた気が。二次不合格。	研究授業。講師からやる気のなさを指摘。	自分のやりたいことはやろう。演奏。	引越し。仕事を続けないといけない。	演奏。	演奏

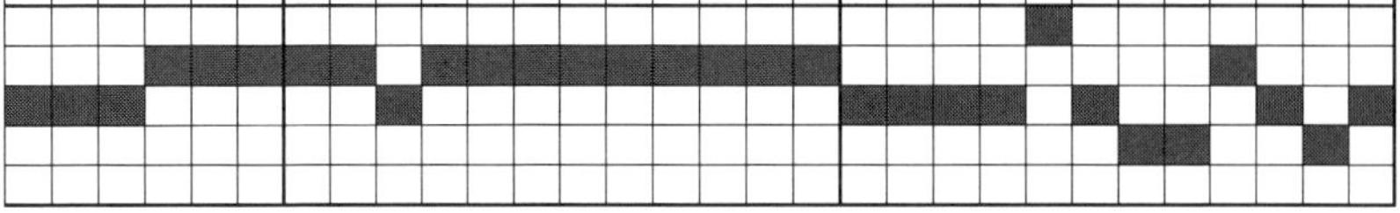

音楽専科（講師）						2019年度　A小学校　音楽専科（講師）												2020年度　A小学校　5年生担任（講師）											
10	11	12	1	2	3	4	5	6	7	8	9	10	11	12	1	2	3	4	5	6	7	8	9	10	11	12	1	2	3
B小学校の運動会。破局。演奏。	演奏。	音楽を続けているのは楽しい。演奏。	情報視聴覚研修の担当。演奏。	演奏。	勤務校と全員校の卒業式で感動。演奏。	スタートカリキュラム。1年生と楽しめた。	初めてGWに帰省。演奏会のための練習。演奏。	教員採用試験対策（組合）に参加。演奏。	教員採用一次試験。	教員採用二次試験。演奏。	修学旅行。演奏。	二次不合格。初めて開示請求。演奏。	演奏。	プログラミングの取り組み。演奏。	研究授業。感触が良くて少し自信。演奏。	演奏。	コロナ禍の卒業式。こういう卒業式もアリかも。演奏。	コロナによる休校。在宅勤務。		分散登校。	教員採用一次試験。マスク事件。	教員採用二次試験。演奏。		二次試験合格。運動会。何とか出来てよかった。	知的財産管理技能検定。少しずつ日常回復。演奏。	演奏。			不安はあるけどやるしかない。

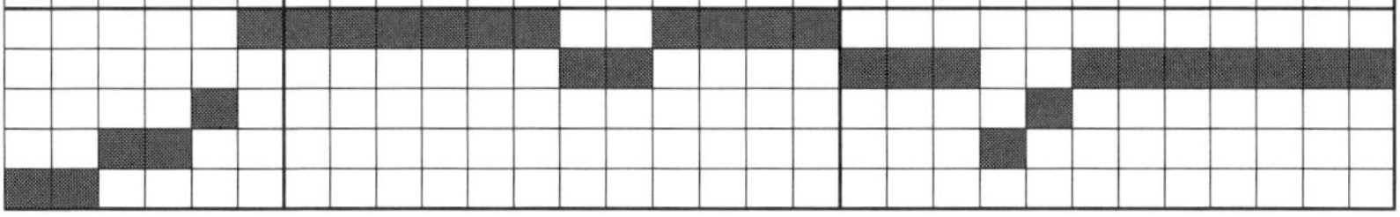

師という仕事の難しさを感じる。

「吹奏楽の指導に回ってみて、わかんないのにそのままやってる先生が結構いて。現場に行ってから指揮振ったりもするから仕方ないんですが。自分は間違っていない、お前ら直せみたいに言ってる人よくいるんですけど。（中略）先生ってあんまり自分を省みることがないなって気付いて。」

「担任だったとしたら、僕が全てじゃないよっていうのをわかってほしいんですよね。（中略）先生が正しいとか、先生が何でもできる人みたいにふるまっちゃうと、大人はそうじゃなきゃいけないんだと思っちゃうので。」

教師には、教育の専門家としての知識や技術が求められる。だからといって、誰にでも得意なことと苦手なことがあるように、教師だからといって全て完璧ではない。とりわけ小学校教師は、6学年の子どもに全ての教科指導を担うことになるが、全ての専門家になるのは難しい。それでも、教師としてふるまわなければならない場面もあり、時にはその弊害が出ることもある。教師として学び続けるとともに、わからないことはわからないと言えることも大切ではないか。学校での演奏指導を通して、自分なりの教師像を模索することもある。

7月に教員採用一次試験を受けた。ほとんど試験勉強をせずに臨んだが、一次試験は合格だった。結果を見ると意外と成績がよかったようで、自分でも驚いた。二次試験は、模擬授業、小論文、集団面接で行われる。特に対策することもなく臨んだ。小論文と集団面接は自分なりにできたと思うが、模擬授業は全くいいところがなかった。秋ごろに結果を受け取った。不合格だった。面接と小論文の点数は悪くなかったが、模擬授業の点数がとてつもなく低かった。

「そんなに問題が難しくないんですよ。（中略）教科の問題もあるんですけど、中学校、小学校の知識でほとんど解けるような。模擬授業で滑ったんですよね。あれは完全に。あとのは合格しそうな点数。できたんですけど。面接の点数もそんなに悪くなくて。小論もすごくよくて。模擬授業だけがとてつもなく低かった。これだろうなと思った。」

卒業まで半年となり、いよいよ卒業研究も佳境に差し掛かる。作曲を専門とするゼミに入ったため、卒業研究は自分で作曲や編曲することが中心となる。吹奏楽の活動で作曲や編曲をすることはあったが、自己流だったこともあり、専門的に学べるというのはとても嬉しい。相変わらず切羽詰まらなければやらない性格は変わらず、締め切りギリギリでの提出になってしまったが、それなりに力を入れて取り組んだ。あとは卒業を待つばかりと思っていたところ、指導教員から単位不足の連絡があった。書かずにいたレポートを提出していなかったため、卒業に必要な単位が不足しているとのことだった。急いでレポートを書き、授業者の教員に謝罪をしてレポートを受け取ってもらった。

何とか卒業が決まった。教員採用試験には受かっていないが、卒業後は受験した自治体で臨時講師をしようと考えている。とはいうものの、一生教師を続けようとは、今のところ思っていない。

「もうずっと先生でいようっていうのではなくて、まあ先生はやっておきたいっていう感じですね。僕は10年って言ってるんですけど、10年以内に地元に戻ってきたいなと思っていて、その時にまた先生をしているのか、先生をやりたいのかはまだどうでもいいかなと思って。」

〈大学卒業1年目〉

関東圏の自治体から、臨時講師の連絡があった。勤務するのは、古い町並みの残る地区にある小学校。勤務校の連絡がある前に、アパートを決めてしまったため、通勤には一時間程度かかる。往復に2時間かかるというのは想定外だったが、趣味の本を読む時間が取れたと前向きに考えることにした。初めて担任するのは、3年生37人の子どもたち。学年2クラスのため、隣のクラスの担任が主任となる。三十代半ばの主任はとてもやさしく、右も左もわからない自分に、色々と手を差し伸べてくれる。担任するクラスの子どもたちは騒がしいが、特に問題を起こす子どもがいるわけではないので関わりやすい。

大学2年次の教育実習が3年生だったため、3年生の子どもに授業をしたことはあるが、あくまでも実習を行った9月の数時間だけであり、4月に何をするかは皆目見当がつかない。子どもたちの名前を覚えることは、大変だけれど何とかなるだろう。ただ、毎日のように5時間以上の授業をしたことも、それほど多くの授業の準備をしたこともない。年度初めにたてるという学級目標も、どんな感じにすればよいか全くわからない。

「4月やっぱり授業かなと思うんですよね。名前覚えるのとかは大変ですけど。授業いざ一日ボンとやるっていうは。何教科ってあるわけじゃないですか。ほぼ初見というか、指導書広げっぱなしでこうやってるんですけど。(中略) 学級目標決めるのも一苦労ですよね。3年生であれば、これぐらいできるべきとか全くわからないんで。」

子どもたちから出された学級目標は、後々考えるととても難しい目標になってしまった。「けじめをつけて」「自分で判断」のような学級目標は、3年生向きではなかったように感じる。いろいろな場面で、教師を頼らずに自分で判断してほしいと言ってきたことが影響しているのかもしれない。子どもたちと関わる中で、いろいろなことを教師に報告したり、判断を任されたりする場合が多いと感じる。トイレに行くたびに、「行ってもいいですか」と聞きに来るのだが、どうしてわざわざ聞きに来るのか不思議でならない。自分で判断していくように伝えても、毎回のように尋ねてくる。学校の時程が、1時間目と2時間目の間、3時間目と4時間目の間にトイレ休憩が設定されていないことも要因なのだが、自分たちで解決できることは、教師を頼らずに進めてほしいと思うのだが、なかなかそうはいかない。

「わかんないですよね。何でこの子たちは、トイレ行くだけなのに、僕のところに報告しに来るんだろうとか。解決自分たちでできる話も持ってきて。あいつが何かしてきた、謝ったのに、謝られたの、謝られた。じゃあ何で来た？　報告？　みたいな。それで何してほしいの？　そういう。」

初めてのことだらけで、日々アップアップしているが、周りの先生方の協力によって何とか進んでいる。特に教務主任の先生は自分に目をかけてくれて、授業を見に来てくれたり、給食の時間に一緒についてくれたりしている。講師には初任者研修はないが、サポートしてくれるのはありがたい。初めてのPTAの懇談会に向けても、学年主任が資料を準備してくれて、ぶじ終えることができた。と思ったら、終わった後にいろいろな先生方から怒られてしまった。

「『何かある方いらっしゃいますか』って聞いても、手を挙げないじゃないですか。じゃあ終わりにしましょうかって言って、終わりにして職員室で作業してたら、『早くない？』とかめっちゃ怒られて。『せっかく時間もらって来てるんだから、来てよかったって思うようにしなきゃだめだよ』って言われて。なんもしゃべんないから、帰りたいんだと思って帰しちゃいましたって。（中略）わかんないですよ。言ってくれればいいのにって。」

何も知らない自分に対して、いろいろと協力してくれるのは嬉しいが、できることならもう少しマニュアルのようなものがあればと思う。どうしたらいいか尋ねても、「私はこうします」のような回答ばかりで、明確な答えがないことにいら立つこともある。「あとは先生なりの進め方で。慣れてくるから。」と言っていたのに、いざ自分のやり方で進めた時に、間違いを指摘するのであれば、最初から教えてほしいとも思う。

「明確な答えがないというか、学級の実態に応じてみたいな。人に聞くと、『私はこうする』『私だったらこうする』とか、いや、そうじゃなくてどうしたらいいか教えてくださいって思うんですよ。僕は。ある程度スタンダード身に付けた上で自分の感じにしていけばいいと思うのに、いきなり自分の感情求められるじゃないですか。それはちょっと早いなと思って。」

こう思うのは、大学時代に作曲について理論を学び、それまで自己流でやってきたことの間違いに気付いたことも影響している。何事にも基礎があるように、教師としての型を身に付けたいと思うのだが、いきなり応用を求められる教師の仕事に対して苛立ちが募る。そんな不満はあるものの、教師同士の仲が良く、こういう愚痴も話せるところは、この学校で良かったと思う。その上、校長が音楽好きで、子どものトランペット隊を復活させたり、職員バンドを組んで発表会をしたりしているため、思いもよらず学校で音楽に関わることができている。子どもと職員で演奏している時、子どもたちがトランペットを吹き辛そうだったため、キーを変えることを提案すると、校長から「そういう『キーを変えよう』っていうの、それ指導力よね」と褒められた。これが指導力なのかと自信になる。

今年も教員採用試験を受験したが、昨年と同様二次試験で不合格だった。今年は、模擬授業は問題なかったが、面接で思うように話せなかったことが原因だと自分では分析している。ただ、教員採用試験に受かりたいという気持ちももちろんあるが、どこか落ちたことでホッとした自分もいる。年度末に、来年度も引き続きA小学校で講師をしてほしいと打診があった。往復2時間の通勤は大変ではあるが、公私を分けることができるので、そこまで苦痛には感じていない。

子どもたちとの一年間を通して、自分が教師として何を残せたのかはわからない。自分に教師としての力があるとも思わないし、よく言われるような指導力のある教師になりたいともあまり思わない。ただ、この一年間を通して、少しでも自分たちで考えられるようになったのであれば、自分が担任したことの意味はあるのかなとは思う。

「自分たちがどうにかしなきゃいけないって思ってくれたんじゃないかと思うんです。頼っちゃ何にもしてくれないみたいな。指導力ある先生とかいらっしゃると思うんですけど、全部これはこうって言っちゃうじゃないですか。果たしてその担任がいなくなった時、その子たちはどうなんだっていうことを考えると、どうなのかなあと思うところもあって。」

〈大学卒業２年目〉

昨年度から勤務するＡ小学校で、臨時講師２年目を迎えた。担当するのは、今年も３年生。昨年度は経験年数も在校年数も豊富な主任が一緒だったため頼り切っていたが、今年度は育児休暇明けで他校から異動してくる方が主任を務めるため、自分がサポートしなければならないことも増えてくるだろう。校務分掌も受け持つことになった。臨時講師であろうと、２年目になると他の教師と同じように仕事が回ってくるようだ。２年連続して３年生を受け持つため、教材研究は多少力を抜けるかもしれないが、今年も教員採用試験を受験するので、それなりにやらなければならないことはある。

受け持ちの３年生は38人。引き継ぎでは「とてもかわいい子たち」と聞いた。たしかに、人当たりが良く気持ちの良い子どもたちではある。ただ、学力的にはかなり厳しい。去年は時折レベルの高い話をしても面白がってくれたが、今年の子どもたちは、教科書通り進めても問題を解く段階になると固まってしまう。時には、数人が体調悪いので保健室に行きたいと言い始める。引き継ぎで聞いていた子どものイメージとの差から、同僚と自分の子どもの見立てにずいぶんズレがあることを感じる。

「引き継ぎで、この子たちはすごくかわいい子たちだからっていうふうに言われて。でも、それってたぶんこっちがしてあげなきゃいけないっていう感じがあるから可愛がられるんだろうなって思て。」

「今年は、学力が低いクラスで。でもすごく気持ちのいい子たちで、盛り上がるんですよ。去年は結構わかってくれる子たちだったので、何となく教科書通り進めても、進んでくれるから楽だったんです。（中略）そういうの全くなくて、ちょっと難しい話を始めると保健室続出みたいな。」

各々の教師の考え方は多様だが、それを受け入れてくれる雰囲気がこの学校にはある。その背景には、校長の存在が大きい。A小学校に教頭時代から勤務し、地域との関係を作り上げてきたと聞いている。その後8年にわたって校長として勤め、トランペット隊を復活させたり、地域の人にスポーツサポーターとして入ってもらったりと、かなり精力的に学校改革に取り組んできたようだ。教職員間をはじめ、学校と地域の関係もとてもよいので、職員室はいつもにぎわっている。同僚間で学ぶ環境も整っており、時々学外の研修や研究会に誘ってもらうこともある。そんな時は、できるだけ参加するようにしている。

「やっぱり職員室が話しやすいですよね。一人ひとり。みんな仲良くしているんで。ベテランの英語教えてる先生と国際理解っていうのがあって、いろんなその人の国のこととかを話して。その人が『何百校も行ってきたけど、こんないいとこないよ』って。」
「そういうの(研修)好きな人もいるんですよ。『いかない？』っ誘われて、『行きます』って行ったんですけど。行けそうなやつは行ってますね。」

4月下旬になり、一人の子どもが時々遅刻するようになってきた。話を聞くと、昨年度も登校渋りの時期があったという。お母さんと話をすると、どうも運動が嫌いで、運動会の練習を避ける気持ちもあるらしい。5月に開催された運動会には一応学校にはきたが、結局逃げ回って徒競走なども走らずに終わってしまった。38人という多人数のクラスのため、その子につきっきりになるわけにもいかず、非常勤のサポーターについてもらうようにした。ただ、学校に来てすぐに下駄箱で寝転がったりして、なかなか教室に入ることができなくなっていった。頭が悪い子どもではない。同僚に相談したり、特別支援に関する研修に参加したりして、対応を考えた。

「ちょっとずつ（教室に）入れるように。こっちもいろいろカードを用意して。そういう特別支援が必要な子にはどうしたらいいかみたいな講習会もあった。選択肢を与えるといいみたいなことを言ってて。なるほどなと思ってやってみた。時間割表みたいなの空のを作ったりもしましたね。それがなんかちょっとハマったみたいで。」

登校渋りの子どもの状況が少し改善した頃、他の子どもたちから「あいつが言ってきたんだけど」「5年生が砂かけてきた」といったクレームが出るようになってきた。おそらく、登校渋りの子どもの対応に追われている自分を気遣って言えなかったことが、今になって出てきたんだろう。申し訳ないと思いながら、少しずつ学級全体に目を配ろうと心がけるようになった。

7月に教員採用試験の一次試験を受験した。結果は合格。ただ、二次試験が鬼門だ。校長からは、面接カードの添削や練習に誘われるが、どうも面接や模擬授業の練習をすることに苦手意識があり、「今度お願いします」と言いつつ回避している。そのせいか今年も二次試験で不合格だった。今回は、模擬授業がダメだったらしい。結果を報告すると、同僚からは本気で怒られた。学校ではそれなりに認められているにも関わらず、どうして試験では評価されないのかと思わなくもないが、気持ちのどこかでまだ正採用になることを避けているのかもしれない。

「職員室もそろそろ怒っています。みんな。受かんなさいよみたいな。チョー言われます。そろそろ勝負だなと。」

昨年度から任されているトランペット隊の指導は、2年目に入り軌道に乗ってきた。11月の音楽祭に向けて、職員バンドと一緒に練習していると、音楽の楽しさを実感する。だからといって、中学校の音楽教師や小学校の音楽専科になりたいとは思わない。

「音楽教えたいって思わない。やっぱり芸術の楽しみ方として我々はやってるじゃないですか。でも、小学生全員に教える音楽は芸術性とか関係ないので。こうやって演奏すればいいとかこうしてほしいとか、言いたくなっちゃうんですよね。(トランペット隊とかは)音楽の評価関係ないので、好き放題できるじゃないですか。こうやって歌ってみようとか、もっとこうしようができるから、そういうのは楽しかったんですけど。」

冬休みが明け、一時期登校渋りに戻った時期もあったが、その後少しずつ学校に来られるようになった。何がきっかけで来られるようになったのかはわからないが、いろいろ試したことや子どもとよく話をしたことが、積み重なって良い方向に進んだのであれば、多少は自信になる。3月に入って、通知表の所見を管理職に確認してもらった際、この子どもへのコメントを主幹教諭に褒められた。一年間取り組んできたことが間違いではなかったと言われたようで、恥ずかしいような嬉しいような気持ちになった。

「何のきっかけかよくわかんなかったんですけど。悪ガキって言われて、うちのクラスに来た友達がいるんですけど、その子は全然悪ガキじゃなかった。その子が（登校渋りの子どもを）連れて来てくれたりとかして、だんだんお母さんいなくても、学校に来れるようになったり。そこの対応にかかった1年だったなと。」

3月に入り、来年度もA小学校で臨時講師をすることが決まった。臨時講師が同じ学校で3年連続して勤務することは珍しい。同僚からは「よほど校長から気にいられているんだね」と言われ嬉しく思う。その校長が3月で退職してしまうことは残念だが、A小学校に残してくれた恩返しの意味でも、次の一年間も自分らしく取り組もうと気持ちを新たにした。

〈大学卒業3年目〉

A小学校での臨時講師3年目が始まった。今年度は、2年生を担任することになった。1年生の時に、暴力的な問題を起こす子どもや発達障害の子どもが多く大変だと言われていた学年の担当になるとは思いもよらなかった。自分以外のクラスの担任が力のある教師なので、しっかりついていこうと決意した。2年生は3クラスあり、受け持ちのクラスは27名だった。昨年までと比べると11人少ない。11人少なくなると、教室の景色はずいぶん違う。

ロッカーにも空きがあるので、色々な面で余裕が出てくる。昨年度大変だった子どもや子ども同士の相性を考えて学級編成したこともあるのか、4月当初はそれほど大きな問題は起きなかった。

その一方、校長が変わったため、職員室の雰囲気は少し変化した。新しくきた校長は教育委員会から異動してきたこともあり、一つ一つのことをしっかりしたいという意気込みが伝わってくる。前の校長がしっかりしていなかったわけではないが、ほんわかしていた職員室が、少し引き締まった気がする。

「校長が変わるといろいろあるんですね。指導主事から来た人だから、県教委大好きだから。かっちりしたいみたいなところが多くて。お部屋が変わりましたね。雰囲気とか。ピリッとっていうか。」

初めての2年生の担任だが、比較的順調に進んでいる。2年部の主任がICTに長けており、授業で使える教材をタブレットで使えるように準備してくれるため、ICTを積極的に使うことにした。自分は当初持っていなかったが、早速購入して授業で使うようにしたところ、通常の授業よりも子どもの反応もよく、教材を学年で共有したり、授業の記録を残したりする上でもやりやすい。

「授業でiPadを使って、今3人担任全員iPad持ってるんですけど、最初は僕持ってなかったんですけど、主任が結構パソコンとか得意、前パソコンの先生やってたぐらいの。（中略）意外とやっぱりそういうのが受けがよくて、子どもに。iPad買って、そういうのを使うと電子黒板のように、PDFに書き込んでいるのをテレビに映せるので。」

6月になり、高校時代から付き合っていた彼女と別れることになった。それほど頻繁に会っていたわけではないが、ぽっかりと心に穴が開いたようで、別れて初めて大きな存在だったことを実感する。それでも心が折れなかったのは、同僚の支えが大きい。学年主任が自宅でホームパーティを開いてくれたり、1年目から仲良くしている教師がマラソンに誘ってくれたりと、学校外でも関わりを持てているのはありがたい。ただ、前までは学校全体がこういう雰囲気だったが、校長が変わり、少しずつ雰囲気は変わってきている。6月に入り、みんなから頼りにされていたベテラン教師が体調不良で休むことになった。受け持ちの学級が大変だったと聞いてはいたが、昨年までであれば、たとえ自分の担任する学級が苦しくても、職員間で笑って救われていたかもしれない。そう考えると、やるせない気持ちになる。

「前の校長だったら、『いやいや、そこを頼むよ』とか、先生も校長に冗談を言ったりなんか。『ほんとやめてくださいよ』みたいのでやってたのが、そういうのが効かなくなっちゃって、なっちゃったのが多分あると思うんですよね。原因の一つに。」

一人の教師が離脱すると、ドミノ倒しのように負担がのしかかる。療休になった教師の代わりに入ってくれる教師がいないため、そのクラスを教務主任が受け持つことになった。それにより、今度は教務主任がサポートしていた3年生のクラスも崩れ始めた。本来であれば、問題を抱えていた2年部もサポートしてもらえるはずだったが、学校全体としてそんな余裕はなくなっていった。

7月に入り、教員採用試験の一次試験を受けた。臨時講師向けの指導案を作る試験だったこともあり、余裕で合格するだろうと思っていたが、意外なことに初めて一次試験で不合格となった。空いた時間は趣味の音楽に使おうと前向きに考えることにした。ありがたいことに、関東圏で教師をしている大学時代の先輩から、演奏会を手伝ってほしいと相談されている。高校からはコンクール用の作曲も依頼されている。採用試験の準備のない長い夏休みは、音楽に力を注いだ。

その音楽での関わりが、日々の授業にも生きてくることがある。演奏会の練習の合間に、教師をしている先輩と秋に行う予定の研究授業について話す機会があった。中学校の国語を専門としているだけあり、自分には思いつかない方法を提案してくれた。今年から導入しているタブレットも使い研究授業をしたところ、自分なりに面白いことができた。3年目になり、少しずつ自分なりの理想とする授業のイメージもできつつある。

「自分は頑張らない授業がいいなと思って。一生懸命準備しているのももちろんいいんですけど、それがどこまで子どものためになっているかっていうのは、自己満足の世界になっちゃうといけないし。本当に子どもが考えられるように、余計なものをそぎ落としてあげるっていうのは大事だと思うんですよ。一緒に考えるような感じで行きたいなと思って。」

年度末も終わりが見えてきた。かなり問題のある学年と言われていたが、幸いなことに何事もなく過ごせている。2年生なりの成長も垣間見え、自分が指示しなくても、少しずつ察してやるようになってきた。特別教室への移動や給食の片付けなども早くなってきた。障害のある子どもを許容する雰囲気が生まれていることも嬉しく思う。

「一番その問題に思われているお子さんがいて、確かに座っているのがやっとぐらいの（中略）別にその子がいても、僕はその子面白いなと思うんで流していたら、全然みんなも気にしないでいるから、あいつはああいうもんだと思ったりとか。そういう受容力みたいなの、みんな育ってきたし。そういうのはいいなと思って。その子とは合ったって言われますね。かっちりしている先生だったらもうだめだと思います。」

臨時講師として3年間勤務したA小学校で、たくさんのことを学んだ。1年目に担任した3年生は、4月から6年生になる。終了式で在校生代表としての挨拶を聞き、受け持った子どもが3年間でこんなにも成長したのかと感慨深く思う。4月からは、道を挟んで隣の小学校に勤務することになった。校長同士で相談してくれたようだ。そろそろ教員採用試験に合格するよういろいろな人から言われ、少しずつはその気持ちも高まってはきている。すぐ隣のB小学校で、臨時講師4年目を迎える。

「終了式で挨拶をした子が、色々助けてくれた子だったんですけど、なんか立派に読んでて。自分のことだけ話してればいいのに、4年生は5年生になるんでとか、3年生は4年生に何とかですとか、そういうのを啓発するようなことを言ってて、かっこいいなと思って。変わったなあって。」

「本当によくしてもらったなと思って。使い物にならない人材を。まあまあできるようになったのも、本当にここの人たちが温かかったから。それは本当に感謝してますね。」

〈大学卒業4年目〉

3年間勤務したA小学校から、道を挟んですぐのB小学校へ異動し、臨時講師4年目を迎えた。学校は異動になったが、自宅からの通勤方法や最寄り駅は変わらない。古い町並みの残る雰囲気も、これまでと大きく変わらない。ただ、学校に入ってみると雰囲気はずいぶん違った。規模はそれほど違わないが、教師の年齢構成はA小学校と比べてかなり若い。20代の教師が7・8人、30代の教師も多く、ベテランが少ない。しかも、全体の半分以上の15人が、この春に入れ替わったという。学校のルールもずいぶん違っている。ただ、それを誰に聞けばよいかもわからないため、戸惑うことも多い。

「勝手の違いとかがあって、向こう（A小学校）ではよかったことがよくなかったり、向こうでダメだったことがよかったりとかして、よくわかんないとか。細かい話で言うと、前のところでは、さよならしたら学年で外で集まって門まで送るってのがあったり、（中略）名前の呼び方とかも、みんな下の名前で呼んでて、前は上だって教わったけどなと思って。」

担当するのは、4年目にして3度目の3年生になった。隣のクラスの20代の教師が主任だった。A小学校では、30代か40代が主任になることが多かったが、若手の多いB小学校では20代でも主任になることがあるのかと驚いた。受け持ち学級の子どもたちは、とても心穏やかな性格の子が多くて、喧嘩をすることもあまりない。3年生にしては、多少優しすぎる面はあるが、担任としてはありがたい。

昨年、大学の時からのつながりがきっかけで演奏する機会が増えたが、今年はさらにそれが拡大しつつある。年度初めの4月、5月にも立て続けに演奏に関わる機会があり、少しずつ土日が忙しくなってきている。やらなければならない仕事もあるため、平日のうちにできることはやっておきたい。とは思うものの、遅くまで残っていると、同僚の働き方に疑問も感じる。A小学校と比べてB小学校は、よく言えば頑張っている、悪く言えば頑張っている自分を認めてほしい教師が多いと感じる。そんな重たい空気を避けるように、仕事が残っていても帰宅するように心がけるようになった。

「遅くまで残ってもいいと思うんですけど。遅くまで残ってるのを頑張ってるねって褒めるのは嫌いなんですよ。残るんだったらもう趣味の時間じゃないですか。楽しくやってほしいんですけど、何か重たいんですよね。やらされてる私、大変みたいな感じでやってるのが。(中略)嫌気がさして、何が終わってなくても絶対6時台に帰るってキャンペーンを。」

ただ、全体的には頑張ろうとする教師が多いため、その中では自分は異色のようだ。一つ下の教師が若手教師を集めて、語り合う機会を企画した際、どうも見下されている感じを受けた。思わず意見をしたところ、泣かれてしまった。どうもこの学校の頑張りズムは性に合わない。それに加えて、主任のやり方に対しても、違和感を抱くこともある。人柄はとてもいいのだが、こだわりが強いため、協力体制を築きにくい。作ったプリントを共有できれば楽になると思い渡したら、いらないと言われてしまった。

「熱心な方で、とてもいい方なんですけど。多分言っていることは正しくて、自分で考えてやる人なんですけど、その分自分が納得したものじゃなきゃやりたくないみたいで。だから、例えばプリント作るじゃないですか。こんなん作りましたけど使いますか?って言ったら、いらないわって言われたりとか。あったら適当に使えばいいのになって思うんですけど。」

同僚間は何となくしっくり来ていないが、子どもとの関係はすこぶる順調に進んでいる。昨年度不登校で学校に来られなかった子どもも、今年は比較的学校に来ることができている。保護者の方から「今年は楽しく学校に行けています」と言われると、自分がやっていることも悪くはないのかもしれないと自信になる。ただ、今年も教員採用試験は二次試験で不合格になってしまった。一次試験の指導案は練習したため合格したが、今年は二次試験の小論文が合格点に達していなかったようだ。

11月に研究授業をすることになり、どのような授業をするか考えた。学年や教科でいろいろな意見をもらい、ようやく指導案にしたのだが、校長から「面白くない」と指摘された。いろいろ考え当初の案を再度示したが、それに対してもダメ出しを受けた。もうどうにでもなれという思いもあり、自分の思うままに授業をしたところ、その授業は好意的に受け止めてくれた。

「今まで言われてきたこと全部なかったことにしようと思って何も気にしないでやったんですよ。やっぱり今まで守ってきたものはいいものだったんだなって。飲み会の時にちょっとキレて言ったんですよ。そしたら、自分が大切にしたいことやんなさいとかって言われて。もう好きにやろうと思って。好きにというか、自分が大事だと思うことをやろうと思って。」

そんなストレスフルな毎日でも、自分のことを認めてくれる人もいる。特にA小学校の時から仲良くしている教師たちとは、授業に関する教材をネットワーク上で共有して使ったり、たまに飲みに行ったりするなど、つながりは継続している。吹奏楽の仲間とのつながりも深く、しかもさらに広がりつつある。今年は、演奏や作曲する機会も増え、学校に指導に来てほしいという依頼もたくさん受けている。吹奏楽仲間からの勧めもあり、住んでいるアパートの近くで売りに出ていた中古のマンションを購入してしまった。35

年ローンを支払うには、教師を辞めるわけにはいかない。
担任するクラスの子どもたちは、学力は平均より多少劣るけれども、人として育ってきていることを実感する。教師を頼らずに、自分たちで考えられるようになってきた。自分に教師としての力があるとは思わないが、初めて教室にいて楽しいと感じる。

「今年1年で任せてきたことが多いんで、自分たちでやれって言ってきたことが多いので、結構そういうのができるようになって。転校生がいるらしい。勝手にお別れ会企画、先生やりたいんですけど、何日どうですかって。いいよ、何時間目？　みたいな感じで、自分たちでやれる子が増えてきた。」

3月下旬になり､4月からもB小学校に残ることが決まった。担当するのは、4年生。当初は、音楽専科がつかない3年生の担任ではないかとの噂が聞こえてきたが、ふたを開けてみたら、学級解体はあるものの初めて持ち上がりになった。少しずつB小学校のやり方にも慣れ始めてきた。初めての持ち上がり学年で臨時講師5年目を踏み出す。

〈大学卒業5年目〉

昨年度受け持った学年を持ち上がるため、クラスについての不安はない。居心地の悪かった職員室では、少しずつ自分の居場所が見つかりつつある。最初に勤務したA小学校が抜群に良かっただけに、それと比べるとまだしっくりこない面はあるが、昨年度のような戸惑いはなくなってきた。B小学校での2年目が始まった。

「前の学校では、何でも言ってくれたり、声、普通にかけたり、普通に褒めたり､あそこよかったねみたいな､そういう感じだったんですけど、この学校はけっこうドライなのかなみたいので、誰も何も言わないから、それがこの学校では普通なんだろうなと思って嫌だったんですけど、実はそうでもなかったりして。一年間かけて戸惑ってたかなと思う。」

担任するのは、昨年度から持ち上がりの4年生27人。転入してくる子どもが多かったため、学年2クラスから3クラスへ増やすことになった。そのため、1クラスの人数は10人近く減った。約半数の子どもは2年連続の受け持ちとなる。2年連続で自分が受け持つことで、子どもたちに悪影響になるのではないかという不安を感じつつも、心優しい子どもたちとまた一年間過ごせることはとても嬉しく思う。

同じ学年を組むのは、育休から復帰した主任と新採2年目の若手教師だった。昨年度一緒に学年を組んだ主任は、力はあるものの、独自路線を進む人で、とてもやりにくさを感じていたが、今年は仲良くできそうな雰囲気で安心した。学年を持ち上がるのは自分だけ、しかも主任は子育てで時間を取ることが難しい。自分にできることは限られているが、少なくとも仲良くやりたいと感じる。

「辛かったですね。去年。多分主任が結構バリバリやる感じの人で、それが嫌だったんだと思うんですけど。年近いっていうのもあったんですけど。それをみんな推奨しているもんだと思ってたんですけど。今年度入ってから、『去年大変そうだったね』みたいな。その時言ってよと思って。周りの人思ってたのかと思って。」

子どもたちは、4年生に進級しても変わらずに心優しく、協力し合える関係が続いている。少しずつ女の子同士のもめごとが出てくるようになり、それも成長の証だとも感じる。この地区では、4年生に宿泊体験学習が計画されている。自分たちで企画や運営できるように、よりいっそう自分は表に出ないようにしなければと心がけた。

ここ数年で拡大してきている音楽活動は、どんどん広がっている。4月、5月は特に各地でオーケストラの演奏を行う傍ら、これまでも関わっている高校の吹奏楽部向けの作曲を行った。この高校の吹奏楽部は、当初は数名でコンクールに出ていたのだが、今では部員が数十人に増え、しかも県大会で金賞を取れるまでに成長してきている。大学時代からの友人が主催する楽団からの誘いも多くなり、いろいろなところで演奏活動を行うばかりか、その友人が勤務する中学校の部活にも顔を出すようになった。周りの人からは、いつかは学校の卒業式などで歌われる『旅立ちの日に』のような曲を書いてほしいと言われる。そんなことができたら、音楽好きな教師冥利に尽きると思いながらも、なかなか学校内で音楽を生かせる場は広がっていかない。

B小学校は、研究熱心な校長のもと、これまでも最新のことを目指して取り組んできている。昨年度は、その熱心さを冷めた目で見ていたが、新しい学習指導要領が示され、いよいよ全校で取り組んでいくことになった。ただ、研究主任から、研究の軸が総合的な学習の時間になったことや、教科横断的なカリキュラムを組むことについて説明があったが、いまいちピンとこなかった。ある時、その研究主任から、総合の一環としてCMソングを作成しているので、その編曲を手伝ってほしいと頼まれた。適当に打ち込んで作成した曲を渡すと、とても喜んでくれた。そして、音楽が得意なことをもっと生かしたらいいとアドバイスをもらった。今まで、教師は仕事、音楽は趣味と考えていたが、意外なことに趣味だったはずの音楽を学校でも生かせることに気付かされた。

「音楽できるんだから、得意なもので攻めていったら全然いいと思うみたいなこと言われたんですよね。その主任に。(中略)全然イメージつかなかったんですよね。ただ、その主任すごく人の使い方が上手で。総合でCMソングを作るって言って、子どもが適当に弾いて録音したやつをちゃんとした音源にしてほしいって言われて。打ち込みして音足したりとかして、結構喜んでもらえて、こういう使い方もあるのかみたいな、音楽の。」

今年も教員採用試験は受けたが、二次試験で不合格だった。自分と同じように臨時講師をしている養護教諭に誘われ、模擬授業の練習にも参加した。けれども、今回は面接で失敗してしまった。これまでは比較的答えやすい質問が多かったが、今年は「音楽を研究していない学校だったらどうするか」や「これまでの試験はどうして落ちたと思うか」など、全く準備していない質問ばかりで、返答に困ってしまった。徐々に、年下の正採用教師も増えてきている。しかも、教育実習にきていた学生が試験に合格したとも聞く。マンションのためのローンも支払わなければならないため、「そろそろ本気に」と口では言っているが、自分の中ではあまり危機感は覚えていない。
11月に入り総合的な学習の時間の研究授業を行った。その事後検討会で、中学校で長く教壇に立ってきた外部講師から、自分の授業の課題を指摘された。日ごろから子どもの自主性に任せようと学級経営に取り組んできたつもりだったが、授業になると、どうしても自分のたてた目標に効率的にたどり着くようにと思いがちになってしまう。今まであまり意識してこなかったが、指摘されて自分なりの課題を見つめることができた。しばらく後に、プロの指揮者のレッスンを受ける機会があり、研究授業で言われたこととつながることを指摘された。今までは何となくうまくいっていると調子に乗っていたのかもしれない。音楽でも、授業でも、根底にある自分の思いが強すぎることと向き合わなければと感じ始めた。

「中学校っぽいって言われて。中学校で長くやってた人が講師だったんですけど、中学校みたいだねと言われて。もうちょっと子どもを悩ませるような展開があってもいいみたいな。でも、すごく納得できる部分があって。」
「音を出す時にみんなが出したいところで出せてよかったねっていう感じにしたいよねみたいに言われて。研究授業で中学校っぽいって言われたところと、重なって自分の中では。自分、自分、そうしないように意識はしてたんですけど、結局自分がこうしてほしいとか、そういう全部自分発信になってたのかなと思って。そこが重なって、そこをうまくできるようになりたいなっていうのが、音楽面でも、学校面でも。」

3年生、4年生と持ち上がりの2年も終わりに近づき、本当に楽しかったと思う。保護者の中にはもう1年持ち上がりを希望してくれる人もいたが、さすがに5年生への持ち上がりは考えられない。自分の生かしどころを見つけてくれた研究主任が大学院へ派遣されるのは寂しいが、この一年間でB小学校での立ち位置は明確になった。3月末、来年度もB小学校に残ること、しかも初めて音楽専科になることが決まった。

〈大学卒業６年目〉

生きがいでもある音楽活動は、仕事ではなく趣味として続ける方がいいと思ってきたが、今年度は音楽を専門的に教える専科の担当になった。受け持つのは３年生〜６年生の音楽。加えて、教務主任のクラスの理科も担当する。全て合わせると週20コマになった。小学校の専科で20コマというのはかなり多いが、頼まれた以上やらないわけにもいかない。

昨年まで２年間受け持っていた５年生は、お互いにわかっているため、全く問題なくスタートできた。残りの３年生、４年生、６年生は、お互いに探りながらの授業開始となった。音楽は週に１時間か２時間しかない。その他の担任との授業の状況が、音楽の授業にも大きく影響する。行事で盛り上がったり、前の時間に怒られたりすると、声や態度ですぐにわかる。そのことは、音楽専科の集まりでもよく聞いた。

「他の専科の人、研修とかで会う人が言ってるのは、やっぱり担任とかクラスの協力がないと成り立たないからってよく話を。クラスがうまくいっていたら音楽もいい感じだからって言われてて。それがよくわかったかなって。いい時もやりにくい時も。それも固定じゃないんですよね。」

音楽専科として多くの学年、学級と関わっていると、音楽と絡めていろいろな依頼が寄せられる。去年から仲良くしている６年生の担任から、自分のクラスで曲を作りたいという子どもたちがいるので、手伝ってほしいと打診があった。この他にも、運動会用でソーラン節を踊る際の間奏を依頼されたり、地区の音楽会に出場する際の楽譜を依頼されたりと、音楽でのつながりが拡大しつつある。それもこれも、昨年教務主任から依頼されてCMソングを作ったのがきっかけになって、学校内での立ち位置がはっきりしてきたのが大きい。

「去年から来た先生で、年齢が1個上で面白いお兄ちゃんがいるんですけど、6年生でアイドル係っていうのが立ち上がってて、まあ音楽係ですよね。何かアイドル活動をして、音楽で、みたいな活動をしている。そしたら、歌詞かいてきて、あの人は作曲家らしいからって頼まれたり。」

「音楽会に4年生出るんですけど、そこで何かジャズやりたいんだけど、楽譜ないから作ってねとか、面白い先生の奥さんがいる学校の2分の1成人式で、この曲歌いたいんだけど、合唱版の楽譜が出てないから何とかならないかって言われて、合唱譜作るみたいな、結構内外で譜面の仕事が多くて。」

つながりがつながりを呼び、担当クラス以外から声がかかることも多くなってきた。低学年のリコーダー指導を手伝いに行ったり、特別支援教室のリトミックに関わることになったりと、自分の強みを生かしてくれるのは、とてもやりがいを感じる。7月の教員採用試験が近づき、多くの同僚から早く試験に合格するようエールをもらった。今度こそ合格しなければと思い、初めて面接のための参考書を購入して試験に臨んだ。一次試験に無事合格したが、二次試験の面接では、今年もうまく答えられなかった。最後の質問は、昨年も聞かれた「これまでの試験はどうして落ちたと思うか」。顔は覚えていないが、昨年と同じ面接官なのではないだろうかと脳裏をよぎった。

教員採用試験では自分の強みを発揮できていないが、学校内ではいろいろな場面で自分の強みを生かす機会がある。9月に情報教育関係の校内研修をすることになり、iPadを使った授業方法の講師を任されることになった。10月に入り、教員採用試験の合格発表があり、今年も不合格だった。自分が万人受けしないことは自覚しているし、講師だからといって不満はないが、周りからの期待に応えられていないことに、申し訳ないという気持ちも出てきた。

学校外での音楽活動は、昨年同様に拡大しつつある。演奏はもちろんのこと、作曲や編曲の依頼も増えてきているため、週末はほぼ埋まっている。同期の友人から音楽関係で移動費がどのくらいかかっているのかを尋ねられ、計算してみると驚愕の金額だった。

音楽専科での一年間を振り返ってみると、本当に充実した1年だったことを実感する。だからといって、講師1年目から音楽専科だったらよかったというわけではない。これまでいろいろな学年を受け持ってきた経験が、多様な子どもたちを指導する音楽専科としての関わりに生きてきている。大学生の頃から、教師になったとしても10年くらいと考えてきたが、今年1年を経験して、教師以外の道はもう考えなくてもいいだろうという意識に変わってきた。

「今までも充実はしていましたけど、なんていうんですかね。しっくり来たというか。担任持たずに何か物足りないとか、寂しいとか、つまらないとか思うんじゃないかなと思ったんですけど、全くそんなことはなく。他の仕事はもう考えなくてもいいだろうと思って。」
「数年見てるとやっぱり、あの時3年生だった子が6年生になってるとか、中学生になっているとか、そういうのも見えてきて、だったら今、この学年にはとかって、何かそういうのも視野が広がったというか。っていうタイミングで音楽専科だったので、たぶん1年目にやるってのとは全然違うんですよね。」

B小学校での講師生活も3年目を終える。同じ学校で講師を3年続けられたのはありがたいが、それでも3年が期限となる。3月に入り、3年前まで勤務していたA小学校で講師をしないかと校長から打診があった。校長同士で話し合ってくれていたらしい。初めて教壇に立ち、教職の面白さや教師同士のつながりの良さを感じたA小学校に戻ることができる。即決でA小学校へ戻ることを決めた。前に勤務していた時に同職していた先生方も、まだ半分近くが残っている。しかも、話によると、今年と同じように音楽専科を任されるようだ。初めて教壇に立ったA小学校で、臨時講師7年目を迎える。

〈大学卒業7年目〉

3年ぶりにA小学校へ戻ってきた。B小学校へ異動してからも、A小学校の教師とは関わりが続いており、都合がつけば飲み会にも参加していたため、A 小学校のほとんどの教師とは顔見知りの仲だ。職員室に入ってみると、「お帰り」と声をかけてもらい、故郷に帰ってきた安心感があった。うるさ型の校長が 3 月末で異動になったこともあるのか、職員室は、大学を卒業して初めて A 小学校に赴任した時と同じように居心地がよかった。

校長同士で情報を共有していたようで、昨年度に引き続き音楽専科として、3 年生から 6 年生の音楽を担当することになった。それに加えて、授業時数の関係で、支援を要する子どもを取り出して行う指導やティーム・ティーチングも担当する。昨年度の週 20 コマまではいかないが、それなりの授業を担当することになった。体育館で行われた始業式で、音楽専科として紹介されると、4 年前に当時 2 年生として受け持った子どもたちからざわざわ声が聞こえる。顔見知りがいるというだけで、少しホッとした。

各クラスで音楽の授業が始まった。音楽を楽しんでもらいたいと、いろいろ工夫してみたが、前任者とのやり方が違うのか、子どもたちに戸惑う様子が見られた。前任者はよく知ってはいるが、授業の進め方や教育観は、自分とは違っているようだ。少しずつ自分なりの色を出していけるようにと心に留めた。

「前やっていた人も知り合いなんですけど、全然思った音楽の授業にならないというか、あんまりクリエイティブな音楽ができなくて。多分やり方違うのか、結構レッスン重視な感じになっていたのかわからないですけど、工夫をしようみたいのとか全然最初うまくいかなくて。」

そんな手探りの中、5 年生のクラスで思いがけない接点がわかり、子どもとの関係は一気に縮まった。B 小学校に勤務していた 3 年前、A 小学校の知り合いの教師から、地区の音楽会用に楽譜の作成を依頼されたことがあった。その楽譜で歌ったのが当時 3 年生、現在 5 年生の子どもたちだった。使用した楽譜をいまだに取っている子どもも多く、気軽に引き受けたことが、子どもの今につながっていることを感じて嬉しくなった。

「3年前に、音楽会に3年生で出たやつがあって、小学生用のいい合唱の譜面ないからちょっとやってって頼まれて譜面書いたんですよ。(中略) この4月とか5月に授業をして全然ハモれなくて、今までハモったことあるの？って聞いたら、この曲ならって。楽譜あるよって言われて、楽譜を取ってる子がいっぱいいて、それ見たら自分が作ったやつで、これ作ったの私ですみたいな。」

子どもたちにもっと音楽に親しんでもらうには、音楽の授業だけを充実させても限界がある。鍵のかかっていない音楽室で遊んでいた小学生の頃を思い出し、休み時間に音楽室を解放することにした。自宅からギターやドラムセットを持ち込み、自由に使える環境を整えた。そうしたところ、少しずつ子どもたちが立ち寄るようになってきた。特に雨の日は盛況で、自宅にはないグランドピアノでの演奏を楽しんだり、リコーダーが苦手な子どもがドラムセットをたたいたりしている。ある時、音楽室に置いたギターを弾きたいからと、3年生の子どもがギターを習い始めたと保護者の方から聞いた。それ以来、自宅で練習しては、その成果を見せにくるようになった。

「音楽室を解放してるんですよね。好きに楽器使っていいようにしてて。雨降ったらめちゃ混むんですけど。もうピアノとかめちゃ混みますよね。せっかく学校がグランドピアノだから、どうぞ使ってみたいな感じですよね。逆に、そこで制限しといて、音楽の授業だけでいいものが作れるとは思えないので。3年の子で、あの音楽室のギターを引きたいからって、ギターを習い始めた子がいて。もう数か月で驚きの成長で。」

音楽専科としてやりたいことは順調に進んでいる。5月には彼女もでき、公私とも充実した毎日になっている。それにも関わらず、7月に受験した教員採用試験では、4年ぶりに一次試験で不合格となった。講師経験者向けに優遇された試験ではあったが、書かなければいけない指導案の単元計画や評価が不十分だったのかもしれない。職員室でそのことを告げると、副校長が「臨時講師の枠でキープされてるんじゃないのか？こういう便利なやつはいないんだよ」と、教育委員会への皮肉を込めて言ってくれた。学校では正採用と同じように仕事を任され、それなりに成果をあげているとも思うが、採用試験では認めてもらえない。正採用にこだわっているわけではないが、腑に落ちないところもある。

私生活で続けている音楽活動は、今年も断続的に続いている。今年は特に友人の結婚ラッシュで、その余興の演奏にも駆り出されるため、ほぼ毎週のように全国を飛び回っている。結婚式で幸せそうな友人を見ると、自分もそろそろと考えなくもない。両親と彼女を交えて食事をすると、必然的に将来の話にもなってくる。そんな矢先、突然彼女から別れを告げられた。思いもよらないショックに、しばし呆然としてしまった。自分の想像以上に落ち込んだ気持ちを立て直そうと、音楽活動に力を注いだり、昨年まで勤務したB小学校の運動会に行ったりしたが、なかなか浮上してこなかった。ただ、B小学校の運動会で、たまたま職員室を訪れた際、かつての教え子と会う機会があり、自分を慕ってくれる子どもがいることに嬉しさを感じるとともに、教師という仕事の責任の大きさを実感した。

「前の小学校の運動会があったんです。3年、4年と受け持って、5年の時音楽と理科を見てた子たち、6年生になって、片方の担任と合わなくなってぐじゃっとしちゃったらしいんですよね。僕が行った年に転校してきて、うちのクラスに入った女の子がいて。けっこう懐いてくれていたんですけど、職員室で僕のことを見て一瞬いなくなったんですよ。どうしたのって思ったら、もう泣き崩れちゃって。懐かしいっていうのと、何か辛かったのかなーと思って、一年間。」

音楽専科2年目も終わりに近づき、4年前に受け持った子どもたちの卒業式も近づいてきた。最初は、どうやって歌えばよいのか戸惑っていた子どもたちも、卒業式が近づき、どんどん良くなっていった。6年生の担任ではないが、かつて担任した子どもがいい顔で卒業式を迎えている姿を見ると、心に響くものがある。苦しかった4年前を思い出すと感慨深くもなる。4月からも、引き続きA小学校で勤務することが決まった。学級数の増減があるかもしれないため、音楽専科を置けるかどうかはわからないが、管理職には可能であれば音楽専科を続けたいと伝えている。臨時講師8年目をA小学校で迎える。

「全然歌わなくて、どうしようかなみたいな感じだったんですけど（中略）それがよく歌えるようになったんですよね。年明けてからの数か月で。本番始まる前に歌ってもらったんですけど、ものすごいいい顔して歌ってて、そんな顔で歌ってるの見たことないと思って、うるっときて。本番は泣けない。伴奏しなきゃいけないから。」

「何か報われたというか、A小学校の子たちは、音楽すごく辛くやってきたのとか、あと2年生の時すごいいろいろ警戒してやって、そういういろんなものが報われたなって。」

〈大学卒業8年目〉

A小学校での音楽専科2年目を迎える。今年は、3年生から6年生の音楽に加えて、4年生の1クラスで理科を受け持つことになった。昨年度の経験から新3年生以外の子どもたちとはすでに関係ができていることもあり、落ち着いて新年度を迎えた。

本務である音楽の授業は、全く問題なく始まった。昨年度は、前担当者との教育観の違いから、子どもたちが戸惑っている様子があったが、1年かけて自分色に軌道修正してきたこともあり、音楽を楽しみ、子ども自身が演奏に一工夫したり、考えたりする授業ができている。その一方、新しい学習指導要領の先行実施期間が始まり、自分が関わることが2つ増えた。一つは、1年生向けに行うことになったスタートカリキュラムの一環として、歌のお兄さんを任されたこと。どちらかというとシュールと言われる自分のキャラクターが、小学校1年生に通用するのかどうかを確かめる機会かもしれないと思い、身振り手振り満載で子どもたちの前に立った。

「朝学年で集まって、みんなで読み聞かせしたり、手遊びして歌作ったりっていうので、歌のお兄さんとして駆り出されました。（中略）1

年担任も何とかなりそうだと思いました。今までは絶対無理だろうと思ってたんですけど、今回やってみて、ちょっとアリかなって。」

そして、もう一つは校務分掌の情報教育担当として、プログラミング教育やICT活用をさらに推進しなければならないこと。これまでも、学校内外でICTを授業で使用するための研修会の講師を担ってきたが、それをさらに推し進めてほしいと校長から依頼された。学校の情報化を進めるため、ICT支援員を配置する予算もついたようだ。環境整備をICT支援員に任せて、自分はそれを推進する方法を考えようと思っていたが、そうはうまくいかなかった。

「ICTの支援員が来てるからには、いろんなこれやってください、OKみたいな感じかなと。IPアドレス変更してくださいとか、これ全部インストールしておいてくださいみたいな感じで行けるかと思いきや、今年始まったのでまだ人材がいないんだと思うんですけど、全部説明しなきゃいけなくて。（中略）支援員の支援をしてたんですね。」

その上、同じく情報担当を任されている3年目の教師に、どう指示を出してよいか悩むことも多い。講師の場合、短ければ1年で異動になるため、それほど重要な役職に就くわけではない。そのため、これまではどちらかというと先輩について動くことが多かった。ただ、臨時講師ではあるが教職8年目を迎え、学校内には後輩が増えつつある。今年は初任者も入って来たため、年齢的には自分の下に5人もいることになる。

「若手に教えたりとかしなきゃいけないんだなって感じに気付き始めたというか。結構一人でやった方が楽だなって思うこと。人に指示をとか、人を動かす感じのこと増えてきたなと思って。そういうのに気付いたというか、苦手なんだなと。うちは上が結構多いので、まだミドルの入口ぐらいですけど。若手とは言えないんだなって。」

後輩が増え、周りからも早く合格するよう強く言われる中で、今年こそ教員採用試験に受かりたいと思う気持ちが芽生えてきた。指導案を作成する一次試験で失敗した昨年の反省をふまえて、教職員組合が主催する試験対策にも参加してみた。そして迎えた教員採用試験。一次試験は問題なく合格し、夏休みには管理職に協力してもらい模擬授業の練習も行った。試験当日、面接はそれなりに答えることができた。模擬授業がどのように評価されたかはわからないが、もしかすると今回は受かるかもしれないと妄想した。

しかし、10月に入り試験結果が送られてきた。不合格だった。何が理由で不合格だったのかわからないため、初めて結果の詳細を開示する請求をしてみた。その結果を見ても、黒で塗りつぶされている箇所が多く、不合格の理由はよくわからなかった。8年間にわたって、2つの学校で経験を積んできた。子どもたちからも保護者からも、そして同僚からも、ある程度認めてもらい、信頼されるまでなった。それでも採用試験には合格できない。にも関わらず、実際には授業や校務分掌を任されている。今まではあまり考えてこなかったが、地元に戻ることも頭によぎった。

「地元の方も一回受けてみようかなみたいな感じもね。今、地方の方が受かりやすいみたいな噂を聞くので、ちょっと考えちゃうよって思っているんですね。正規でやってないと多分メリットが少ないと思うので。どういう試験をしてるのかぐらいは。何も動かないのはやめようと思ってます。」

情報教育担当として進めてきたICT活用やプログラミング教育は、夏休みに整備された児童用PCの使い勝手がよかったこともあり、秋以降に一気に進んできている。それを後押しするように、国がGIGAスクール構想を打ち出した。今はまだネットワーク環境が脆弱なので、そこが強化されればさらに授業で使いやすくなる。といったことを同僚と話していると、自分は校内で「情報と音楽の人」と位置付けられていることを実感する。昔から機械は好きではあったが、自分よりももっと得意な人もいる。どうしてこのように位置付いたのかはわからないが、楽しく取り組むことができていて、しかもやりがいを感じている。管理職もそれを理解して任せてくれている。

「たまたまそのポジションが空いたっていう感じです。（中略）最初にいた3年目は視聴覚だったんです。視聴覚得意な人と一緒にやってたとか、iPad使ってたなみたいな感じと僕のやりたいことが一致して、とりあえず校務分掌では配置してもらえていると思うんです。そんな中で、バリバリやるもんだから、どんどん仕事来ちゃうみたいな感じだと思います。」

年明けから新型コロナウイルス感染症が拡大し始め、2月には学級閉鎖や休校が出てきていると聞く。幸い勤務校では罹患者は出ていないが、いつ拡がってもおかしくない。一般企業ではリモート会議なども始まっているようだ。学校のネットワークの強さを考えると難しいが、情報担当として何ができるか考え始めた。3月2日から全国一斉休業になり、学校から子どもがいなくなり、授業もなくなった。音楽活動も制限され始め、公私ともに人と会わない日々が続く。何とか卒業式は開催できることになったものの、そのための練習は全くできず、しかも保護者も呼ばない寂しい式典になった。せっかくの卒業を盛り上げようとの思いで、情報教育担当として思い出のスライドショーを作成した。

コロナ禍で先の見えない中ではあるが、次年度もA小学校に勤務することが決まった。担当は5年生。できれば音楽専科を続けたかったが、学級数が減り、音楽専科に使っていた常勤講師の枠がなくなってしまうようだ。久しぶりの担任、しかも初めて高学年を受け持つことになる。音楽の授業で関わっている子どもたちなので、不安は全くない。むしろ、音楽室のギターを弾きに来る子どもと、宿泊学習のキャンプファイヤーで歌を歌いたいなど、楽しみなことを考え始めている。10回目の教員採用試験の受験も控えている。早くコロナ禍が収束することを願いつつ、講師生活9年目の春を迎える。

〈大学卒業9年目〉

新型コロナウイルスの感染が続く中、新年度を迎えた。担当する5年生

30人は、音楽専科として受け持ってきたため、子どもたちの雰囲気や特性はある程度理解できている。久しぶりの学級担任に気持ちも高まるところだが、臨時休校の延長が発表されたため、始業式のみ行い、翌日からは休校になることが決まった。教職員もできるだけ在宅勤務にすることになり、何となく気持ちが入っていかない。情報教育担当としてリモートで対応できるようにアカウントを取ったりはしたが、教育委員会に許可を取らなければならないことも多く、思うように進んでいかない。しかも、全ての家庭でネット環境が整っているわけではなく、教師もICTに疎い人も多いので、できるようになったとしても、本格的に進めるためには高いハードルがある。結果的に、臨時休校の期間は、紙で課題を作り、それを各家庭に配って回ることになった。

「ネットはほぼなかったですね。教育委員会から動画が出ていて、それを参考にできますよと伝えたけど、家庭で環境がそれぞれなので、これやってくださいと言えない状況で。Zoomのアカウント作ったりとかいろいろやったんですけど、結局本格的な実施には至らなかったという感じで。あと、職員の方もできるできないの差が。」

私生活で続けてきている音楽活動も、コロナウイルス感染拡大の影響を受け、かなりの演奏会が中止になった。自分にとって音楽は生きがいだと思ってきただけに、社会から不要不急のものと言われている状況は、悔しく思う。プロで活躍している人にもたくさん世話になってきただけに、何とかこのコロナウイルス感染症が収束し、音楽が日常にあふれる日々に戻ってほしいと願うばかりだ。

6月に入り、臨時休校から分散登校へ移行し始めた。マスクごしでしか子どもの様子を摑めないのは、教師としては苦しいところだが、始業式以来2か月ぶりに子どもたちに会えて安心した。新しい学習指導要領では、「主体的で対話的で深い学び」を目指しているが、子ども同士の対話の場面を設定することはなかなか難しい。対面での活動を行わないよう、特別教室の利用も制限している。理科室でしかできない単元を後回しにする等、教える順序を変えて対応するしかない。

「特別教室がなかなか使えなかったりとか､対面ができないってことで。理科室でも、苦肉の策で一方向しか見ないみたいな。しかも、ペアでやって、なるべく顔合わせないようにしてっていうので何とかできたんですけど。（中略）顔を突き合わせられないっていうのが、話し合いとか難しかったですね。」

コロナ禍でのマスク生活が続き、マスクをつけていることが当たり前になってきているが、中にはマスクをつけることを嫌がる子どももいる。自分のクラスにも感覚過敏の傾向があるため、マスクをすぐに外してしまう子どもがおり、その子どもと保護者の対応に苦慮した。低学年の時は特別支援学級に在籍し、もともと少なからず支援を必要とする子どもではあったが、授業中や遊び時間にマスクを外してしまい、トラブルになることが増えてきた。とはいうものの、感覚過敏の診断を受けているわけではなく、しかも、このコロナの状況で一人だけ特別扱いは難しい。管理職とも相談し、そのことを保護者に伝えると、マスクはできないの一点張りだった。特別支援学級の教師にも間に入ってもらい、何とか理解してもらったが、保護者への対応で初めて困難に向き合い、いろいろな意見に耳を傾けることの難しさを実感した。

「間に通級の先生とか入ってくれて、何とかいろいろ整理してくれて、何とか良くなってきたんですけど。結局学校であったことを事実として伝えているけれども、保護者はそれを受け入れてくれないのと、向こうの要求について、校内でのいろんなそれぞれの意見があり、僕はどうしたらいいんだろうかっていう。言われたとおりにやったらもめて。」

10回目の教員採用試験を控え、初任２年目の同僚から紹介してもらい、教職経験のある元大学教員の試験対策を受けることになった。今まで管理職から面接の練習をしてもらったこともあるが、基本的には大まかな面接の流れを確認する程度だった。今回は、面接会場への入り方から、発言内容まで徹底的に指導してもらった。その甲斐あってか、秋に結果が送付され、10年目にしてようやく合格の通知を受け取った。

「今までにないぐらいビシビシご指導いただいて。入り方、答え方とか、今まで一通り面接をして、こんな風にするといいですねみたいな甘い指導が多かったんですけど、今回はダメだなと思ったら、すぐ止めて、こういう感じてってすぐ言ってくれて。入るところからやり直してとか。」

5年生のメインイベントである宿泊学習は、コロナの感染状況をふまえて中止になったが、その代わりに近隣の名所を回る活動を行うことになった。学年主任と相談し、総合的な学習の時間と関連付けて行った取組は、想像以上に子どもたちも楽しんでくれた。コロナが少し落ち着いた秋ごろに運動会も実施でき、少しずつ日常が戻ってきた。

「宿泊の代わりに、近くの名所を巡るみたいな。近くで楽しむ。宿泊って何のためにやってるんだろうみたいなところから一回全部崩して、じゃあ近くで距離取りながらできることを探そうかって言って、近くの公園行ったりとか。幸い、この辺いいスポットいっぱいあるんで。(中略)ちっちゃい頃からなじんでいる場所だけど、あらたまって行ってみようかみたいなの組んで、それ楽しかったみたいですね。」

マスクをつけるかどうかで対応に苦慮した子どもは、その後もいろいろな面で個別に配慮しなければならない状況が出てくる。ただ、そのつど理由を聞いたり推測したりして対応すると、少しずつできることが増えてきている。ある日給食当番を嫌がるのを見て、金属のカゴが痛むか尋ねてみたところ、痛いと言う。タオルを一枚挟むことを提案すると、問題なくできるようになった。合理的配慮が大事ということは、いろいろな場面で聞いてはいたが、少しの配慮でこれほどまでにできることが変わるのかと驚いた。

「そのあとは結構大丈夫というか。こういう時にこうするみたいなルールを作ったりとか。（中略）あとは前々から相談はずっとあったんですけど、書くのがすごく苦手みたいで、パソコンでできたらみたいに言っていたので、一台児童用 PC を使ってもらって、それで word とかで板書とか書いたりしていって。今いい感じになってきたので、逆に感謝されてるような感じですけど、今では。だから、勉強になりましたよね。合理的配慮っていうんですかね。」

年度末が迫り、4 月からの赴任校の連絡を受けた。A 小学校から歩いて行ける C 小学校に決まった。大学を卒業して 9 年間、そのうち 6 年間を過ごした A 小学校を離れることは寂しい気持ちもある。これまでの経験を礎にして、初任 1 年目を迎える。

第4章　授業にこだわりを持って
野沢麻衣のライフヒストリー

第1節　教職への思いと10年間の概要

夢だった教師の道を選ぶか、地元に残る道を選ぶか、教師になるとしたら中学校か小学校かと悩みぬいた末、野沢麻衣（仮名）は東北地方の地元で小学校教師として生きることを決めた。大学4年次に受験した教員採用試験は二次試験で不合格だったため、卒業後は一年間臨時講師をした。その年に受験した教員採用試験に合格し、翌年からこれまでに2つの小学校に勤務してきた（表4-1）。10年間の軌跡と概要を表4-2に示す。

臨時講師をした小学校を含めて3つの小学校に勤務し、1年生から6年生までの全ての学年、そして特別支援学級の担任を務めてきた。大学卒業後7年目に結婚、10年目に出産し、現在は育児休暇をとり、子育てを楽しんでいる。年1回のインタビューで語ってもらった発話データをもとに、ライフヒストリーをまとめていく。

表4-1　大学卒業後10年間の履歴

年度	勤務校	担当	備考
2011年度	A小学校	特別支援級担任	臨時講師、採用試験合格
2012年度	B小学校	3年生担任	
2013年度		1年生担任	
2014年度	C小学校	2年生担任	
2015年度		4年生担任	
2016年度		5年生担任	
2017年度		6年生担任	
2018年度		5年生担任	
2019年度		2年生担任	結婚
2020年度		特別支援級担任	産休・育休

表 4-2　野沢麻衣の

年	月	出来事・思い	5	4	3	2	1
2011年度　A小学校　特別支援級担任（講師）	4	この1年どんな1年になるのか。			■		
	5	今年は採用試験を受けない予定だったが出願。			■		
	6				■		
	7	教員採用一次試験。				■	
	8	教員採用二次試験。		■			
	9	同僚に協力してもらい模擬授業対策。	■				
	10	採用試験合格。			■		
	11				■		
	12	研究授業。授業について考えてもらい嬉しい。			■		
	1				■		
	2	次年度に向けて4年生学級で授業を担当させてもらう。		■			
	3				■		
2012年度　B小学校　3年生担任	4	小規模校に赴任。単級は大変。学年に先輩がいない。				■	
	5	全て自分の責任。一人でやることが多すぎる。				■	
	6				■		
	7	自由で楽だと思うようになってくる。			■		
	8			■			
	9	学習発表会。学級が一つになった。	■				
	10				■		
	11	女子4人の仲が不安定になる。少人数学級の難しさ。				■	
	12	学級づくりに悩む。				■	
	1				■		
	2				■		
	3	管理職など主要メンバーの転任が決まり、不安。			■		
2013年度　B小学校	4	思っていた1年生像とギャップ。			■		
	5	運動会。		■			
	6	学力差をどう無くしていくか。どう授業するか考える。			■		
	7	男の子がトイレに閉じこもる。				■	
	8	教師をしている高校の同級生と付き合い開始。		■			
	9	学習発表会	■				

年	月	出来事・思い	5	4	3	2	1
2016年度　C小学校　5年生担任	4	持ち上がりは楽だなあ。			■		
	5	運動会。忙しすぎて無事終わることだけ考えていた。		■			
	6	指導主事の訪問。自然教室。				■	
	7				■		
	8	夏休みは気持ちがゆっくり。	■				
	9				■		
	10	SNSを介した女子のトラブル。彼が採用試験不合格。			■		
	11					■	
	12				■		
	1	青年部のイベントに参加。		■			
	2	6年生ありがとう集会。子どもの成長を感じた。		■			
	3	終わるのが寂しいなあ。			■		
2017年度　C小学校　6年生担任	4	持ち上がり3年目は気持ちが楽。		■			
	5	運動会。		■			
	6				■		
	7			■			
	8		■				
	9	修学旅行。一緒に楽しめていいなあ。			■		
	10	彼が採用試験不合格。			■		
	11	算数数学研究大会。いい経験になった。	■				
	12	初めてクラスの子どもが不登校に。プロポーズ。					■
	1	結婚に向けて両家挨拶。			■		
	2	1年生の時と比べて大きくなったなあ。			■		
	3	卒業式。入籍、引越し。教師になって一番いい思い。	■				
2018年度　C小学校	4	大変な男子が多い。				■	
	5	運動会。				■	
	6	親同士のけんかやいじめ事案。				■	
	7					■	
	8		■				
	9						■

ライフヒストリー

1年生担任						2014年度　C小学校　2年生担任												2015年度　C小学校　4年生担任											
10	11	12	1	2	3	4	5	6	7	8	9	10	11	12	1	2	3	4	5	6	7	8	9	10	11	12	1	2	3
女の子たちが落ち着いてくる。	授業研究。	学校の統合が決まる。		異動の内示。この子たちと過ごすのもあと1か月。	やり切ったな。	異動。初めての学年部への不安。	運動会。少しずつ慣れてくる。仕事の負担が少ない。		PTA			彼が採用試験不合格。あんなに頑張っていたのに。	県外からの授業視察。認めてもらい嬉しい。	PTA		1年やってきて何を成長させられたのか悩む。	授業以外の動かし方が課題。	暴力暴言が絶えないS君と出会う。		指導主事の訪問。無事に終わってよかった。		彼が採用試験不合格。			県外からの授業視察。思いもよらないつながり。	S君の行動がより目立つ。学年主任との関係に悩む。	他学級とのQU比較。今やれることをやろう。		S君が落ち着いてくる。
		■								■																			
■	■				■								■					■		■								■	
				■		■	■	■	■					■	■		■		■		■		■	■	■				■
			■								■	■				■						■				■			
																											■		

5年生担任						2019年度　C小学校　2年生担任												2020年度　C小学校　特別支援級担任											
10	11	12	1	2	3	4	5	6	7	8	9	10	11	12	1	2	3	4	5	6	7	8	9	10	11	12	1	2	3
教頭に支えてもらう。	誕生日サプライズ。女子の企画力に驚く。	声が出なくなった。	6年生ありがとう集会間に合うかな。	5年生として責任を果たせた。	こんな状態でクラスを引き継ぐのが申し訳ない。	初めての学年主任。初任者と組むことに。	運動会。	指導主事の訪問で授業。			結婚式準備。	彼が教員採用試験に合格。結婚式。		第一子妊娠発覚。	つわりで不調。子どもたちに申し訳ない。	インフルエンザで1週間休む。	臨時休校で突然の別れ。	初めての特別支援学級担任。立ち位置が難しい。	切迫で病休。自宅安静で横になっていた。			第一子出産。かわいい。	里帰りから戻り3人暮らしスタート。		だんだん生活に慣れてきた。	こもりっきりの生活でストレス。	離乳食スタート。	食べてくれるのが嬉しい。	散歩に出て気分転換できて嬉しい。
										■		■										■			■				■
	■			■		■	■		■		■		■	■		■	■	■		■	■			■		■	■	■	
		■	■					■							■				■				■						
					■																								
■																													

第2節　教師としての学びの軌跡

〈小学校臨時講師１年目〉

大学４年次に受けた教員採用試験は二次試験で不合格だったため、地元に戻り臨時講師をすることになった。３月下旬に教育委員会から連絡があり、赴任校は実家から15分程度で通える小学校、難聴児の担任と伝えられた。大学時代に特別支援の教員免許状を取得してはいるが、まさか講師の自分に難聴児の担任を任されるとは思いもよらなかった。少しでも準備しておこうと、小学生の頃に手話クラブに入っていた記憶をたどってみたものの、あいさつ程度しか覚えていなかった。春休みのうちに学校へ挨拶と引き継ぎに行くと、担当児童が１人であること、国語と算数以外は交流学級で授業を受けることは教えてもらったが、何を聞けばよいか全くわからない中で、当たり障りのないことしか聞くことができなかった。

「前担任も講師で、他校に移られるので、春休みに来てくれたのかな。すごい時間短くて、引き継ぎの時間が。何かもっと聞かなきゃいけないことがあるはずなんですけど、何を聞けばいいかわからないから、またお願いしますとかってその日は別れた形で。ほんと投げられてみたいな感じで。」

４月に入り勤務初日を迎えた。A小学校は、地域の中では比較的大きな学校で、１学年３クラスと特別支援学級合わせて22クラスある。担当するのは、４年生の難聴児１名の特別支援学級。難聴といっても全く聞こえないわけではないが、音の周波数によってゆがんで聞こえたり、聞こえにくかったりすることがあるらしい。ただ、ゆっくりはっきり話すと、あまり問題なく会話をすることができ安心した。手話が使えない人の中でも生きていけるようにと、親御さんが頑張ってきたらしく、知的にはほとんど遅れがない。その気持ちに応えようと、教材研究に取り組んだ。ただ、１対１の授業は、大学時代には考えたことがなく苦しんだ。教育実習では、クラスの子どもたちからいろいろな考えが出るように発問し、それぞれの考えを練り合いながら、目標に導いていけるように授業をしてきた。1対1の授業では、それができない。自分が複数の考えを出すこともできなくはないが、あまりやりすぎると子どもにやらされ感を抱かせる危険もある。かといって、子どもの考えだけで進めると、あっという間に授業は終わってしまい、しかもそれだと深まっていかない。

「国語と算数は、完全に1時間目から1対1だったので、教科書の指導書とか読んで、標準的にはこういう授業をするんだなっていうのを見て、これが標準か。45分。1対1でどうしようかなってことを毎回考えて。この内容でやったら、私たちだったら15分で終わっちゃうなって思ったりとか。だからって、2時間分を1時間でやるのもちょっと違うなって。」

「1対1の難しさとして、普通なら学級の中でいろんな考えが出てきて、そういう考えがあるんだなとか、自分が間違ってしまっても誰かが合ってることを話して、なるほどそういう見方があるのかとか。私がいろんな役をしないといけないんですよね。でも、やらされた感がないように。」

1対1で行う授業は国語と算数だけのため、それ以外の時間は交流学級の授業の支援を担う。担任する女性教師は、正採用ではなく講師だが、学校で一番授業が上手く、誰よりも子どもを育てられると認められている。授業中に子どもの支援をしながら、自分の授業に生かせる方法や言葉かけを盗もうと心がけた。

「交流の先生授業をずっと見ていられるっていうことはとっても勉強になるんです。だから、手元に残ったメモを家に持ち帰って、必ずノートに書いて振り返る。こういう言葉がけするんだとか、この流れすごいなあとか。生徒指導もいっぱい見せてもらいました。私も一緒になって子どもたちと聞いたりとかしてて。いろんなことを教えてもらいました。」

そんな非の打ちどころのない教師の授業を見ていると、難聴学級の担任とはいえ、国語と算数しか担当していない自分の存在意義に疑問を感じ始めることもある。ある時､その思いが溢れ､交流学級の教師の前で泣いてしまった。自分は難聴児の担任のはずなのに、国語と算数しか授業をしていない。交流学級の教師の授業の方が子どものためになっているのではないか等と問い直すうちに、教師としてのアイデンティティが崩れてしまった。担任としての責任に気付かされ、大学生の延長で教師を考えていた自分を見つめ直し、難聴児の担任としてできることを考え始めた。

「私は何だろうって思った時もあって。国・算だけを教えてる先生なのかなあって思ったりもして。それ以外は全部交流で。（中略）6月頃まで自分の立ち位置っていうのに苦しんで。交流の先生の前で泣きました。」

「交流の先生が、『彼女の担任はあなただよ』って。『担任ってどういうことかわかる？』って。『担任ってその子のことに責任があることだよ』って。『彼女の未来に、彼女の学力に、彼女の心のこと、生徒指導に責任があるのはあなたなんだよ』って言われて、改めて気付かされた時に、彼女に指導しなきゃいけないことは国語と算数だけじゃないって。」

1人の担任さえ務まらない自分が、教員採用試験を受けるわけにはいかないと考え、当初は試験を受けるつもりはなかった。ただ、遠距離恋愛中の彼との将来が見えない中、友人から「人生に保険は必要だよ」とアドバイスを受け、練習のつもりで受けてみることにした。平日に勉強時間を取ることはできないため、土日に勉強すると決めて取り組んだ。奇跡的に一次試験を合格し、二次試験に臨んだ。二次試験が終わった後、お互い仕事に一杯一杯で、ほとんど連絡を取らなくなっていた彼と別れることになった。10月に採用試験の合格発表があり、2度目の奇跡が起き合格した。まさか今年合格するとは思いもよらなかっただけに、両親と抱き合って喜んだ。

「父も私ももちろんですけど、父もやっぱりしばらくかかるだろうなっていうのは覚悟してたというか、こんなに早く叶わないだろうなというのは親も思っていたと思うので。思ったより早く安心させられたという意味では、採用してもらってホッとしたと思います。」

採用試験の合格が決まり、来年4月からは正採用として教壇に立つことになった。よりいっそう教師としての責任を感じながら、日々の授業に取り組むよう心がけている。担任としての自信も少しずつ高まってきた。ただ、交流学級の教師との距離感はいまだにつかめない。

「交流の先生と私が、どういうポジションでいればいいのかって。距離感ってやっぱりすごく難しくて。私は交流学級の担任ではないんだけど、ほとんどの時間を一緒に過ごしているから、怒りたくなる時もほめたくなる時もあるし。でも、私があんまり先生っぽくしていると、どっちの言うことを聞けばいいんだろうって惑わしたくもないし。」

一年間の臨時講師を経験して、交流の担任から多くのことを学んだ。授業のやり方や子どもとの関わり方ももちろんだが、その根底の「教師であること」を問い直す機会になった。3月に入り、4月からは実家を離れた地域にある小規模校に赴任することになった。この一年間、ご飯の準備や洗濯など全てを親に頼ってきたため、一人暮らしで働くことに不安はあるが、久しぶりの一人暮らしが楽しみな気持ちもある。正採用の教師として、B小学校へ歩み出す。

〈小学校教師1年目〉

実家を離れ、初任教師としてB小学校に赴任した。町の人口はそれほど多くないが、中心市街地から車で30分程度のため、友達と会ったり買い物したりする上で不便はない。数年後には近隣の小学校との統合も控えているB小学校は、全学年1クラスの小規模校。担当するのは、3年生7人だった。郡部では、幼稚園や保育園が限られているため、幼小中高と同じ学校に通うことも少なくなく、時には幼少期にできた関係性が、良くも悪くも小学校以降に引きつがれる場合もあると聞いていた。ただ、受け持った7人は、市内にある幼稚園と保育園から入学して来ているため、そのような心配は必要なかった。子ども同士仲が良く、初任者の自分をすぐに受け入れてくれた。

「1、2年生の時に同じ先生が受け持っていたんです。その先生が結構ベテランで厳しさのある、優しい方なんですけど、すごく厳しくって、子どもたちはちょっと怖がっていたような先生だった分、私みたいな若くてポワーンとしたのが4月ポッと来たので、なんか新鮮だったみたいです。」

昨年臨時講師として在籍したA小学校は、比較的規模が大きく、教職員も多かったため、講師にはあまり仕事が割り振られなかった。その上、担任した難聴学級は、交流学級と歩調を合わせて動くことが多かったため、一人で何かを企画したりすることもあまりなかった。一方、赴任したB小学校は全学年が単級のため、3年生の担任であるとともに、学年主任でもある。そして、少ない教職員で学校運営に関わる業務を分担する分、大規模校と比べて校務分掌の受け持ちも多い。初任者研修があることを考慮して、他の教師より負担は軽減されているものの、給食とPTA会報の担当を担うことになった。授業に関しては、同じ学年の教師がいないため、全て自分で考えていかなければならない。自分の思い通りに進めることができるのはやりやすいが、それで本当にいいのか不安に思う時もある。

「単級だった分、一人で頑張らないといけないことがとても多くて。慣れると楽しくやれる楽しさが単級にはあって、足並み揃えなくていい分、ほんとに自分がやりたい3年生の勉強をやってきたんですけど。最初の頃とかは、教材の準備とかそういうのも全部自分の責任の中でやるっていうのはだいぶプレッシャーでした。」

昨年、難聴児一人を相手に授業していたことを考えると、7人からいろいろな意見が出るため、自分の考えている問題解決型の授業をする上ではありがたい。それでも、大学時代に経験した教育実習では、30人以上の子どもで練り合う授業をしてきただけに物足りなく思うこともある。特に、国語や道徳などでは、それぞれ考えていることが違うはずなのに、他と違う意見を言い出せない子どもが多い。合ってる間違ってるに関わらず、自分の意見を表出できる子どもに鍛えていくために、わざと違う考えを出して揺さぶっていくうちに、少しずつ自分の考えを出せるようになってきた。

「最初のうちは7人でも足りないって思ってました。国語で感想を交流しようであっても、道徳をするにしても、7人で同じ考えなわけないのに、共感しあって、7人で一つの考えで固まってしまったりすると、広がりが出なくて。私がわざと揺さぶったり、逆のことを言ったりして、確かに揺れたり、別の考えが引き出されたりすることもあったんですけど、算数の多様な考えですら7人でも難しいと思う時はありました。」

4月、5月の喧騒を抜け、少しずつ教師生活にも慣れてくると、教師という仕事の楽しさも感じるようになってきた。もちろん、日々やらなければならないことは多く、アップアップしてはいるけれど、子どもにも同僚にも恵まれ、学年主任として自分の思い通りに進められることはやりがいも大きい。加えて、同じ地区の初任者同士が週一回集まる研修で、愚痴を言い合ったり、学んだりできることが、いい意味で気分転換になっている。指導案やレポートをまとめることは負担ではあるが、経験を積むだけでは気付かないことに目を向けるきっかけにもなっている。

「初任研はレポート書いたり、模擬授業したりとか、指導案を書いたりっていうのは、たしかに負担だったんですけど、地域の4人、みんなの面倒見てくれていた拠点校指導教員の先生がとってもいい先生で、校内の他の先生もすごく協力してくださって、校内の初任研も郊外の初任研も楽しみっていうか、すごく勉強になってるなって思える初任研でした。」

子どもたちとの関係もでき、行事を通して学級としてのまとまりも少しずつ強くなってきた。夏休み明けの学習発表会の劇で学級が一つになったように感じ、半年間取り組んできたことが実を結んだと嬉しさが込み上げた。ただ、そう思ったのも束の間のこと、女の子４人の関係がこじれ始め、その対応に追われた。もともと前担任から引き継いだ際、１人の女の子の扱いに注意するよう言われていた。家庭の中であまり褒められずに育ったせいか、他の子どもにひどい言葉をかけたり、物を投げたりする行動がたまに表出していた。４月からいろいろと対応してきたつもりではあったが、秋以降にその言動がエスカレートし、それによってクラス全体が委縮した空気になってしまった。その子どもと、これまでに家や学校で感じてきたことについてたくさん話す中で、少しずつ言動も落ち着いてきて、「ごめんね」や「ありがとう」を言えるまでになった。

「生徒指導の上ですごく難儀した子がいたんです。その子が平気で人を傷つける言葉をナイフのように『ずっと嫌いだった』とか女の子に向かって言ったりとか。その子をどう扱うかで学級の雰囲気とか、自分の心のモチベーションも全然変わってくるって前担任から引き継いでいて。（中略）家庭であまり褒められていないっていうか、だから褒めて。自分に自信を持ち始めたら、ちょっと変わってきて。『ごめんね』と『ありがとう』が言えるようになって。」

初任の一年間を振り返って、生徒指導上の難しさに苦しんだ時期もあったが、教諭として初めて担任した７人のことは、一生忘れられないだろう。保護者や子どもから、来年も担任を継続してほしいと言ってもらい、自分が取り組んできたことが間違いではなかったと胸をなでおろした。ただ、残念なことに、自分が担任として持ち上がらないことになった。

「忘れられない７人ですね。最後の日に連絡帳で、『来年も先生だったらいいなってお家で話しています』とか『一年間ありがとうございます。来年も先生にお願いしたいです』って書いてくださった時に、泣きそうになって。（中略）ある程度私でいいんだなって思ったし。子どもにも親にも思ってもらえたっていうことが、一つの自信になったかなとは思います。」

最初は、新２年生と新３年生の児童数減少により、新たにできる複式学級の担任を打診された。ただ、採用２年目で複式学級を担任することは、いくらなんでも酷だと教務主任が管理職に掛け合ってくれ、結果的に１年生の担任になることで落ち着いたようだ。小学校のルールが全く身に付いていない子どもたちにどのように関わるか、自分にできるのかといった不安もあるが、やるしかない。採用２年目になると、初任者という肩書や研修もなくなる。独り立ちしなければという思いを強くし、Ｂ小学校２年目を迎える。

〈小学校教師２年目〉

今年の受け持ちは１年生。ピカピカのランドセルを背負って教室に入って来た男の子５人、女の子３人、計８人の子どもたちを見て、これから一年間が楽しみになった。保育園や幼稚園との事前相談では、女の子３人は気が強いと聞いていた。たしかにそうも見えるが、あまり先入観を持たずに関わろうと心がけた。

２年生と３年生が複式学級になったことで、学校全体のカリキュラムはとても複雑になっている。一般的に複式学級では、２学年を１人の担任が受け持ち、両学年の授業を、「わたり」や「ずらし」といった方法を用いて同時並行で行う場合が多い。ところが、２年生と３年生では教科が異なるため、一緒に授業できない状況がある。３年生は理科や社会、総合があるが、２年生にはない。一方、２年生には生活がある。これをどうにかするためには、学年をまたいで授業の担当をやりくりする必要がある。１年生の担任として大部分の教科を持つが、体育を別の教師に任せる代わりに、３年生の理科と２年生の生活を受け持つことになった。

「今年度複式学級が誕生してしまったので、学校の中の時間割がすごく複雑になって、私３年理科も持ってて。その代わり、体育を持ってもらったんです。1年、2年の体育を合同でやってもらっている間に、私が3年生に理科を教えてて。（中略）複雑なんですよ。だから、総合とか生活をやっている間に、私が1年と2年の生活科をまとめてみたりとか。」

幼稚園や保育園、認定こども園などの、遊びや生活を通した学びと、小学校における学びをなだらかに接続することを目的として、スタートカリキュラムが導入されていることは話には聞いていたが、実際にどのような活動をしているのかはあまりよく知らなかった。1年生を担任するにあたって、同僚に聞いたり、自分で調べたりして、手探りで実践し始めた。とはいうものの、幼稚園でやってきた手遊び歌などをやろうとしても、あまり乗り気にならない。どういうことに子どもたちが興味を持つのかを見てみると、むしろ小学生が日頃やっていることを、自分たちもやってみたいと興味を持っているようだ。子どもの様子を見ながら、少し高度なことも入れて授業をするようにした。

「初めての1年生の担任だったので、手遊びのやつとかいろいろ勉強して、スタートカリキュラムのあたりを頑張ろうと思って、すごい勉強して臨んだら、手遊びなんかみたいな感じの1年生。大人っぽいじゃないですけど、そういうのに乗ってくる感じの子たちじゃなくて。小学校ってこんな感じだよってガンガン行った方がワクワクするのかなと思ってやったら、そっちの方がよくて。」

1年生の子どもたちにとっては、学校で学ぶことは何もかもが新しい。裏を返せば、まっさらな状態のため、この1年生のうちにいかにベースを作るかが今後の学校生活を送る上でのカギになる。ノートの取り方、挙手の仕方、ペアやグループ活動の進め方、掃除の分担、整列の方法などを、どのようにルール化していくか。これが1年生の担任に任せられていると考えると、その責任の重さは相当なものになる。当初は、それを怖いとも思っていたが、少しずつ子どもたちに型ができていくと、1年生担任ならではの面白さも感じた。

「1年生は、最初はそれが怖かったんですけど、私が全部作るというか。そのベースを。ノート作りにしても、国語でも算数でも、全ての始まりを持つっていうのは、逆に面白くって。私がしたいように染まっていくのが面白くって。打てば響く子どもたちだったので。」

国語、算数、図工、音楽は担任する1年生だけで授業を行うことができるため、比較的順調に進めることができている。ただ、1年生と2年生を複式で行う生活科は、どう進めればよいか試行錯誤が続いている。生活科の場合は、教室外の活動も多いため、2学年で一緒のことをせざるを得ない場合も少なくない。1年生にとっては初めての経験のため、できるだけ多く時間を取ってあげたいところだが、一度経験している2年生は、それではつまらない。いろいろな準備や文字を書くスピードも差があるため、同じことをやったとしても、かかる時間は大きく異なる。2学年に目をかけて授業を進めようとはしたが、どっちつかずになっているのではないかという申し訳なさも感じる。

「2つの学年を違うねらいでやらせて、どっちも見とってとか、どっちも振り返りしっかりやったりというのは、やっぱり難しくて、これは純粋に2年生だけに生活科やりたかったなとか、もっと1年生にたっぷり遊ばせたかったなとか、モヤモヤしながら。でも、何とか網羅するようにやってきて。」

8人それぞれの良さを出せるようにと考えてきたが、7月に入り、男の子同士の間でもめごとが発生した。幼稚園の頃からからかわれることの多かった子どもが、他の子どもから嫌なことをされて、トイレに閉じ籠ってしまった。何とか説得して、結果的に子ども同士は仲直りしたのだが、放課後に保護者の方が学校に来て、経緯を説明することになった。管理職からも対応は間違っていなかったと言ってもらったが、若い担任だけに保護者の方としては心配なこともあるのだろう。若手教師の試練と受け止めて、同僚に話を聞いてもらい、気持ちを落ち着けるようにした。

「校長、教頭には話をしたんですけど。対応は適切だったと思うって。（同僚には）すごい恵まれて。年は離れているんですけど、ある時は娘のように、でもたいていの時は本当に一人の職場の仲間としてというか、ある時は友達のように一人の先生として関わってくださるので、すごくありがたくて。」

1学期を乗り切り、ゆっくりとした夏休みを送れることは嬉しく思う。そんな折、高校の同級生で、中学校で講師をしている友人と付き合うことになった。先のことを話すこともあるが、彼が教員採用試験に合格していないことを気にしているため、どちらにしても採用試験に合格してから考えようと、お互いの心にしまうことにした。

昨年度は初任者研修があったため、定期的に授業研究があったが、今年はそれもないため、比較的ゆったりした毎日を送っている。学校の統廃合に向けていろいろと協議は進んでいるようだが、初任2年目の自分にはあまり情報は下りてこない。ただ、地域から小学校がなくなるということが、いかに大きな出来事なのかは、協議が難航していることからもわかる。年末になり、翌年の4月から近隣の2つの小学校が統合することが決まったらしい。話を聞くと、それぞれの学校に文化があり、子どもも教師もその文化を背負ってくるため、実際には大変なことも多いようだ。

日々の教育活動と並行して、統合の準備も進めていた2月、異動の内示を受けた。統合先の学校ではなく、他の学校へ異動することになった。まさか2年で異動することになるとは思いもよらなかった。ただ、小規模校で温かい同僚に囲まれて過ごした2年間はとても充実していた一方で、大規模校で経験していないことに、将来への不安も少なからず感じていた。そう考えると、異動が決まってよかったのかもしれない。初任校を2年で後にし、2校目へ向かう。

「大きい学級持ったことがないっていうのは、ずっとネックだったし。経験している友達を見てすごいなあって思ってきたし。事務仕事も少ない。先生たちとも仲良くさせてもらって、すごく温かい場所にこの２年間いて。３年目もいるっていうのは、異動が決まってからよかったのかなとも思う。」

〈小学校教師３年目〉

１学年１クラスの小規模だったＢ小学校から、１学年２〜３クラスある比較的規模の大きなＣ小学校へ異動になった。大人数の担任経験がないことを配慮してもらい、学校内で最も人数の少ない２年生の担任に配属された。40代後半の主任と、40代半ばの教師と３人で２年部３クラスを受け持つことになり、職員室の２年生の島で、学年の進め方や仕事の割り振りなどを相談した。これまで難聴学級、単級の３年生と１年生の担任しか経験してきていないため、学年部で役割を分担したり、統一したりするのは初めてだった。それに加えて、校務分掌も図画工作応募の副担当のみで、学校の規模でこれほど仕事量が変わるのかと、驚くことばかりだった。

「学年部でこんなに統一しなきゃいけないんだっていう縛りにビックリして。特に授業が。私は算数担当なんですけど、一時間の流れをカード化して、課題と展開、まとめ、評価問題とか全部自分が担当して、それを３クラス同じのをやるんですよ。（中略）国語とかは、結構バラバラでもいいって主任が言ってて、でもあまり凝ったものとかはやっぱりできなくて。今まで単級で自由にやってたから、ちょっと授業面白くないって思って。」

始業式を迎え、たくさんの子どもたちが集合している姿を見て、異動したことを再認識した。担当する２年生の子どもたちは、クラスによってカラーが全然違った。３組はしっとりおとなしい子どもが揃っているのに対して、自分が担任する２組は、よく言えば活発、言い方を変えればうるさい。休み時間は教室から誰もいなくなる。初日から24人のパワーに圧倒された。引き継ぎで、男の子の中に5～6人問題を抱えている子どもがいること、その中でも2人はちょっと大変と聞いていたが、4月当初はそれほど問題には感じなかった。それでも日を追うごとに本来の姿が現われ、特に1人の子どもに手を焼くようになっていった。昨年度の担任と関係がこじれたらしく、子どもももちろんだが、保護者も学校に不信感を抱いているようだった。

「4月当初は頑張り屋さんのイメージで、先生に褒められたくて頑張るみたいなイメージがあったんですけど、6月、7月に手のつけようがないくらい暴れたりとか。休み時間になれば必ず荒げてるっていう感じで。」
「去年の担任と相当こじれたみたいなんですよ。去年の担任は自分の息子をいつでも悪者扱いにしてっていう、なんか変に悪いイメージを持ってて、何もわかってくれてないっていうのがあって、先生に対していいイメージを持っていないお家で。」

問題を抱える子どもへの対応はあるものの、授業自体は順調に進んでいる。学年で統一して取り組むため、全ての教科を一人で準備する必要がなく、余裕を持って準備できているということもあるが、子どもたちの反応が良く、自分のやりたい授業ができていることは嬉しく思う。教職に就いてからの3年間は、子どもの数が少なく、どのように考えを拡げるか試行錯誤してきただけに、多様な考えを練り合うことができる授業は、とても面白く感じる。

「このクラスのとても良かったのは、授業がすごい面白かったことなんです。反応がすごい良くて。ちょっと考えさせたり、悩ませたりする時に、すごい面白い反応をする子たちで。いろんな子がいたから、いろんな意見が出てこそ面白くなるっていうこともあったので、8人の時にはこの雰囲気はなかったなみたいな感じがありました。」

2学期になり、少しずつ子どもの荒れも収まりつつある。それでも、時々爆発してしまう子どもにどう声をかけたらいいのか悩ましい日々が続く。知的に低いわけではない。話せばちゃんと理解してくれることもある。ただ、昨年一年間で失われてしまった子どもと教師の信頼関係を取り戻すには、1学期だけでは難しかった。

「この子をどうにかしないとこのクラスだめになるって私思って。授業妨害するし、『2年2組なんて大嫌いだ』とか、『最悪の人たちばっかりだ』とか叫んだりとか。(中略) かなりその子に目をかけてっていうか、すごい何回も言い聞かせたし、褒めたし。」
「いかに子どもに届く言い方をするかっていうところで、考えさせられた。たぶん、この子には大きい声で叱っても効かないとか、時間かけて言うのであれば、その子に染みる言い方をしないとまた同じこと繰り返すし。」

このような辛いことがあっても、それほど落ち込まずにやっていられるのは、同僚の支えが大きい。特に、学年主任は親身になって話を聞いてくれる。と同時に、とても良い距離感で自分のやりたいようにやらせてくれているのはありがたく思う。ある時、他学年の教師から、主任のスタンスが、自分の仕事の進め方と合っていると指摘された。たしかに他の主任の中には、学年で何もかもを統一しようとする人もいて、自分には合わないかもしれないとも感じていた。

「主任さんがすごくいい先生で、いろんなこと教えてもらったし。別の先生に言われたことなんですけど、主任さんっていろんなタイプがいて、うちの主任は自由にやらせてくれる、泳がせてくれる人で、何にもやりたいこととか授業のイメージがない人が泳がされると困るけど、私は結構前の学校で自由にやってたタイプだったので、ありがたかったなと思います。」

3学期に入り、クラスの問題はかなり落ち着いている。暴言を吐いたり、暴れたりしていた子どもとの関係も安定してきて、学校での勉強も楽しくなっていると言う。年度末に、保護者の方と電話し、自分が担任で良かったと言ってもらい、今までの苦労が報われた気がした。

「僕は１年生の時より怒られなかったって。いっぱい褒めてもらって、勉強も楽しくなってよかったみたいなことを言ってて。」
「お家の人が、私が担任で良かったって。いいところもいっぱい認めていただいて、本人もまだまだなんだけど、落ち着いてきて。（中略）お母さんとお電話して、やっと１年終わったなあみたいな。私のやることは一年間やったかなあと思って。」

小規模校から中規模校へ異動し、初めて大人数の担任を一年間担い、授業の楽しさや子どもとの関係の作り方など、多くのことを経験し、学ぶことができた。ただ、まだまだ課題も多い。子どもの様子を見ると、主任との力の差を実感する。主任が「よくやっているよ」と言ってくれることは、気持ちの支えにはなっているが、それに甘えず、もっと力を付けたいと心に決めた。

「結構２学期や３学期は、主任さんのクラスと自分のクラスを比べて、自分のできなさとか、１組はできているのに２組は育っていないとか、そういう部分を比べて、自分がダメだなみたいに思っちゃった時もいっぱいあって。自分の指導力が低いんだって。（中略）でも、できてるよーとか嘘でも言ってもらって、安心してる。よくやってるよとか言ってもらって。」

〈小学校教師４年目〉

Ｃ小学校に異動して２年目を迎えた。担任を任されたのは、４年生の28人。臨時講師の時に交流で関わりのあった教師への憧れから、その教師と同じように４年生の子どもと関わってみたいと希望し、それを叶えてもらったことを嬉しく思う。担任するクラスに暴力や暴言が絶えないＳ君がいることは、昨年から耳にしてきた。この子にどう向き合うかが、今年１年の大きな課題となるだろうと考えている。昨年も暴力や暴言の大変な子どもと向き合い、何とか信頼関係を作ってきた。いろいろな方の力を借りながら、S君に寄り添っていきたいと気持ちを新たにした。4年生は2クラスあり、もう1クラスを受け持つ学年主任は、今年の4月に異動して来たベテラン教師。同僚から「バリバリの先生が来た」と言われるほど、地域の中でもよく知られている教師だけに、同学年を組む中でたくさん学ぶ機会にしたいと思いをめぐらせた。

子どもたちと会ってみると、聞いていたよりもずっとしっかりしている。噂に聞いていたS君の言動はたまに目につくこともあるが、全体的には特に問題あるとは思わなかった。校長からは、「担任が変わって猫かぶっていると思うので、それを本当の自分だと思わせるためには最初が肝心だ」とエールを送られた。その期待に応えたいところだが、4月も下旬になると、すっかり緊張感が解け、話に聞いていた子どもたちの姿に戻っていた。

「何か最初みんな猫かぶってて。すごいいい子たちで。すごいいいじゃんみたいに思ってたけど、5月ぐらいになったら、やっぱり緩んで、私に叱られることも増え、校長先生からも、先生の前で猫かぶってるって、4月に言われて、その猫かぶってるいい子の自分が本当の自分だよって思わせるのが先生の仕事だって言われて。」

学年の2クラスで、ある程度統一して授業を進めるため、主任と分担して進めている。算数は、昨年に引き続き自分が受け持ち、主任は主に理科を担当している。その他の教科については、必要な人がシートを作成し共有する程度になった。というのも、同僚からは「力のあるベテラン教師が来た」と聞いていたが、実際に学年を組んでみると、自分とスタンスが大きく違うため、とてもやりにくさを感じている。ある程度好きにさせてくれるところはありがたいが、どこまで確認を取る必要があるのか、どこからは自主的に動いてよいのかのさじ加減をつかみにくい。去年の学年主任がとても力があり、バランスよく自分を泳がせてくれた分、子どものこと以上に気を使う日々が続いた。

「私に任せるところは任せてくれてありがたかったですけど、私は私で考えて行動とかしたら、『あ、もうやったんだ、ふーん。じゃあ合わせるよ』とかって怒った感じで言われたり。いろいろ確認すると、『そんなことも私に聞かないでわかんないの』とかって言われたり。さじ加減が難しくて。」

「指導力もあるんですけど、結構力でねじ伏せてるところもいっぱいあって。厳しく叱って。引っ張ったりとか。体罰のアンケートで結構書かれたり。子どももすごく怖がっちゃって。私も怖い時もいっぱいあって。」

7月に入り、付き合っている彼が教員採用試験を受験した。昨年の試験で好成績だった人には、教職教養が免除になると聞いていたため、一次試験は合格するだろうと思っていたが、一次試験で不合格だった。大学時代の友人同士で話をしていても、かえって教職教養が免除になった人の方が、一次試験で不合格になっていると聞いた。2人の将来のことを話したりもするが、彼としては教員採用試験に合格してからと考えているようで、頑張ってと応援するしかない。公私ともリフレッシュが必要と考え、夏休みはゆっくり過ごすことにした。

夏休み明けも、S君の暴言や暴力は収まる気配がない。ただ、S君だけが悪いわけではないこともわかっている。S君が荒れているところが目立つけれども、その原因はS君ではない子どもの場合もある。

「それでもS君を怒らせる男の子たちもいるので。周りが火をつける時もいっぱいあって。何も知らない周りは、単純にS君が暴れてるとしか見てなかったけど、ひもといていくと火をつけてからかったりしてる別の子がいるので。あなたが今怒っているのは当然だって。だから、周りもちゃんと見て指導しないと、彼だけが頑張る問題ではないので。」

そんなS君の言動がより目立つようになり、本来であれば学年主任に相談したいところだが、なかなかそうもいかない事情がある。ルールを厳格にして、厳しく叱咤激励することで、救われている子どももいるとは思うが、自分のクラスの経営方針とはずいぶん異なる。秋以降、学年主任が自分のクラスにやって来て、子どもたちを叱る場面が増えてきた。本来であれば、その前後にすり合わせができればよかったのだろうが、経験豊かな主任に対して、抗うことはできなかった。そんな様子を見た子どもたちが、2人の間で揺れている。担任として、どうしていいのか苦しい毎日が続いた。

「3年生の時に崩壊気味ではないですけど、ルールとかきまりがちょっと緩かったみたいで、それを一つ一つ決めてやることで、安心した子どもたちもたぶんいると思うんです。（中略）だた、うちのクラスの子どもたちは、2人の先生の間で揺れたっていう。それはかわいそうだなと思って。」

自分の授業や学級経営はそんなにダメなのだろうかと悩む一方で、その授業を評価してくれる嬉しい出来事があった。昨年の11月に県外から教育委員会の方々が視察に来た際、自分の授業を参観してとても評価してくれた方がいるらしい。その方から紹介されて今年別の教育委員会の方が視察に訪れた際に、そのことを校長伝いに聞いた。落ち込んだ気持ちの支えになったことを手紙で伝えたところ、励ましの返事が届いた。これを励みに頑張ろうと、気持ちを奮い立たせた。

「去年、大勢の人が一日授業を見に来て、私、その時国語を見せたんです。校長室で、去年国語のお手紙の授業をしてた若い女の先生はどこにいるの？　みたいに言ってくれて。去年国語の授業をしているのを見て、非常に若いのにびっくりしたとかっていういい印象を持ってくださって。今年、彼女の授業を見れると思って楽しみに来たみたいに言ってくれて。（中略）落ち込んだ時とかに、ふと思い出すというか、頑張ろうと思って。」

学級として様々な問題を抱えつつも、子どもたちとの関係はそこまで悪くはないと思っていたが、年明けにQ-Uの結果が返ってきて、その思いは覆された。4年生は2クラスとも問題が大きく、崩壊一歩手前と評価された。しかも、事前の相談なしに、職員会議で全クラスのQ-Uの結果が公表され、その検討を行うという。校長は、4年生が置かれた状況も交えて説明してくれたが、力量不足の烙印を公開で押されたように感じて落胆した。

「Q-Uの結果がすごい悪かったんですけど。職員会議で公表されて。(中略) うちのクラス、学年的に低かったので。何も知らない先生たちからすると、学級経営がうまくいってないって見られると思って。そういう周りの目も気になってしまって。担任として恥ずかしくなったし、何かもっとできることあっただろうって。結果の公表があって落ち込んだんです。」

それでも、日に日にS君の言動は変わってきている。3学期も終わりに近づくと、暴言や暴力はほとんどなくなり、何かしてしまったとしても謝れるようになってきた。この一年間、S君への対応で本当に苦しんだが、最後の最後でようやく報われつつある。来年度の担任の希望調査があった。どうしようか悩みつつ、持ち上がりを希望した。年度末に、希望通り5年生に持ち上がりになると伝えられた。ただ、この春で退職する校長からは、絶対に一人で抱えないこととくぎを刺された。

「校長が退職していなくなるから、守ってあげられないからって。持ち上がってあの子たちがわーってなって、崩壊するのを目の前で見たら、ちゃんと職員室で声を大にして相談することみたいに言われて。絶対自分一人で抱えてどうこうしようって思わないこと。高学年は難しいからって。この2年間の私を見ていて、校長先生が、私が一人で抱えるんじゃないかって心配したから、そういう声かけをしてくれたんじゃないかなと思って。」

〈小学校教師５年目〉

初めての高学年の担任として新年度を迎えた。担任する５年２組28人は、学級解体をしたため、約半分は持ち上がり、残りの約半分が初めて受け持つ子どもたちになる。高学年を受け持つことに少し不安はあるが、２年連続で受け持つ子どももいるため、その点では安心な気持ちもある。一緒に学年を組む主任は、C小学校で６年目の中堅教師。いつか一緒の学年を担当してみたいと思っていた力のある教師と同じ学年を組めることで、安心感はさらに高まった。昨年度は、学年主任と考え方や指導方針が合わず、精神的にかなり辛かっただけに、この春退職した校長が配慮してくれたことを嬉しく思う。

これまで、C小学校では自分が最年少で、経験豊富な同僚にかなりの部分頼ってきたが、この春２人の初任者が配属されることになり、初めて後輩ができた。新年度の職員会議が終わると、周りの先生から「５年後のモデルとして頑張って」と声をかけてもらい、気持ちが引き締まった。

「結構周りの先生とかには、５年後のモデルがいるから、５年経ったら先生にみたいになるんだみたいな。なれるかな、なるぞみたいな風に思えるモデルであってほしいみたいに、最初話しがあって。」

自分が担任を持ち上がることを子どもたちはどう感じるだろうと不安を抱きながら、始業式に臨んだ。担任が紹介されると、思っていた以上に子どもたちが喜んでくれて、まずはホッとした。その日の放課後に、同僚から「昨年頑張ったことの証だね」と声をかけてもらい、Q-Uの結果で落ち込んだ中でも頑張ってよかったと感傷に浸るとともに、その思いを裏切らないようにしなければと背筋を伸ばした。

「２組の子たち喜んでたねって他の学年の先生たちに言われて、前の年、それだけ先生が頑張ったっていうことだねみたいに言われて。こういう形で前の年を評価してもらうことになるんだって思って。そういう言葉かけをされると思ってなくて。（中略）裏切らないようにしないとなあって思って、逆にちょっと気が引き締まるというか、思ったところもあって。」

昨年度、自分が受け持った子どもたちと、主任が受け持った子どもたちを、どのように組み合わせたら学年として機能するか試行錯誤して学級編成をしたこともあり、今のところうまくいっている。暴言や暴力が絶えなかったS君との兼ね合いで、主任が受け持つ1組にS君と、S君と問題にならない子どもたちを配属し、自分が受け持つ2組に、S君と一緒になると問題を起こしてしまう子どもたちを集めた。結果的に、1組は穏やかなしっとりした雰囲気、2組は騒がしくパワーがある雰囲気になっている。

「また違った感じで半分の子たちはよかったんじゃないかなあって思います。たぶん、ベテランの先生がもっていないものが、きっと私にあったし、私が育てるには難しいような、しつけをきちっと半分の子たちがされてたから、それに私も救われたときもあって。ちゃんと座ってる子見ると、元主任のクラスみたいな。(中略) いい意味で、影響受けてた子もいたし、クラス替え良かったなって思って。すごい混ざってる感じがあったので。」

クラスや学年の状況はすこぶる順調に進んでいるものの、とにかく春先の高学年は忙しい。5月の運動会、その後に予定されている自然教室に向けて、やらなければならないことがたくさんある。加えて、6月には教育委員会の指導主事による訪問もあるという。特に運動会に向けては、高学年の担任4人にかかる負担は大きい。休み時間や放課後に3年生から6年生の子どもを集め、6年生をリーダーとして立てながら、教師側がバックアップして育てていくのは、自分が先導できない分かえって気を使う。

「運動会の高学年の負担が大きくて。先生たちの。応援練習とか、3、4、5、6年生をまとめる団長を立てることと、やっぱり6年生を育てること、なんだかんだバックアップするのはこっちなので。」

ただ、その分終わった時の感激は、これまでにないものだった。自分が担当していた色が大逆転劇の上総合優勝した嬉しさももちろんあるが、それ以上に力のある高学年の先生方の中でやりきった達成感で、涙があふれた。仲の良い先生方のもらい泣きを見て、この学校に勤めて、この先生方に見守られながら教師という仕事に就いていられることがいかに幸せかかみしめた。ただ、運動会が終わり一山は超えたものの、1学期の喧騒はまだまだ続く。今年度は、特活主任も任されたため、縦割り行事の際には自分が仕切らなければならない場面が多くある。

「特活主任も今年からなったんです。ベテランの先生とか私より年上の先生たちいっぱいいるのに、私が仕切るみたいな場面が今年増えちゃったので。（中略）全校の特活の縦割り行事とかってなると、私が主でやるので、全校1年から6年までいるところで説明したり静かにさせるとか。」

フラフラになりがらも何とか1学期を終え、夏休みにたどり着いた。ここで充電しなければとゆっくりし、フル充電で2学期を迎えた。2学期は1学期と比べて比較的行事がないため、それほど追われる感じはないが、だからこそ何かしら目標を作らないと子どもたちのモチベーションが高まらない。そんな心配が的中し、クラスの女の子同士の関わりがどうもこれまでと違う。これまで仲良く見えた4人グループが、学校の外でつながっているSNSでトラブルになっていると聞いた。関係が固定されているわけではなく、日によって関係が変わるため、保護者の方とも密に連絡を取り合った。大きな問題には発展しなかったが、高学年の女の子への対応の難しさを実感した。

「やっぱり女子が結構大変。携帯とかiPadとか。そういうのでもできるし、親の携帯でやってたりもするし。LINEでつながってて。10月くらいからすごい不穏な雰囲気があって、対応を間違うとこじれるなって感じがすごいして。女子4人のグループだったんですけど、4人のグループもあれば、一人を抜かした3人のグループもいろいろあって。もう喧嘩みたいになっちゃって。」

そんな折、彼が教員採用試験で不合格だったと連絡があった。臨時講師をしながらも、時間を作って頑張っていたことを知っているだけに残念でならない。ただ、付き合い始めて3年経ち、いずれ結婚し、子どもをもうけることを考えると、そろそろという思いもある。来年の採用試験に向けて講師を一度辞め、1年頑張ってみて、もし不合格だったとしても結婚しようということになった。

冬休みが明けると、5年生が頑張らなければならない「6年生ありがとう集会」に向けた準備が始まる。昨年Q-Uで学級崩壊一歩手前と評価された子どもたちだったが、この一年間で大きく成長したことを嬉しく思う。

年度末に、来年の希望調査があり、持ち上がりの6年を希望した。来年度に開催される算数・数学研究大会で授業者を打診されていることもあり、信頼関係のできている子どもたちと臨みたいと考えた。ただ、もし実現すると、この子どもたちとは3年目になる。あとは管理職の考え次第になるが、どちらにしろ高学年部からは離れられそうにない。5、6年の担任4人で話していても、この4人はそのまま高学年になるだろうと予想している。離任式の後、来年度の内示があり、持ち上がりの6年生担任になることが決まった。これで全学年を受け持つことになる。プレッシャーと楽しみを抱え、新年度を迎える。

「私自身が高学年向いているとか持てるとか、そういうことを言えるような年では全然ないんですけど、この先生はきっと高学年には来ないって先生は何となくわかる気がするんです。」

〈小学校教師6年目〉

教職に就いて7年目、いつかは6年生の担任になって卒業生を送り出したいと考えてきた。それが今年叶うと思うと気持ちも高まる。しかも、3年連続持ち上がることになった子どもたちの巣立ちを一緒に喜べるというのは、教師冥利に尽きる。4年生の時は学級崩壊寸前まで崩れ、自分に高学年を受け持つことができるのだろうかとも思ったが、5年生の一年間かけて子どもたちとの信頼関係を構築することができたため、特に心配なことはない。5年生の時に一緒に学年部を組み、信頼関係ができている学年主任も一緒に6年生に持ち上がるため、その点でも安心している。算数・数学研究大会の授業者に選ばれ、教師として一皮むける1年にしたいと新年度を迎えた。

始業式で担任が発表されると、比較的子どもたちも喜んでくれた。3年間受け持つ子どもにとっては、小学校生活の半分に影響を与えることになる。いい関係は継続しつつも、マンネリ化しないようにと気持ちを引き締めた。

「比較的みんな喜んでくれたので。親にも喜んでもらってのスタートっていうのは、幸せなスタートだと思うから、なかなかない気持ちの楽さがあったんです。さすがに3年一緒の子たちが半分だから、飽きさせないようにっていうか、2年目の子たちも、これは違うっていうところを出していかないと、指導も間延びしちゃうかなって思ったところはあるんです。」

昨年5年生を受け持った時は、5月に運動会、6月に自然教室と教育委員会の要請訪問と大きな行事が続いたため、4月は超多忙な日々だったが、6年生に関わる行事は運動会しかないので、比較的穏やかに新年度を迎えられている。それでも、運動会に向けては、5年生以上に子どもたちを動かすための準備が必要になる。教師自身が前に出て運営してしまえば楽なのだが、子ども自身が学校を動かせるように仕込まなければならない点が難しく、でもやりがいがある。

「6年生が学校動かすから、その6年生が動かせるように仕込んだり、こっちで教えたりしておく2つ前ぐらいみたいな段階があるのは大変だったかな。でも、勉強は5年生よりきつきつじゃないので、6年生は。」

昨年からの持ち上がりのため、子どもとの関係は築けているが、6年生にもなると、思春期を迎える子どももおり、あからさまに反抗的になったり、友達関係がうまくいかなくなったりする子どもも出てくる。昨年問題が表面化した女の子グループは、今のところ仲良くやっているように見えるが、今年は男の子の数人がいろいろなところでトラブルを起こすようになった。特にそのうちの一人は、家でのイライラを教師にも同級生にもぶつけてくる。この子どもをどうにかしなければと話はするものの、具体的にどう対応するのがいいのかは見えてこない。主任とも相談して、ひとまず言うことは言いつつも、逃げ場も作っておこうということになった。

「難しかったの3人いて。その一人が結構大変な感じだったので。話していくと、彼は彼でいろいろたまってるんだなとか、不器用だなとか、そういう形でしか表現できないんだなみたいなところもあって（中略）でも、毎日私に話しかけてくるし。全力で傷ついたり受け止めたりしていると持たないから、言うことは言うけど、適度にみたいな感じで流したり。」

5年生と比べて6年生は、学習内容がそれほど詰まっていないため、ゆったりと進められる。学力的には難しい子どももちろんいるが、これまでの学びのつながりが少なからず見え、特に3年間連続して受け持っている子どもの変化が見えると嬉しい気持ちになる。2学期の修学旅行では、一緒になって楽しむことができ、高学年の担任ならではの面白さを実感した。

「学習面とかすごいつながってきたなとか、前はすぐ泣いてたけど強くなったなとか、前はすごい順位にこだわったり勝ち負けにこだわってたのに、作文を見ているといかに自分がそれに向けて頑張ったかとか、どういう気持ちが大事だみたいに書いてて、すごい変わってるんだなあとかってのを感じて面白かった。」

算数・数学研究大会が近づき、その準備も佳境に入ってきた。指導主事の先生と一緒に教材を研究し、指導案を何度も作り替えた。当日の授業は、少し離れた大規模校で行うため、バスで子どもたちを連れて下見に行き、少しずつ緊張感も強くなってきた。そして迎えた当日。万全を期して準備していたこともあり、その想定通りに授業を行うことができホッと胸をなでおろした。

「一人の授業じゃなかったので、いろいろ相談できたし、準備も一緒にできたので。大本は私がやりたいようにやればいいって、私を立てて、でも相談にのってくれたので。（中略）万全を期して、すごい準備をしてやったので、時間とかもピッタリ終わった感じで。指導者の方に言われたこととかは、本当にごもっともみたいなことで、なるほどなって思いました。」

研究大会が終わり、何となく気持ちが緩んだ年末頃から、一人の子どもが学校に来なくなってきた。空き時間や放課後に家庭訪問に行き、いろいろ話はしたが、なかなか登校にはつながっていかない。これまでも、気分が乗らなくて登校を渋る子どもは受け持ったことはあったが、自分のクラスから不登校の子どもが出るのは初めてだった。卒業まで残り数か月、何とかして一緒に卒業したいと、子どもに寄り添う日々が始まった。そんな落ち込んだ気持ちの支えになるような大きな出来事が年末にあった。4年前から付き合い始めた彼からプロポーズを受けた。今年も教員採用試験は不合格だったが、将来のことを見据えて結婚を決断してくれたと言う。中学校に勤務する彼も、生徒指導のことでいろいろ悩みを抱えている。お互いに支え合える家庭を築いていきたいと誓った。

3学期に入ると、ほとんどの単元も終わり、あとは6年間のまとめが中心となる。卒業を間近に控え、道徳の時間に将来の夢について考える機会があった。その時、初めて自分の人生について子どもたちに話した。教師を目指した時のこと。大学時代に小学校教師か中学校教師かで悩んだこと。教員採用試験に落ちて、翌年校種を変えて受験して合格したこと。小学校を卒業し、中学校へ進学していく子どもたちに、その時その時考えてきたことや葛藤を話すことによって、これからの人生を考えるきっかけにしてほしかった。

「私の人生を道徳で話した時があったんですよ。先生のこれまでの29年間を話すって。どこを話したかっていうと、結局大学の話。学校の先生になろうと思ったのはいつかから話が始まって。（中略）6年生の今だったら、私の葛藤もわかってくれるっていうか。それが高学年の面白さなんだろうなって主任と話してました。話をした後に、将来の夢を書いたんだったかな。そしたら、学校の先生になりたいと思った子もいて。」

いよいよ卒業式を迎えた。子どもたちから自分との思い出を書いた手紙を受け取り、2年間もしくは3年間で子どもたちがずいぶん成長したこと、思い出に残るエピソードがあったことを知り嬉しくなった。卒業式の練習中は、感極まって泣きそうになる気持ちをぐっと抑えていたが、当日は意外なほど冷静だった。それでも子どもたちの歌う姿を見て、涙腺は緩んだ。初めての卒業生を送り出し、本当にいい思いをさせてもらったと感謝した。

「最後にもらった手紙がすべてだったっていうか。3年間持ってた子も2年間持ってた子も、それを書いてくるかみたいな。みんな何かしらのエピソードを書いてくれてて。結構前の5年生の初めの頃とかのエピソードを、あの時嬉しかったみたいに書いてくれた子とか。あの時褒めてくれて嬉しかったとか。そういうのが結構多くて。それは、持ち上がったから言えたこともあるっていうか。」

〈小学校教師7年目〉

初めての卒業生を送り出した余韻の冷めない中、5年生の担任になることを告げられた。一度高学年を受け持てることがわかると、5年生と6年生の担任を行ったり来たりすることが多いと知ってはいたが、自分もそのレールに乗ってしまったことを自覚した。一緒に学年を組むのは、今年から異動してきた50代のベテラン教師。C小学校の5年生の流れは自分の方がよく知っている。運動会と自然教室の準備など、できることは早めにやっておこうと動き出した。

ただ、この学年は、問題を抱える男の子が多い。話を聞くと、もちろん子どもたちの問題もあるのだろうが、3年と4年の担任に恵まれなかったことも大きいようだ。しかも、その時の担任が異動になったため、新しいクラス編成が全然練られていないらしい。ここ2年間持ち上がりだっただけに、子どもたちと新たに関係を作っていくことへの緊張感も出てきた。

「この学年は先生に恵まれてきてなくて、ちゃんとしつけられてきてなかったり。すごく怖くて力で押さえつけられたり。アンバランスな2人が3年、4年って持ち上がってきたので。（中略）当たり前のことを言うと、何でそんなことをしないといけないんだって状態だったし。今まで怖かった方にいた子たちは、その先生より怖くないので、パーンってなったところもあったし。これまでの負債というかツケが全部回ってきたって。」

新年度が始まってすぐは、猫をかぶっていたところもあったのか、そこまで言うことを聞かなかったり、授業妨害をしたりすることはなかった。けれども、1週間も経つと本性が現われ、日に日に授業が荒れ始めた。全ての子どもたちがそうではない。全体的に、女子はとても賢く、熱心に授業に参加してくれているが、男子の授業態度は本当にひどいものだった。

「もはや勉強を捨ててる男子たちだったので、突っ伏して寝てたり、物投げて遊んでたり、輪ゴム飛ばしたりとか。（中略）でも、一番のボスは賢い子だったので、授業聞かなくてもわかるっていうか。だから、そんなくだらない板書を写してもみたいな。賢くて授業ちゃんとしないタイプと授業を捨てている子たちと、本当に極端な感じで。」

それでも、これまでも授業で子どもを引き付け、信頼関係を築いてきたという自負もある。改めて教材を研究し直し、何とかして興味を持ってもらおうと努めた。その甲斐あってか、女子のほとんどと、しっかりしている少数の男子は、「今までの先生より授業がわかりやすい」と言ってくれている。ただ、それ以外の男子には響かなかった。しっかり聞いてくれている子どものために授業をしようと気持ちを強くしているが、妨害されて叱り、妨害されて叱りを繰り返していると、授業がどこまで進んだのか見失ってしまうこともある。妨害に時間を取られることを想定して、30分バージョンで授業を計画するなどして、ひとまず授業を進めたが、これまでのような子どもとの練り合いのある授業には程遠かった。

「私の強みが授業だったので。授業は自分も頑張ってしているって気持ちはあったので、これだけの授業して振り向いてくれない、理解してくれない。見ようとしてくれないのであれば、そこまでだなっていう感じで。あともうこれ以上手厚くとか、これ以上面白く教材研究をするほどの時間は私には無かったので、もうこれが限界で。」

気持ちが折れそうになりながらも、何とか1学期を切り抜けた。子どもと関わることのない夏休みは、久しぶりに平穏な毎日だった。教員採用試験の対策に取り組む夫を応援しつつ、ゆったり静かな空間で、自分らしさを取り戻そうと心がけた。夏休みが明け、子どもが変わっていたらという願いは、初日から打ち砕かれた。1学期よりもさらにエスカレートした子どもたちを目にして、初めて学校へ行きたくない、行けないという気持ちが生まれた。

「夏休み明け、さらにエスカレートしていったところもあったし。ちょっと心が折れかかってしまって。具合も悪くなったりとか。(中略)家を出たら、何か自分じゃない自分にならないといけないっていうか。常に怒ってたり、イライラしたり、本当に物を投げたくなったり、体罰はダメだけど、本当にたたきたくなるような気持ちになったり。そういう世界に行くのが嫌だ、ずっとこの静かな家の中にいたいみたいな気持ちになって。でも、学校に行ってしまえばスイッチが入って。何かその気持ちのアップダウンがすごくあって。」

こんな状況でも精神的に限界を超えないのは、結婚して夫が支えになっていることが大きい。教員採用試験になかなか合格せず、夫自身も考えることはたくさんあるのだろう。ただ、鬱積した気持ちを抱えて帰宅した後に、お互いに愚痴を聞きあったり、全く関係のないたわいのない話をしたりすることで、何とか気持ちが保たれている。今年も教員採用試験には受からなかったのは残念だが、結婚してよかったと心の底から思う。

「やっぱり講師っていうのは気持ち的にも大変なところがあって。私は受かれ受かれってそこまで思うわけでもないし、言わないし。元気で普通に過ごせれば私は全然いいんですけど、あっちはあっちでそれでいいよねというのはもちろんない。この一年間、本当に結婚しててよかったなって思いました。家へ帰ればコロッと気分も変わるし。」

夏休み明け以降、子どもの状況は多少のアップダウンはあるものの、毎日のように何かしら問題が勃発する。精神的にもギリギリのラインが続き、どうしても学校に行けなくて遅刻してしまうこともある。今のところ寝ることはできているので、睡眠導入剤などを服用するまではいっていないが、同僚と話をすると意外と薬を飲んでいる人も多いことを知った。ある日、朝教室に行くと、電気もつけずに暗いままになっている。どうしたのだろうと近づいてみると、暗闇の中に子どもたちの笑顔が見える。子どもたちから「おめでとう」の言葉、そしてメッセージカードと本日の主役のタスキをプレゼントされた。女の子たちが、誕生日に合わせて準備をしてくれていたらしい。こんなに大変なクラスでも、子どもたちだけで企画・実行する力がついている子どもがいること、自分のことを思ってくれていることに感激した。

「女子たちが、私を喜ばせようと。聞くと夏休み明けぐらいからずっと仕込んでたらしくて。いろんな先生たちからもメッセージ集めてくれたりとか。学級の全員からメッセージを集めるために。どうやってこの男子たちに書かせたのって。絶対大変だろうにって思ったので。そうやって人を喜ばせるために頑張れるってなんてすばらしい力なんだって思って。企画した子たちには、それがいいところだからって。」

これをきっかけに子どもたちが変わるかもしれないと願ったが、そう簡単にはいかなかった。それでも、以前と比べると、若干ではあるが5年生らしさが垣間見えるようになってきた。冬休みが明け、6年生ありがとう集会に向けて、5年生がリードしていく時期になる。そんなリーダーシップを発揮するどころか、日々の授業すらままならない状況なのだが、5年生が劇を見せるという伝統は何とかつなげることができた。今年1年を通して、教師を辞めたいと思ったことが何度もあった。周りの支えでかろうじて1年を終えたが、自分も隣のクラスの主任も、クラスの持ち上がりを希望しなかった。こんな状態で引き継ぐことになってしまったことに、申し訳なさと自分の力不足を感じつつ新年度を迎える。

「今年1年で、本当に先生もう辞めたいなって何回も思って。先生方に辞めるのはもったいないとか、この1年があったことが、絶対先生の財産になるって、みなさんたくさん励ましてくださるので。こういう学年を持たせられたっていうことは、先生ならこの子たちを持てるって思われたからでしょって。そう思われることってすごいことだよって言ってもらって。」

〈小学校教師8年目〉

自信を無くした気持ちの整理もつかないまま、新しい年度を迎えた。2年生の担任、そして学年主任になった。昨年大変なクラスを任されたことを考慮してもらったというのもあるが、単級の学年ができそうだったこと、2年連続で初任者が配属されたこと等を総合的に考えての配置らしい。一緒に学年を組むのは、この春に大学を卒業したばかりの女性教師。初めての担任で先の見えないことは、自分が初任の時に経験している。自分も主任が初めてということを伝え、協力して2年生の子どもたちをまとめていこうと気持ちを一つにした。

これまでの7年間で、全ての学年を経験し、様々な学年主任と一緒に仕事をしてきたが、実際に自分がその立場に立つと、かなりプレッシャーを感じる。学年集会や2クラス合同で行う授業で子どもの前に立つ時は、初任の先生の見本になるようにと、いつも以上に気持ちを張って臨んだ。

「今までは主任を支えたりサポートしたりする側から、自分が主になったので、まずいきなり最初学年開きとか、生活科とか体育とか、そういう学年でやるところを仕切ることがほとんどだったので、そういう時の話し方とか、どういうふうに学年を経営していくかとか、そういうのを考えていくのがすごいプレッシャーだったし、大丈夫かなって。」

当初は、久しぶりの低学年で大丈夫だろうかという不安もあったが、かわいい2年生の子どもたちと過ごす毎日は、昨年とは比べ物にならないほど楽しく癒される。隣のクラスの初任教師も、大学卒業してすぐとは思えないほど賢く落ち着きがあり、しかも、わからないことがあるとすぐに聞いてくれたため、うまく連携できている。ただ、先の見えない初任者にとっては、何を聞いてよいかすらわからない時がある。働き方改革が推奨され、できるだけ早く帰宅するよう言われてはいるが、悩んだ時にいつでも相談しやすいように、少し遅い時間まで仕事をするように心がけた。

「低学年になったので、早く帰れるだろうなと思ったんですよ。帰ろうと思えば、自分としては5時台には帰れそうな感じでもあったんですけど。大学卒業したての子と組んでたので（中略）教えたり一緒に考えたりする時間を考えると、私だけさっさと帰れなくて。何もなくいるよみたいな時間があった方がいいなって。遠慮して言ってこない時とかもあるので。」

高学年を担任していた時は、学校行事の企画や運営に関わることが多く、子どもに事前に仕込んだりすることに時間がとられたが、2年生ではそういった負担があまりない。その上、授業を行う教科も少ないため、比較的余裕がある。高学年を担任する教師に手当をつけたらいいと同僚と話したこともあったが、低学年を担任した今本当にそう思う。

入籍して1年が過ぎ、秋に行う結婚式の準備を進め始めている。ちょうど結婚式の前後に教員採用試験の合格発表がある。今年こそは合格してほしいと願ってはいるが、昨年大変な時を支えてもらったことを振り返ると、何よりもお互いに元気で過ごせていることをありがたく思う。

結婚式の2日前。教員採用試験の結果が公表された。合格。10回目の受験で晴れて合格したことを、心の底から喜び合った。結婚式の挨拶で、合格したことを紹介してもらい、みんなからお祝いの言葉をもらい、今まで頑張ってきたことすべてが報われたように感じた。

「あちらの校長先生に挨拶してもらったので、その時に受かったことも入れてくれて。（中略）招待客の人たちも友達も、先生たちも、みんな私の旦那さんが早く受かればいいなって、受かったかなって、みんな応援したり心配してくれてたので、みんなわーみたいな。よかったねって喜んでもらって。」

秋を過ぎても、クラスの状況は安定している。子どもたち同士自然に助け合い、優しい気持ちで接することができていて、穏やかな毎日を送ることができている。そんな年末に、第一子の妊娠がわかった。ちゃんと着床するだろうかといった不安や、少しずつでてきたつわり、そして1月以降に感染が拡がってきた新型コロナウイルスなどで、悩ましい時期もあったが、ぶじに安定期を迎えることができた。予定通りいくと、次年度の途中で産休に入ることになる。C小学校に赴任して6年目、そろそろ異動の対象にもなる。管理職に相談し、C小学校に残ることができるよう配慮してもらえることになった。

2月になり、新型コロナウイルス感染症はますます拡大しつつある。他の都道府県の状況をニュースで見ると、学級閉鎖や学校閉鎖も増えてきているようだ。早く収束してほしいと願っているが、その気配はない。2月27日の放課後、学校で仕事をしていると、3月2日から全国の学校を一斉に休校するというニュースが飛び込んできた。3月2日から休校になったとして、もしかすると3月末まで続き、そのまま終業の可能性すらある。学校に残っていた主任が集まって、明日のうちに対応できることを確認した。

「総理が言った時点で6時20分とか6時半とかだったんですけど、まだ主任とか残ってたので、主任が集まって。（中略）明日で終わりかもって感じだったので、だったらもうこの木曜の夜しか、放課後しか、先生たちで話し合える時間がなかったので。これは持ち帰るとか、春休み用に買っておいたドリルは明日配るとか、ドリル届いていない学年はプリント準備するとかいろいろ話出て。」

翌日、市の教育委員会から、3月2日の3時間だけ登校できることになったと連絡があった。2年生から3年生に上がる際に学級解体があるため、このまま春休みに入ってしまうと、このクラスでの区切りがつかない。2年1組27人で過ごした一年間を振り返り、涙で締めくくった。

「心の中で、どこかで3月中に登校日が設けられるんじゃないかっていう、何か淡い期待みたいのが心にあって。終わりじゃないんじゃないかみたいな。でも、もしこれが本当に終わりだったら、終わりらしいことを話したり、何かしないと区切りがつかないって。（中略）最後の日には、1組解散っていうことで、ちゃんと終わりを作ろうと思って。最後はみんな号泣みたいな感じ。私も泣いて、子どもも泣いて、ありがとうって。」

休校になってから、子どもたちが登校してこない学校生活が始まった。休校中の課題を考えたり、年度末のまとめをしたりするため、教師は交代で仕事に出てきているが、子どものいない学校は静か過ぎて居心地が悪い。その上、いつもと違ってデスクワークばかりのため、肩こりがひどくなってきた。お腹はそれほど大きくなっていないが、検査をすると少しずつ形がはっきり見えてきて、妊娠している実感がわいてくる。産休や育休の手続きをするため、いつ復帰するかを考えなければならないのだが、まだ決めかねている。

「母が専業主婦だったから、小さい時はいつもそばにいてくれたっていうのがあったので、自分もそうしたいってなんとなく思ってて。でも、大きくなるまでしばらく復帰しませんってすぐ言える感じではなく、いろんなことをやっぱり考えるし。お給料とかも。あまりお休みしてても、それこそ復帰するのがもっと怖くなるんじゃないかとか、どっちもメリットとデメリットと。」

ひとまず、4月からもC小学校に残ることが決まった。夫も、自宅から通える小学校に赴任することが決まった。夫婦ともに楽しみ半分、不安半分の1年を迎える。

〈小学校教師9年目〉

C小学校に勤務して7年目。教職10年目を迎えた。新型コロナウイルス感染症は収束する様子はない。幸い身近なところでは感染は広がっていないが、出産を控えているだけに不安な気持ちもある。3月から続く休校が4月からどうなるのかは見通せないが、教室の片付けと消毒を行い、新年度に向けて進み始めた。8月に出産予定のため、6月頃には産休に入る。担任を持つとしても、2か月ほどでバトンタッチすることになる。告げられたのは、特別支援学級（情緒）の2年生1名の担任だった。通常学級の担任になることはないだろうと考えていたが、いざ特別支援学級の担任と伝えられると複雑な思いもある。特別支援学級の担任を軽視しているわけではなく、特別支援教育の難しさや重要性は重々理解している。ただ、通常学級の担任としてうまくいかなかった教師が特別支援学級の担任にあたる場合も多いこと、臨時講師をしていた時に立ち位置で悩んだこともあり、何となく気持ちはすっきりとしない。

「どっちにしても、すぐに休みに入るし、周りの先生たちからも元気に赤ちゃんを産むことが今年の私の仕事だからみたいな感じで、去年までと同じように頑張るとか、今、私は何の仕事をすればいいのかって、あまり考えすぎたりしないで、まずは体を一番にして、ゆったり仕事をしてみたいに言ってもらって。だから、ちょっと寂しいところとか、よくわからないところとかもあって。」

3月から出されていた臨時休校の措置が解除され、ひとまず始業式を迎えることになった。2か月余りの担任とはいえ、やるからにはしっかりと子どもと向き合いたい。臨時講師の時に受け持った子どもは難聴児で、かつ勉強にも熱心に取り組んでいる子どもだったため、通常級にかなり近い学習を行うことができた。今回担任する子どもは、医師の診断書には知的面で支援が必要と書かれているが、昨年見ていた様子だと知的面はそれほど遅れていないのではないかと感じている。大学生の時に学んだ特別支援教育の基本を振り返りながら、始業式を迎えた。1年生だった時に、よく教室を脱走して叫んでいるところを見ていただけに、自分に指導できるかどうか心配はあったが、2年生になり多少改善されていた。ただ、出産を控え、お腹が大きい自分にとって、走って子どもを追いかけるのはさすがに無理なため、支援員の方々にも協力していただいて、何とか対応した。

「特別支援学級も別に一人だから楽とか、そういうことではないので、特別支援学級の担任としての知識とかスキルが、初めてだったので、まずそこ勉強しないとって思って。」

「去年1年生だった時に、大変そうだなって見てたので、教室脱走したり、サポートの先生捕まえて叫んだり結構してたので、大丈夫かなって思ってて。2年生にもなって、叫ぶのとかはまずなくなってきたけど、脱走はあったので。でも、お腹も大きくなってきてたから、そこは諦めて、ゆっくり追いかけたりしてたんですけど。」

少しずつ子どもと信頼関係ができてきたと感じたのも束の間、新型コロナウイルスの感染が全国的に拡がり、翌週から学校が休校になってしまった。休校期間中の課題をどう出すかや、学校再開後に向けて学年部で対応を検討しているが、何となく自分の居場所がないように感じる。出産を控えている自分に配慮してくれていることもわかるが、昨年までとのギャップが大きく、寂しい気持ちの方が大きい。

「学年部で今まで動いてっていうか、所属して動いてたところもあったので。2年部でも特支部でも、何か中途半端な位置にいたので。2年部だけど入ってなかったり、特支部だけど、まず体の配慮もしてもらって、自分どこに属してるんだろうみたいな。（中略）結構職員室で一人でぽつんとしている時もあって。寂しいなあみたいに思っていました。」

都市部の緊急事態宣言はゴールデンウィーク明けも続くようだが、それ以外は解除されることになったようだ。ようやく学校が再開され、子どもたちが学校に戻ってきた。みんなマスクをしているため、子どもたちの表情がわかりにくいのは残念だが、学校に子どもが戻ってきたということが嬉しく思う。これから本格的に授業にも力を入れていこうと考えていた矢先、切迫早産の危険性が高いと判断され、急遽入院することになった。6月までと考えていた休職開始が早まり、自宅で安静に過ごすことになった。

8月にぶじ第一子を出産した。新型コロナのことがあるため、立ち合いや面会ができなかったのは残念だったが、コロナ禍、そして切迫でどうなるか不安がある中で、元気に子どもを出産できたことが何よりも嬉しい。これまで教師としてたくさんの子どもに出会い、保護者の方の思いにもできるだけ寄り添ってきた。それでも、自ら子どもを産み、親になってみると、違った思いも出てきている。この子を預けたいと思えるような教師として、教壇に戻ろうと決意した。

「子どもがまずかわいくて、幸せに生きてほしいなってまず思って。（中略）親目線で考えた時の先生っていうのは、またちょっと違うかもなって。私が採用になった時に、自分の子どもを預けてもいいって思えるような先生になってくださいって言われて、年輩の男の先生に。だから今、自分は子どもが生まれて、その子どもがどういう担任の先生だったら私もお願いしますって安心できるかなっていうのを考えて、先生に戻ろうと思って。」

だからといって、すぐにでも職場に復帰したいという気持ちはない。母親が専業主婦だったこともあり、できるだけ子どもが小さい頃は家にいたいという思いもある。それに加えて、学習指導要領の改訂とコロナ禍が相まって、学校が一気に変わったように感じている。産休に入ってから１年も経っていないにも関わらず、戻ってもその波に乗れないのではないかという不安もある。夫の異動なども考えつつ、いつか自宅を建てたいという夢もある。子どもとゆっくり過ごしながら、これからの人生を考え始める。

「コロナが来たっていうことで、だいぶ学校の仕事の雰囲気とか変わってきたじゃないですか。（中略）私が今まで知ってる学校の仕事の仕方と、コロナが始まってから多分変わってて。あと、学習指導要領が変わって、授業の、教科書ももちろん変わって、もう一度研究もし直さないといけなかったり。復帰した時に、同じ波に乗れるかなっていう不安もあって。」

第５章　同僚とのかかわりに悩み続けて
渡部和貴のライフヒストリー

第１節　教職への思いと10年間の概要

教師としての基礎をしっかり学んでから教師になろうと大学院へ進学した渡部和貴（仮名）は、大学院を修了して８年経った今も社会の荒波にもまれ続けている。

大学院修了後に２つの小学校で講師として勤務したが、同僚との関わりで悩むことが多く、父親の勧めもあり公務員試験を受験し、一度は公務員になった。しかし、そこでも同僚との関係で苦しむことになり退職し、大学生の頃から付き合っている彼女の住む隣県へ移住した。新天地の小学校で臨時講師をしたものの、再度同僚との関係で苦しみ、教育界に見切りをつけた。現在は一般企業において派遣社員として勤務している（表5-1）。10年間の軌跡と概要を表5-2に示す。年１回のインタビューで語ってもらった発話データをもとに、ライフヒストリーをまとめていく。

表5-1　大学卒業後10年間の履歴

年度	勤務校	担当	備考
2011年度			大学院
2012年度			大学院
2013年度	A小学校		臨時講師
2014年度	B小学校		臨時講師
2015年度	C公務員		
2016年度	D中学校		臨時講師
2017年度			
2018年度	E小学校		臨時講師
2019年度	F社		派遣社員
2020年度	F社		派遣社員

第２節　教師としての学びの軌跡

〈大学院１年目〉

大学生活でたくさんの理論や知識を蓄えたものの、なかなか次の一歩を踏み出せずに大学を卒業した。大学院では、そんな自分を反省し、アウトプットを重視していきたいと考えている。東日本大震災の影響もあり、大学の卒業式も大学院の入学式も中止になった。卒業と入学の区切りがあいまいになると、どうも気持ちの切り替えがつきにくい。仲のよかった同期はみな卒業したため、孤独な大学院生活が始まった。

大学院でも引き続き体育教育を専門として学んでいくのだが、修士論文で何をするかはまだ具体的に決まっていない。学部の卒業論文で取り組んだように、陸上選手の技術をモーションキャプチャーなどで分析し、それを学校現場で実践できたらという気持ちもなくはないが、研究室にはそのような高価な機器はない。やりたいこととできること、そして将来教師になった際に生きることのバランスを取りながら、テーマを考えようと心がけている。

大学院での授業が始まった。学部の時は、講義か実技か両極の授業が多かったが、できることなら大学院では理論と実践をつなぐような授業を受けたいと考えている。ところが、いざ授業が始まると、学部以上に輪読や授業ビデオの視聴といった座学ばかりで、実践に生かせる内容はほとんどなかった。

「体育って体とか使ってやる授業じゃないですか。なのに、そういう場をつくってくれる先生が全然いなくて、授業、こういう授業がありますよって紹介するだけ。それについてどう思うって言われるばかりで、やってみなきゃわかんないにも関わらず、その授業に対して評価をするっていうのがなんかちょっと自分に合わないなって。」

専門である体育教育領域の授業にあまりにも物足りなさを感じ、教育方法を専門とする学部と大学院のゼミにも参加させてもらうようになった。ただ、毎週書籍１冊を読んでディスカッションするのはかなりの負担になり、しか

表 5-2　渡部和貴の

年	2011 年度　大学院 1 年												2012 年度　大学院 2 年												2013 年度　A 小学校					
月	4	5	6	7	8	9	10	11	12	1	2	3	4	5	6	7	8	9	10	11	12	1	2	3	4	5	6	7	8	9
出来事・思い																									初めて給料をもらい、仕事の面白さと辛さを学んだ。	体調を崩す。非常勤としての仕事の限界。	陸上競技大会の練習に参加。悩み続け少しうつ状態。	何も考えたくなく、彼女のところへ現実逃避。	非常勤扱いのため、給料の出ない極貧生活。	担任が体調不良で留守がち。授業マニュアルに抵抗感。
5																														
4																														
3																									■					■
2																										■			■	
1																											■	■		

年	2016 年度　D 中学校　体育担当（非常勤）												2017 年度　家事手伝い												2018 年度　E 小学校					
月	4	5	6	7	8	9	10	11	12	1	2	3	4	5	6	7	8	9	10	11	12	1	2	3	4	5	6	7	8	9
出来事・思い	仕事やアルバイト探し。	ようやく就いたアルバイトで怪我。	中学校の非常勤講師の連絡。仕事できる嬉しさ。	講師契約が切れる。	非常勤講師の連絡があるも、自宅から通えず断る。	多くの公務員試験を受けるが不合格。			父方の祖母死去。		母方の祖母死去。	葬儀の対応。		教育委員会から教員採用試験受験のお誘い。		各種試験不合格が続く。	人が信用できず引きこもり状態。				彼女が住む地域の市町村費負担教員採用試験合格。	3月の出発に向けて準備	雪かきで足負傷。	引越し。	学年主任の言動に振り回される。	運動会。体調不良で月1ペースで休み。	自然体験学習。	校長から精神的な理由で休まないよう言われる。	想像していた仕事と違う。	学芸会。このままだと本当に死んでしまう。
5																														
4																														
3			■																		■	■								
2				■																■				■	■					
1	■	■			■	■	■	■	■	■	■	■	■	■	■	■	■	■	■				■			■	■	■	■	■

ライフヒストリー

時期	月	出来事
1年生担当（非常勤）	10	体調を崩す。
	11	学校行事盛沢山。
	12	体調を崩す。教師を続けるか新しい方向を考えるか。
	1	今年の目標「健康第一」
	2	体調を崩す。教師の話し方、聴き方を考える。
	3	
2014年度　B小学校　4年生担任（臨時）	4	「あなたみたいな人に任せたくない」と言われ驚愕。
	5	運動会。
	6	同僚の言動に困る。
	7	公務員一次試験。体調不良で1週間静養。
	8	公務員二次試験。早く教師を辞めて公務員に。
	9	公務員試験合格。研究授業（算）。
	10	学習発表会。練習している子どもに悪口を言う同僚。
	11	
	12	あと3か月耐えよう。
	1	
	2	保護者からいろいろ大変でしたねと慰めてもらう。
	3	教師の仕事って。
2015年度　C公務員教育施設	4	公務員教育施設入校。
	5	同期の数名が退職。
	6	
	7	
	8	1週間の実地研修。教師とどっちが良い？
	9	教育施設卒業。配属。
	10	
	11	上司のパワハラに我慢。
	12	両親が職場に抗議。辞職。体重減。自宅療養。
	1	母親から「笑える人生（仕事）」を。
	2	家の手伝い。笑えるようになった。
	3	父親定年退職。引越し。

時期	月	出来事
5年生担任	10	
	11	
	12	採用試験不合格。転職を考える。
	1	学校内が荒れてくる。
	2	
	3	自宅療養。もう無理だ。
2019年度	4	会社に就職。ひとまず就職できて安心。
	5	慣れない体験に苦労。いろいろな資格取得。
	6	資格を一つ取るたびに達成感。
	7	取らなければならない資格が多い。
	8	親に現状を報告して一安心。
	9	研究所へ出向。
	10	
	11	同僚の復職後、その同僚の言動で仕事に支障。
	12	
	1	体調不良のため療養。
	2	嫌がらせをした同僚は処分。仕事復帰。
	3	人間関係って難しい。
2020年度	4	もともとインドアなので生活は変わらず。
	5	緊急事態宣言。
	6	母方の祖母死去。
	7	実家に帰省。祖父に感謝。
	8	お盆は帰省せず。
	9	
	10	実家に帰省。
	11	仕事があるだけでもありがたい。
	12	
	1	
	2	
	3	来年度の業務について準備。

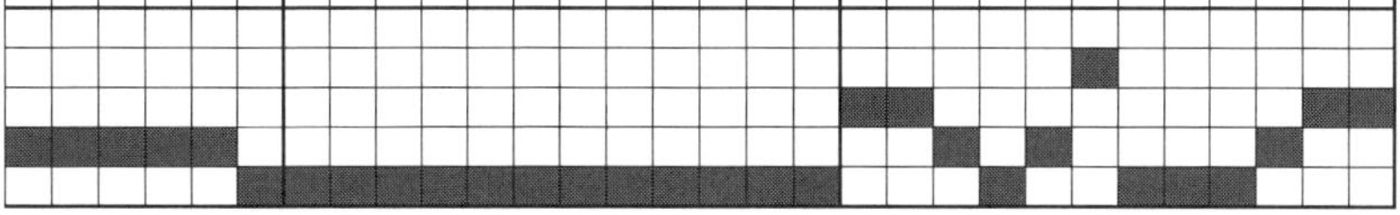

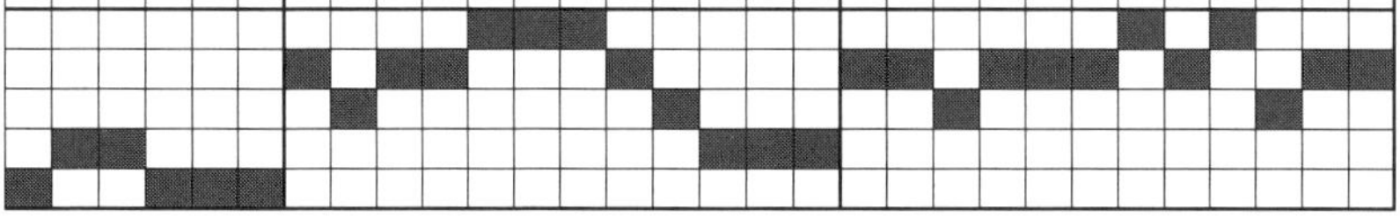

も外様の自分がどのように議論に加わればいいかわからず、気後れ気味になっている。少しでも関わりを拡げていこうと、大学院生同士で懇親を深める場にも参加してみたものの、いつのまにか自分の中に壁を作ってしまう。新たな一歩を踏み出すつもりで大学院へ進学したのだが、一歩を踏み出すものの、その後が続かない状況が続く。

後期に入り、球技を専門とする教授が開講する体育指導法の授業を受講した。それまで受けた授業は、授業に関する書籍や指導案、ビデオの紹介に終始していたが、この授業では実際に学校へ行き、その教授自身が授業をしてくれるという。実際に授業を見ると、子どもたちが運動にのめり込み、どんどん習得していることがよくわかった。この教授の指導法は、本当に現場で役立つことを実感し、初めて大学院の授業で刺激を受けた。

「後期に入ってから、体育指導法の授業を取ったんですね。何やるって話になって、先生が『俺がここで説明するよりは、実際に現場に行って、俺が教えてる授業見たら何か感じるものがあるんじゃない？』みたいな感じで言われて。それで授業見てたら、ああ、やっぱりいいんだなと。学校に行って刺激をもらった方がいいかなっていう風に思い始めて。」

しかも、授業後に訪問校の校長と話をしていると、教師の卵である自分に優しい言葉をかけてくれる。教員採用試験に合格することを目的とするのではなく、いい教師になろうと気持ちを高めた。

「受験のための受験ってあんまり好きじゃないんで。たまたま大学院の授業で学校に行った時に、校長先生と話す機会があったんですけど、一発で受かった人って大抵いい教師になれないんだよみたいな感じで。何回も落ちた人ってやっぱり子どものことを思って、子どもに教えるとしたらこれをどう教えようかってことをしっかり考えて受かっている人が多いから、遅いデビューだとしてもいい先生になるんだって。」

とはいうものの、現実を考えると、教員採用試験に合格しなければ、教師としての身分は保証されない。実家へ帰り両親や祖父母と話をすると、いつも最後は教員採用試験のことに話題が収束していく。ただ、東北地方の教員採用試験の倍率は高く、受験したからといって簡単に合格するとは限らない。関東圏の教員採用試験を受けることを少しは考えるものの、父親からは反対されている。受験するのは大学院2年目のため、時間はまだあるが、この後の人生にも関わるため悩ましい。

「実家に帰ってから、将来の話をし始めて。やっぱり、おじいちゃんとかおばあちゃん、早く職に就いてみたいな話が出たりとか、親父からは家がどうとか話を始めたり。プレッシャーをかけてくる。（中略）母親は自分のやりたい方を選択してやりなさいっていうんですけど。」

モヤモヤと考えながらも、なかなか足が前に出ない大学院生活1年目も、終わりが近づいてきた。大学院2年次になると、7月に教員採用試験の一次試験があり、翌年の1月には修士論文を提出することになる。大学から大学院の6年間の集大成として、修士論文に力を入れたいが、指導教員からは特に急かされることもないので、ゆっくり考えていきたい。ボランティアに参加する学部生や大学院生もいると聞くが、絶対に行きたいという気持ちはまだ湧き上がってこない。知識を実践に生かすことなく蓄えたまま、大学院2年目に歩みを進める。

「大学院生って何やるかって言ったら、修論ですよね。あと願わくば、学校に行って参加できるとか。条件が良ければ、良ければっていうか、教採もあるので、それに支障がない程度のものであるんであれば、ボランティアもやってみたいなって。経験やっぱ積んでおかないと、いざ先生になった時に大変だと思うんで。」

〈大学院2年目〉

教師になりたいという気持ちはあるものの、教員採用試験に取り掛かろうという意欲はなかなか高まらない。時には、父親と同じように公務員を目指す方が良いのではないかという思いさえ頭をよぎる。そんなモヤモヤした気持ちの中、大学院２年目を迎えた。修士論文でやりたいことを考えると、本当であれば、昨年授業を受けて感化された大学教授のゼミに転籍した方がいいのかもしれない。ただ、体育分野では、大学教員の専門とする競技によって研究室を分けているため、そうなると自分の専門である陸上競技との関連で研究をすることはできない。悩ましいが、これまで通りのゼミで頑張ることにした。

指導教員からは、修士論文は教員採用試験が終わってから進めようと言われているため、試験の準備に力を入れる時間はある。ただ、自分の周りを見ていると、いくら勉強しても自分が受かるとも、いい教師になるとも思えない。近づく試験への恐怖からか、教師を目指すこと自体諦めた方がいいのではないかという思いも生まれてきた。

「自分の周り見てたら、やっぱり熱意ある人っていうか、この人たちは才能あるからな、やっぱり努力してるからなっていうのがあったので、自分は何かしら足りないんですよ。友達とか見てて、こういう先生が先生になると思ったりして。そう考えると、一生講師だよなって。講師のままだなあっていう気持ちになって。別の方向を考えた方がいいのかなあって。」

それでも、ひとまず試験を受けた。結果は不合格。開示された結果を見ると、教職教養、小学校全科、面接、実技、全てにおいて評価が低く、愕然とした。面接練習なども一切せずに受験したため、落ちること自体は全く気にはならない。ただ、面接試験の中で、自分ではそれはおかしいのではないかというような発言をする受験生に対して、面接官が笑顔でうなずいたり、高評価をしたりしていることには、納得がいかなかった。それでも、そういった発言をした学生が二次試験に進んでいるのを見ると、自分の感覚は人と違うのかもしれないという思いも出てきた。

大学院２年目ともなると、授業はほぼ取り終わり、あとは修士論文を残す程度となる。10月に入り、指導教員からようやく修士論文を進めようと話があり、テーマを考え始めた。大学院入学当初は、卒業論文を発展させ、学校で陸上の授業を行い、分析したいと考えていた。ただ、指導教員からは、学校で実践するのは難しいことから、小学校で扱う陸上競技の評価表を作ってはどうかと提案があり、それを進めることになった。

「小学校で扱う陸上運動の短距離、幅跳び、高跳び、ハードルの評価表を作って。指導要領では一応例示されているんですけど、あいまいな部分とか、例として挙げているだけだから、先生から、それを自分なりに考えてみたらって。短距離の場合は、腕を前後に振るとかって感じだったんですけど。何年生から始めていくべきかってことを考えて、それを表にして。」

修士論文はひとまず形を整えて、提出することができた。実際に授業をやろうと考えていただけに、納得いかない部分もあるものの、かといって実践する環境が整っていたとして、それに積極的に取り組んだかというと、その自信もない。体育専攻内の発表会において、研究内容について説明し、無難に受け答えを終えた。

「できたけど、結局実際にやってるわけではないので、授業やって得たものではないので、そこは自分的には納得しない。やっぱりやってみて初めて分かったものを言った方が説明する時にもある程度熱が入ると思うし。」

２年間の大学院生活も終わりに近づき、講師として勤務する自治体から電話がかかってくる時期になった。まだ自分のところにはかかってきていないが、もし４月から講師を依頼されたとして、本当に教師をやっていけるだろうかという不安はある。大学院に２年間在籍し、学校に出向いて授業を見学することはあったが、実際に教壇に立って授業をする機会は一度もなかった。本当であれば、大学院の２年間で、教師としての指導力を高めたいと考えていたにも関わらず、かえって現場から離れるブランクになってしまったというのは、残念としか言いようがない。

「まずお金もらえるだけのことができるのか。あとは、院生の２年間、ほぼ何もしていない状況だったので、学部生の時は教育実習とかあったけど、そのブランクっていうか、２年間がどう影響するのかなって。そんな授業してるわけではない。ただ見学したり、サポートするくらいだったので。」

これから卒業式に向かおうとしていたところ、講師登録をした東北地方の自治体から、講師向けの説明会に関する電話がかかってきた。いよいよ講師生活が始まる。講師と並行して教員採用試験の勉強も進めなければ、いつまでたっても正採用にはならない。今の勉強の仕方で合格するとは思ってはいないものの、30歳頃までには合格したい。小学校の非常勤講師として一歩を踏み出す。

「やっぱり早めに就きたいなって。やっぱり正採用っていうのが早く欲しいっていうか、そうすることで、ある程度自分も落ち着いてやりたいことがやれると思うので。って言っても、そんなに勉強もしてるわけでもないということを考えると、でもやっぱり講師になって、勉強しながらってどんだけ大変かっていうか、30前後あたり、とりあえず一通り何か終わらせておきたいなって。」

〈2013年度　A小学校非常勤講師〉

大学院修了後に親元へ戻り、小学校の非常勤講師として勤務する毎日が始まった。春休みに行われた説明会で、会場を間違ったため遅刻してしまい、かなりの嫌味を言われたことが引っかかり、どうも気が重たい。社会人１年目として、他人に迷惑をかけないように気をつけようと引き締めた。

勤務するA小学校は、数年前に３つの小学校が統合されてできた、地域の中では比較的規模の大きな学校だった。各学年２～３クラスあり、そのうち１年生の２クラスを支援する担当になった。小学校１年生と関わるのは初めてのため、戸惑うことが多い。子どもながらの発想がとにかく面白い一方で、集団で行動することが難しいため、てんやわんやの毎日になっている。1組と2組の担任は、どちらも経験豊富な女性教師で、子どもの扱いに慣れているため、とても安心して関わることができている。非常勤講師として、1日4時間、週4日間の勤務となるが、基本的には授業をT2としてサポートすることが役割なので、特に準備することもない。担任が忙しくて子どもと遊ぶ時間を取れない分、子どもたちとたくさん遊ぶようにした。

「楽しかったです。すごい一杯汗かいたりして、疲れましたけど。でも、楽しかったですね。教育実習と違って、ずっといられるので。」

4月下旬になり、初めての給料日を迎えた。会計の先生から「もしかしたら初めての給料ですか？　おめでとうございます」と言ってもらい、社会人になったことをしみじみと感じた。せっかくだからと、親を誘い焼き肉を食べに行き、今まで世話になったことを感謝した。ただ、気を張って勤務した疲れが出てきたのか、翌日から体調を崩し、微熱の日が続いた。

子どもたちとの毎日はとても楽しく過ごせているものの、同僚との関わりは、いろいろとストレスを感じることが多い。非常勤講師として、勤務時間が10時半頃から帰りの会までと決まっているため、放課後のゆったりとした時間に他の教師と話す機会がなかなか持てない。会議などにも参加しないため、学校の流れをつかめず、どうも居心地がよくない。それに加えて、職員室の自分の机の上に、勝手に荷物を置かれたり、時間外での作業をお願いされたりすることも多く、何となく気分はよくない。手伝うこと自体は全く構わないのだが、残業をつけられないにも関わらず、あまりにもやって当然のように頼まれると、それは違うのではないかという気持ちも高まる。ある時、校長がそれに気付き、対応してくれたものの、そうなると他の教師と関わる機会が減るため、居場所はますますなくなっていく。非常勤講師としての立ち位置に苦しみ、体調はなかなかよくならなかった。

「非常勤の机はあるんですけど、荷物が自分のところにどーんと置かれたり。朝読んでた新聞、自分の机にポンっておかれてたりとか。なんでだろう、これって。（中略）非常勤だからみたいな感じで。私はちゃんと合格したから、非常勤だからねみたいな感じで言われたり。特別支援の先生がいろいろ話しかけてくれたりはしましたけど。」

そんな教職に対するモヤモヤと体調不良も重なって、今年の教員採用試験を受験することをやめた。春休みの説明会の時に担当者から心無い言葉をかけられたことで、親も自分も、教師という仕事に対して不審を抱くようになっていることもあり、これから先どうしようか考えるようになった。

とはいうものの、子どもたちとの関わりは特に問題なく、充実した日々を送っている。担任の代わりに授業を担当する時には授業準備が楽しく、自分なりにどういうことができるかを調べて臨むようにしている。

「本買ってきて、こういう授業があるんだなとか、こういう方法もあるんだなあっていう感じで調べて、明日授業任されてるから、担任だからやってみようかなって。問いかけてみようかなっていうのはありました。」

夏休みに入り、教職から離れると、気持ちも晴れ晴れとする。大学の時から付き合い始め、隣接県の企業に就職した彼女のところへ行くと、1学期で溜まったストレスも少しずつ薄れていく。ただ、非常勤講師の身分では、学校が休みの時は給料が出ないため、生活は厳しくなる。夏休みがいつまでも続いてほしいという気持ちと、早く学校が始まって稼がないとという気持ちで揺れ動く。

夏休みが明け、学校が再開した。久しぶりに子どもたちと会うと、元気をもらえる。1年生の担任2人が体調不良や研修などで学校を空けることが増え、自分が変わりとして授業に入ることも多くなってきた。基本的には準備されたプリントで行う自習を見守ることが多いが、自分一人で担任できる環境は、何となく居心地がいい。

「9月色々先生が休んだんですよ。体調悪いとか。研修でいなくなったりとか。なので、担任任されたんです。授業やれると思って楽しくなりました。人に見られるのが嫌なんです。子どもと接するのは好きなんですけど、他の先生方が来て、見られるのが正直あんまり。自分がやりたいのがあるにも関わらず、やっぱりその学校のやり方があるじゃないですか。授業の流れ、必ず目当て書いて、ノートはこういう風に書いてって。嫌なんです。全ての授業がそんなのできるわけないじゃんって。」

学校生活にも少しずつ慣れ、思い通りに授業できる日はあるものの、学校が始まると体調は少しずつ低下していった。それ以降、腹痛や微熱の日が続き、本格的に教師を続けるかどうかを考え始めた。親とも相談し、親と同じ公務員の試験を受けようと考え始めている。父親からは教師の道を進んだ方が良いのではと言われているが、父親が定年を迎える2年後までには、何とか正採用になっていたいという気持ちもある。

とはいえ、仕事をしなければ生活もままならない。教員採用試験を受けるつもりはないけれど、4月以降に向けひとまず講師登録を出した。ただ、働きながら公務員試験の勉強をしなければならないため、常勤講師ではなく、できれば今年度と同じように非常勤として働きたいと希望を出した。教師を夢見て大学、大学院の6年間学んできたにも関わらず、ここにきて進路を変更することになるとは思ってもみなかった。理想と現実の間で揺れながら、新年度を迎える。

〈2014年度　B小学校臨時講師〉

3月下旬に、講師向けの説明会に行ってみると、想定外の常勤講師を依頼された。公務員の勉強をしながらの勤務に不安はあるが、今から変更することは難しい。将来的に教師になろうと考えていない自分が教壇に立つことに申し訳なさも感じるが、精一杯子どものために頑張ろうと気を引き締めた。

勤務するB小学校は、全学年1クラスずつの小規模校。教師は各学年の担任6人と特別支援学級の担任一人、そして管理職しかいないと聞いた。任されたのは、4年生10人。初任者に任せるのが難しい1年生と高学年以外の学年で、比較的落ち着いているという理由で担当が決まったらしい。それに加えて、体育主任も任されてしまった。5月の運動会に向けて、忙しい毎日が始まる。

「校長から、『あなたは4年生で、一応体育だから、体育主任お願いします』って言われて、体育主任ですか？って聞いたんですけど、『他の先生たちに聞けばちゃんと答えてくれるから大丈夫だ』って言われて、そうなんですかって。」

ただ、今年受け持つ4年生を、昨年度3年生の時に担任した教師から、突然「あなたみたいな人にうちの子どもの担任を任せたくない」と言われ、驚愕した。たしかに教師を目指しているわけではなく、公務員の勉強をしている自分が担任を担うことに、気が引ける思いもあるが、だからといって初対面にも関わらず、まさかそのような言葉をかけられるとは思ってもみなかった。本当であれば4年生に持ち上がることを想定していたのかもしれないが、教務主任を兼務する立場の教師から放たれたトゲのある言葉に、B小学校への不信感は一気に増大した。

「『あなた担任初めてなの？』って感じで言われて、『そうです。初めて講師になります。』と言うと、『はあ』って。そしたら、いきなり『あなたみたいな人にうちの子どもの担任を任せたくないな』みたいに言われて。」

担任として、4月に何をしなければならないのか全く見当がつかないまま、新年度を迎えた。体育主任として、5月の運動会の準備も取り仕切らなければならない。ただでさえ見通しを持てない中、昨年までの体育主任からの引き継ぎもなく、しかも過去のデータがきちんと整理されていないため、どう使ってよいかイメージできない。

「データが。学校の共通のデータに保存してないっていう。あっても資料をどう使えばいいのかが書かれていない。一応そういうシートはあるんですけど、子どもたち向けのシートはあるんですけど、それをどういう流れで使えばいいのかっていうのが全然ない状態だったので。先生たちに聞いても、『これ使ってない』とか。」

何とかして対応しなければならないと思い、B小学校で長く勤務している5年生の担任と、まさかの言葉を浴びせた教務主任兼3年生の担任に尋ねてみたが、何も教えてくれない。自分の置かれた苦しい立場をわかってくれる先生もおり、その先生が働きかけてくれるものの、学校の主のような3年生と5年生の担任は何も教えてくれなかった。

「1年、2年、6年の先生は、すごく相談に乗ってくれる方でした。1年生の先生は、自分と一緒に今年来た人だったので、自分もわからないのに、なんでここの先生たちは教えてあげないんだって感じで。1回先生方に反論もしてましたし。『何で今年初めてなのに教えてあげないの？』って、『あなた方失礼じゃないの』って。でもそれ聞いても、3年と5年の先生は無視って感じで。」

そんな苦しい日々ではあるが、クラスの保護者は温かく見守ってくれている。日々の授業は経験不足のため、面白い授業ができているとは思えない。それでも、保護者はみなとても協力的で、中には「若い先生に来てもらって本当にありがたかった」と声をかけてくれる人もおり、いろいろと支えてもらっている。

7月以降、父親と同じ公務員の試験を受験した。9月に入り、結果が発表された。合格。早く教師を辞めたいと思う気持ちもあるが、今辞めても生活していくことができない。それに加えて、一度講師として勤め、担任と校務分掌を担ったことで、辞められない状況がある。

「辞められなかったです。辞めちゃってどうすんの。次の人のこと考えれって。保健の先生にも相談しました。辞めたいですって。けど、『先生に辞められると、体育主任でしょ。他の新しく先生が来ても、今度その先生も大変になるし。』って」

講師生活も半年が過ぎ、仕事の仕方は少しずつ見通しを持てるようになってきた。ただ、授業は相変わらずうまくいっていない。9月に行った研究授業では、授業後の協議会で「あんたのは授業ではない」と言われ落ち込んだ。3年生と5年生の担任は、いろいろと人間的に問題はあると思うが、授業はしっかりしているので、子どもがついていっている。それと比べると、自分の授業はまだまだだと実感する。3学期に入り、理科の授業がようやく軌道に乗ってきたことは救いにはなっている。

「コミュニケーション取れないと授業が成立しないんだなってわかったので。自分、つかむのへたくそだったなって。先生たちは、話術っていうか、つかむのうまいなあって。子どもがポロっと言ったことも聞き逃さずに捉えて、今日の授業こうやっていこうかって流れをスムーズに進められていてさすがだなって。自分の場合は、実習生と同じような感じで、とりあえず計画に従って、強引にでもやっていかなきゃって感じだったんで。」

「理科は結構子どもたちは、2月、3月あたりになって、去年、理科が大嫌いだったけど実験すごく楽しかった、理科好きになったっていう子どももいたりして、それは結構自信付きました。(中略)子どもたち反応良くて。そしたら、成績も理科はすごくよかった。」

3学期も終わりが近づき、長かった講師の一年間も終わりを迎える。この4月からは教職に区切りをつけ、公務員として勤務することになる。教師としての経験が、この先の人生に生きるかどうかはわからないが、夢だった教職に就き、出会った子どもたちのことは生涯忘れないだろう。新しい道へ舵を切り、一歩目を踏み出す。

〈2015年度　公務員〉

公務員としての基盤を身に付けるため、4月から半年間にわたって教育施設で研修を受けることになった。実家を離れた寮での暮らしは、いろいろな年齢の人が集まるため、これまでとは環境が異なる。外出するためにも届け出がいるため、不自由な気もするが、働くためには仕方がないと納得はしている。

朝から晩まで、様々な研修や訓練を受ける毎日は、やることが決まっているため、講師をしていた時のように、何をしてよいかわからずに戸惑うことはない。ただ、管理的な面が強いため、自分としては合わない授業もある。特に、研修後のテストでは、指導者の価値観が現われるため、合う、合わないが如実に表れる。自分なりの言葉でまとめることを善しとする授業では、自分の力を発揮できるものの、教えられたことをそのまままとめなければならない授業では、授業者から低い評価しかもらうことができていない。

「副校長だけが認めてくれたっていうか。副校長は、自分の言葉でまとめることを『理解している』って考えてくれるので。自分は、その副校長の授業では、トップだったんです。ただ、その副校長が、他の人に『渡部、頭いいですよね』って言ったら、『は？　渡部、最下位ですよって。私のテストでは。私が教えたやつを、そのまままとめてないので』って。」

それ以外にも管理的なことが多く、自分と同じように、それに合わない同期もいると聞く。3か月ほどで数名が退職してしまった。働くことの難しさを実感する。どうにかこうにか半年間の研修を終え、寮を出られることになった。

初めての勤務先は、都市部の職場だった。ただ、先輩とペアで行う仕事は初めてのことばかりで、なかなか要領を得ないことも多い。ある時、本来調べておかなければならないことを上司が忘れていることを、なぜだか自分の責任に転嫁され、上司から指導を受けた。しかも、普通では考えられないほど執拗に迫られ、メンタルはぼろぼろになってしまった。

「20分くらい説教されて、またしばらく経ってからまた来いって言われたんです。このまとめ方だと、わからないからって、また20～30分くらい説教されて、帰れって言われて帰ったんですけど、また電話がかかってきて、また来いって。最終的には俺が出す書類だから、何かあれば俺が責任取らなければならないって言われて。でも、責任って言われても、もともと自分でまとめるのが普通じゃないかと思ったんですけど。」

この出来事をきっかけとして、体重は10キロほど落ち、毎日のように高熱が続いた。親と相談してすぐに休職した。同職の親から、職場に経緯を訪ね、ハラスメントがあったことが判明したが、体調が回復したとしても元に戻りたいとは一切思わなかった。年末に退職し、実家へ戻って休養することになった。

大学院を修了してからの3年間、小学校の講師と公務員として働いてきたが、なぜだかうまくいかないことが多い。子どもとは特に問題なく関わることができるのだが、一緒に働く大人との関係がこじれてしまい、結果として精神的に疲れてしまう。高望みし過ぎなのだろうかとも思うが、どのように改善すればよいのか全くわからない。母親からは、「笑える人生を送ろう」と励ましの言葉をもらい、まずは元気になることが先決だと、あまり考えないようにしている。

「高望みしすぎると、今回みたいにつぶれたりする可能性もあるので、まずは自分にあったものを見つけなきゃって。母さんからは、どんなに仕事よくても、結局やれるかやれないかは環境だ。周囲の人たち、人間関係だっていう風に言われちゃって。そうなのかなって。」

少しずつ体調も回復し、笑えるようにもなってきた。父親が定年退職したことを考えると、少しずつでも働き始めなければ生活が苦しくなっていく。とは思うものの、小さいころから教師か公務員かしか考えてこなかったこともあり、その2つを退職してしまった今、どういう道に進めばよいか、全く頭に浮かんでこない。まずは、体調を見ながらアルバイトを探そうと、前を向いた。

〈2016年度　D中学校　非常勤講師〉

実家へ戻り、近場でアルバイトを探し始めた。それと同時に、もう一度教師になる道も考え始め、教育委員会に講師の登録をした。B小学校であれほど嫌な思いをしたものの、昨年度経験したことと比較すると、まだ教師の方が恵まれていると思ったこともあり、考え直すことにした。5月に入り、母親から農作業のアルバイトがあると紹介され、試しに連絡をしてみた。苗を植える作業1日で8000円と聞き、まず1日体験することになった。

行ってみると、朝から晩まで座りっぱなしで苗を植える単純作業、しかも少しでも立ち上がると注意される耐え難い仕事だった。その上、翌朝起きてみると、足に力が入らなくなっており、病院にいくと神経の麻痺があると診断された。結果的に、8000円の収入を得たものの、病院代でそれ以上支払うことになり、働くことの厳しさを感じた。

6月に入り、教育委員会から近隣の中学校で体育の非常勤講師をしないかと連絡があった。2か月程度の短期間ということだが、それでも仕事ができることは嬉しく思う。初めての中学校での講師に、最初は少し不安もあったが、実際に赴任して授業をしてみると、特に困ることもなく日々の実践を進めることができた。

「授業は、それほど苦労しなかったですね。中学校は中学校なりの方針っていうか、指導要領に沿ったやり方はあると思うんですけど、目の前にいる生徒たちを見ると、まだ発達的には小学校の高学年向けだろうなと思ったので、小学生向けの教材も使ったり。授業のことに関しては不安もなかったですね。」

D中学校で教師を続けられればと思った矢先、当初は2か月以上と伝えられていた病休の教師が1か月で復職することになり、あっという間に契約切れとなった。年度初めのアルバイトによる足のしびれを考慮して、今年は教員採用試験の受験を見送ったこともあり、スケジュールは一気に白紙になった。

将来に向けて何もしないわけにもいかない。9月以降にいろいろな市役所などを受験したが、ことごとく不合格という結果が送付されてきた。自分にできる仕事はないのだろうかと自信もなくなる。

「受けても受けてもダメで、将来何になるかって言われても、ここらへんで就職、企業とかに入っても、まず、そもそも取ってもらえないし。理由が理由で門前払いされる時もありましたし。市職員の試験の時面接あったんですけど、前の職のことで、何で辞めたのって？　何かあったんだねって。」

教育委員会から一度講師の打診が来たものの、自宅から通うことのできない遠方で、しかも非常勤講師だったため、生活していけないと判断し断りを入れた。一度断ったせいもあるのか、それ以降は講師の連絡は全く来ず、自宅にひきこもる毎日が続く。隣接県に住む彼女とも1年以上会うことができていない。彼女とのことを考えても、まずは仕事に就かないといけないと思うのだが、それが上手くいかないため、全てが滞った状態になる。

「自分の仕事を見つけるっていうのが一番だと思うんですけど、それが一番。じゃあ、仕事選ぶとなると、県外の方がいいのかなって考えるんですけど、親からは県内にいろって。じゃあ彼女どうするのかって。彼女来れるかというと、職がないから来れないって。どれを順位付ければいいか。」

彼女からは、彼女が働いている地域の小学校で、講師の募集をしているとも聞いた。実家を離れる決断はまだできていないが、30歳まであと2年、そろそろ本格的に将来のことを考えなければという気持ちも高まってきた。

〈2017 年度　無職〉

昨年の７月に講師契約が切れて以来、自宅での引きこもり生活が続いている。早くこの生活から抜け出したいと思うものの、なかなか講師の連絡は来ない。一般的に、４月１日からの講師については、３月下旬のうちに連絡がある。ただ、これまでの講師経験で、あまりよく評価されていないのか、自分には全く連絡が来ない。来たとしても、自宅からは通えない遠方やとても期間が短い非常勤のみで、希望するように働くことはできていない。今年度も、４月からの講師の連絡はなく、自宅での引きこもり状態が続いている。講師の連絡があるかもしれないと考えると、アルバイトを探すことも気が引けるため、何も動き出すことができない。何かしらの連絡が来ることを願いつつ、新年度を迎えた。

５月に入り、教育委員会から連絡があった。講師の依頼かと思いきや、教員採用試験を受験する気持ちがあるかどうかと、気持ちがあるのであれば受けてほしいといった内容だった。講師の希望さえ叶っていないのに、教員採用試験は受けてほしいということに何となく納得できず、採用試験を受験する気持ちは急速に減退していった。

「とりあえず講師でお話が来なかった人にも今年の採用試験受けるかどうか統計取るんですかね。電話来て、いまちょっと考え中ですって答えたんですけど。なんていうか、自分の講師の話をしたんですけど、遠回りに断られて。」

教員採用試験の代わりに、今年もいろいろな市役所などの試験を受けたものの、不合格が続いた。秋ごろになり、彼女から地元の市町村が独自に募集している教員採用試験を受験してみないかと話があった。小学校の時の担任に会う機会があり、自分のことを話したところ、紹介してくれたらしい。父親は、反対するかもしれないが、せっかくなので受験してみようと考え始めた。

「彼女が陸上の役員をやっていた時に、小学校の時の担任とたまたま会う機会があって、自分の話を出してくれたみたいで。っていうのも、そろそろ結婚しないのかみたいな話があって、実は彼がわけあって無職でって言ったら、教育委員会に連絡してくれて、いま、体育の先生欲しがってるみたいだよって。」

年末に採用試験を受験しに行った。久しぶりに人前で話をすることにとても緊張したものの、ひとまず4月から採用してくれることになった。地元では、待てど暮らせど講師の連絡が来なかったのに、地元以外でこんなに期待してもらえることに気持ちは高まった。しかも、一年間の更新制だが、継続して勤務することもできるという。2年近い引きこもり生活から、ようやく脱出できることを、彼女と喜んだ。

「一応更新制なんですけど、先生に聞いたところ、一回採用されれば、次の更新どうする？　じゃあ来年も継続ねっていう風な形で。毎回試験受けたりはしないみたいなんで。やれば試験官も負担大きいから。とりあえず自分が希望すれば、いつまでも対応してくれるみたい。」

4月から地元を離れて講師をすることを父親に告げ、何とか認めてもらった。29年間過ごした地元を出て、彼女の地元で久しぶりの教壇に立つ。

〈2018年度　E小学校臨時講師〉

地元を離れ、5年ぶりの一人暮らし生活が始まった。赴任する小学校は、東北地方の郡部にあり、数年前に町の小学校を統合してできた比較的新しい学校だった。ここ数年自宅に閉じ籠っていた自分をリ・スタートするためにも、この新しい環境で子どもたちと楽しみたい、と気持ちを引き締めた。担当するのは、5年2組21人の担任。1組を受け持つ主任は、40歳近くの男性教師で、初めて学年主任を担当すると聞いた。初めての地域、初めての高学年の担当で緊張していることを伝え、お互いに協力していこうと一致団結した。

始業式を迎え、子どもたちと顔を合わせた。この春にクラス替えがあったため、子ども同士も多少戸惑っているところもあるようだが、このクラスで一年間頑張っていこうと鼓舞した。ところが、数日後には子ども同士がぶつかり合うことが増え、落ち着かない。もともとこのような学年なのかと思っていたが、いろいろと親身に相談に乗ってくれる社会科の教師に聞くと、どうも子ども同士の関係を無視した学級編成になってしまっていたらしい。翌週行われた授業参観後の保護者懇談会の中でも、どうしてこのような学級編成になったのか、保護者から質問や意見が相次いだ。

「授業参観の時も、親たちから、子ども園の頃からどの子がどういう子だっていうのはわかっているから言わせてもらいますけど、何でこういう学級編成にしたんですかって言われて、自分もよくわからないで来てしまったのでって言うしかなくて。」

後々話を聞くと、特別支援を要する子どもに配慮しようと、1組にはその子と合う子どもを集め、自分が担当する2組には、問題を起こしそうな子どもを集めてしまったらしい。本来であれば、その対応の難しい2組を主任が担当するところを、初めての学年主任でそれは酷だという校長の判断で、1組と2組の担任を入れ替えたらしい。目の前の子ども一人ひとりが問題を抱えているわけではないが、教職経験の浅い自分の手に負える状況ではなく、日に日に子ども同士の関係がギスギスしていった。

その上、5月の運動会、6月の自然体験学習に向けて、5年生の4月はやらなければならないことが多い。それにも関わらず、初めての学年主任には先が見通せないため、何もかも計画性がなく、対応が後手になる。それを臨機応変に補うことができればよいのだが、自分には難しく、帰宅するのは毎日10時過ぎ、失敗しては怒られる日々が続いた。

「主任は、今年から校長の抜擢で学年主任をやることになったんですけど、初めてなのはわかるんですけど、全然計画性がなくって、その場その場でやっていくような形だったので、予定も急遽いきなり朝になって変更になったり、変更したことで自分も準備してなかったので失敗すると、何でやってないのっていう風に怒られ。」

そのような状況を、校長は全く理解してくれない。そのため、教頭が校長の顔を立てつつ、頼りになる社会科の教師を介して、5年生をサポートしてくれるようになった。40代後半で、授業力も生徒指導力も高い社会科の教師は、学校内でも一目置かれており、しかも誰に対しても親身に接してくれる。授業もとても参考になる。学校の外でもいろいろと相談に乗ってくれるため、とても心強い。

「社会の時は、専科の先生が来るので、自分はその時丸付けしながら、その先生の授業を見てたんですけど、程よい緊張感を持ちながらも、でも子どもたちすごく自然な感じで話したりするので面白かったです。授業自体も、今みたいに目当てとかまとめとか全然そんなに書かなくて、シンプルに要点をおさえて、子どもたちがだんだん気付いて、先生が良く気付いたなみたいな。本当に会話も自然で」
「一緒にご飯も食べに行きますし、夜でも電話していいよ、いつでも電話してって、2時まで起きてるからって。」

それでも、落ち着かない学級と毎日向き合い、先の見通せない学年主任の右往左往に付き合っていると、疲れとストレスで体調を崩すことが増えていった。7月頃になり、精神的にも肉体的にも厳しくなってきたため、心療内科を受診し、ひとまず睡眠薬などの薬を処方してもらった。ところが、それを校長に相談しても、取り付く島もなく、むしろ仕事をしやすいように配慮するので、病院に通わないようにと言われてしまい途方に暮れた。

「精神的にきつくなってきましたって話をしたんですけど、精神的なもんで休むんじゃないって。（中略）まず（病院に）通うなって。その代わり、主任で何か困ってるんだったら、主任と話をして仕事をしやすいように変えていくからって言われて。負担を減らして、内容もある程度変えてくれたんですけど、それがいい方向につながったかと言えば、全然そうではなく。」

夏休み明けに学芸会や総合的な学習の時間の発表会があり、それに向けて準備をしなければならないところだが、それらは学年主任が担当したいと希望したため、全てお願いすることにした。少しでも負担が減ると、気持ちも楽になる。ただ、精神的にも肉体的にもかなり限界を感じている。

講師の契約更新に当たって、彼女からは自動で更新されると聞いていたが、12月に試験を行うことになった。面接をしたところ、不合格と告げられた。もし合格していたとしても、続けることは難しかったことを考えると、結果には納得している。ただ、自分よりも仕事をせず、同僚と話してばかりいる教師が継続になっている状況には納得できない思いもある。校長の判断なのだろうが、やりきれない気持ちになる。

「なんていうか、ここまで我慢して耐えてたのに、なんで自分だけこういうことばっかり起きるんだろうって、だんだん嫌になって。」

冬休みが明けても、クラスの状況も学年主任との関係もそれほど大きく変わらなかった。6年生のクラスでも学級崩壊が起きているようで、学校全体が荒れてきているように感じる。辛くなると、頼りになる社会科の教師に加え、今年からE小学校に赴任した養護教諭に愚痴をこぼし、なんとか毎日を耐えているものの、さすがに限界を感じてきた。再度病院を受診すると、適応障害と診断された。このことを校長に伝えると、急に態度が変わり、しばらく休みを取ることになった。

3月末までに教員宿舎を明け渡し、市内のアパートに引っ越すことになる。4月以降の仕事はまだ決まっていないが、もう教職に就きたいとは考えていない。夢だった教職に見切りをつけ、新生活をスタートさせる。

〈2019年度　F派遣社員〉

E小学校の近隣にあるアパートに引っ越し、仕事を探し始めた。就職活動は大変というイメージがあったものの、意外なことに最初に受けた派遣会社から内定をもらい、正社員として働くことになった。これまで教員採用試験や公務員試験を幾度となく受け、いろいろ苦労してきたのと比べると、すんなり正採用が決まり、今までの苦労は何だったのかという思いもあるが、ひとまず職に就けたことを嬉しく思う。

出向している社員の中に、早期退職を希望している人がいるようで、その後を受けて秋以降に研究所に勤務することが決まった。そこでの勤務内容は、施設の管理が中心になるため、出向するまでにクレーンやフォークリフトの資格を取る必要がある。期日が決まっているだけに、落ちてはいけないというプレッシャーを感じるものの、やるしかない。

慣れない仕事と資格取得で大変なこともあるが、去年までの状況を考えると、天国のように感じる。これまではなぜだか対人関係でもめごとに巻き込まれることが多く、それによって体調を崩してきた。ところが、今の会社に入ってみると、そのようなことは全くなく、しかも勤務時間も安定しているため、とても居心地よく感じる。アパートの家賃も会社が負担してくれるため、給与面でもそれほど変わりはない。

「まあ、去年の小学校と比べれば、悪い人はそんなにいないのかなって感じで。ただ、仕事内容は全然もう、今までとは全く違う内容だったので、そこはちょっと大変ではありましたけど。」

「時間にゆとりができましたね。学校に勤務した、働いていた時は、土日も仕事しなきゃだったんですけど、今は授業の準備とかしなくてもいいので、土日は基本ゆっくりできてますし、普段も出勤が９時までなので、ゆっくりです。今のところ、そんなに仕事もないので、定時には帰れますし。」

その上、いろいろな資格を取ることができ、しかも試験に合格すると、達成感も高まる。６月以降、いくつもの資格を取得し、少しずつではあるが、この６年間沈んでいた自己肯定感も上がってきたと感じる。小学校を辞めたことは親にも伝えていたが、精神的に苦しかったことや適応障害の診断を受けたことは、心配をかけるといけないと思い、伝えてはいなかった。今の仕事が少しずつ軌道に乗ってきたことから、これまでのことを親に報告した。心配をかけ続けたこともあり、安心させられたことを嬉しく思う。

「最低限取らなきゃいけない資格も取れてきたので、安心したなっていう部分と、あとは期待感も上がってきたのかなって。」

9月に入り、いよいよ研究所へ出向することになった。30名程度が働く職場で、取得した資格を使い、施設を管理する仕事は、やりがいも感じられて楽しく働けている。一緒にパートナーを組む女性も、とても優しく接してくれる。しばらくして、パートナーを組む女性が手術のため一時休むことになった。それ自体は特に問題なかったのだが、その女性が復職してから、状況が急に変わり始めた。

「戻ってきて早々。すごかったですね。何かスイッチが入ったかの如く、上司に歯向かっていく人だったので。それに勢い付けて自分の方にも、『そもそもあんたがちゃんと気をつけなきゃダメでしょ』みたいな感じで言ってきて。寝れなくなりました。何か布団に入った途端、心臓バクバクになってきて。」

新しい職場に勤務するようになり、とても居心地よく働いていたにも関わらず、またしても対人関係で苦しむことになるとは思いもよらなかった。自分に何か引き寄せるものがあるのだろうか、と思いたくもなる。病院で診察してもらい、服薬しながら日々やり過ごしているが、どんどんエスカレートする同僚に、気持ちはすっかりやられている。幸い、上司も状況を理解してくれているため、職場を離す方向で対応を検討してくれているのはありがたい。2月頃になり、その同僚が職場を離れたため、ようやくまた平穏な毎日に戻ることができた。メンタルはまだ完全回復とまではいっていないものの、どん底まで落ちずに済んだのは、不幸中の幸いだった。

ちょうど同時期に新型コロナウイルスの感染が拡大し、仕事にも影響が出始めた。企業との打合せなどは軒並み延期やリモートでの打ち合わせになったため、新しい計画はとん挫している。何もしないのも性に合わないため、上司と相談して、今のうちにできる点検などを行っているものの、暇を持てあますことが多くなってきた。身近なところで感染は拡がっていないため、それほど切迫感はないが、トイレットペーパーの買い占めが始まっていると聞くと、ちょっとばかり不安にもなる。田舎町で感染すると、一気にその情報が拡散され、ここにいられなくなってしまう場合も考えられる。居心地の良い会社で引き続き働くためにも、とにかく感染に気をつけようと心に刻んだ。

〈2020年度　F派遣会社〉

新型コロナウイルスの感染が拡大し、学校が一斉休校になるなど、社会生活が一変しているものの、自分自身はもともとインドア派なので、それほど影響は受けてはいない。とはいうものの、周りの会社で感染者が出ると、尾ひれはひれがついて、あらぬ噂が駆け巡る。自分が感染することだけは避けるように、意識を高く持つようにしている。

「関東とか北海道とかと比べると、全然人数少ないですね。ただ、そのぶん風評被害っていうか、村八分みたいな話は聞いていたので、要は仲間外れっていうか、あそこの会社の人が感染したよっていうような話を聞けば、みんなでいじめてたって話を聞いたので。」

感染に気を付けること以外では、特に仕事は変わりがなく、日々やらなければならないことを丁寧に行うようにしている。2月に職場に復帰してから、周りの先輩たちもいろいろとサポートしてくれるため、充実した毎日を送ることができている。緊急事態宣言が出たため、新しい資格を取得しようにも、試験自体が中止になる場合も多いため、動き出すことができない。去年から少しずつ時間を見つけて関わるようにしてきた陸上の役員も、大会が中止になったり延期になったりするため、関わりは停滞している。そろそろ、自分自身も陸上をもう一度始めたいと思っていただけに残念な気持ちもあるが、コロナが収束するまでは仕方がないとあきらめている。

「今の会社に勤めてから時間ができたので、市内の陸上の大会とかがあると、自分は役員とかで参加して、大会の運営に関わっていますし、それを通して、こういう陸上クラブみたいのもあるんだけどどう？　って誘ってもらっていたんですけど、コロナのせいで中止に。」

6月に母方の祖母が亡くなったため、本当であれば帰省したい気持ちがあったのだが、コロナの感染状況を考え先延ばしにした。7月に感染状況が落ち着いた頃を見計らって久しぶりに実家へ帰省し、ようやく仕事の状況を報告することはできた。周りからは、彼女との将来をどう考えているのかと聞かれることもあるが、今のところは「まだいいねえ」と話している。とはいうものの、自分は32歳、彼女は30歳、そろそろ結婚してもいい年頃とは思う。

教職を離れて2年が過ぎ、仕事も順調に回り始めている。職場や陸上の仲間にも恵まれ、公私ともに充実した毎日を送ることができているのは、大学院修了後の負の6年間を経験しただけに、とてもありがたい。無理をし過ぎずに、少しずつ自分らしさを取り戻そうと前を向いた。

「頑張り過ぎないように。今まで空回りしすぎた部分もあったかなと思うので。陸上とかでも、そろそろ何か動きたいなとは思っていて。マスターズではないですけども。県内の競技会みたいなことをやりましょうっていう動きがあるみたいなので。（中略）これをきっかけにもうちょっと運動しようかなと。」

第6章　子どもの主体性に寄り添って
遠藤崇のライフヒストリー

第1節　教職への思いと10年間の概要

生まれ育った秋田県を離れて教職に就きたいと考えた遠藤崇（仮名）は、大学推薦によって合格した関東圏の小学校で、教師の道を歩み始めた。教壇に立って4年目に、いつの日か高校でサッカー部の指導に携わりたいという思いが強くなり、校種を変更する方法を探り始めた。勤務地の周辺で小学校から高校へ異動することは難しいことを知り、まずは中学校へと転籍するため、初任校に5年間勤務した後に中学校へ異動した。これまでに小学校1校と中学校2校に勤務してきた（表6-1）。10年間の軌跡と概要を表6-2に示す。

小学校1年生の担任から中学校3年生の担任に変わったこともあり、身に付けてきた指導方法が通じないといった課題に直面したが、特に大きな問題なく10年間の教職生活を送っている。年1回のインタビューで語ってもらった発話データをもとに、ライフヒストリーをまとめていく。

表6-1　大学卒業後10年間の履歴

年度	勤務校	担当	備考
2011年度	A小学校	2年生担任	
2012年度		2年生担任	
2013年度		3年生担任	
2014年度		3年生担任	
2015年度		1年生担任	結婚
2016年度	B中学校	3年生担任	
2017年度		2年生担任	
2018年度		3年生担任	
2019年度	C中学校	3年生担任	第一子誕生
2020年度		1年生担任	

第2節　教師としての学びの軌跡

〈小学校教師1年目：A小学校〉

東日本大震災の影響で、予定より1週間ほど遅れて関東圏の自治体にたどり着いた。初任校は、各学年2クラス、全校児童350人程度の中規模校だった。20名の教師の三分の一を5年目までが占しめているように、全体的に若手が多い。同年代の教師が多く、自分の他にもう一人初任者がいる環境は、相談しやすくて心強い。担当は2年生25人の担任と伝えられた。昨年担任をしていた教師が産休に入っていたため、直接引き継ぎはできなかったが、学年主任から教えてもらってイメージを膨らませた。その学年主任と話をしている中で、この学校が初任校であること、昨年4年目で学年主任になったことを聞き、そんなに若くても主任になることがあるのかと驚いた。初任だからとうかうかしていると、3年などあっというまに過ぎてしまう。今年1年を大切にしようと心に留めた。そして迎えた始業式。子どもたちと顔を合わせ、教師になったという実感がわいてきた。

「嬉しかったです。最初教室に入った時の反応がよくて、いろいろ質問してきたり、話しかけてきてくれたりして。これから始まるんだって。この子たちを見てやっていかなくちゃいけないっていう不安もあったんですけど、でも最初楽しそうに接してくれたんで嬉しかったし、楽しかった。」

翌日から授業が始まり、右往左往しながらも前向きに取り組んでいる。子どもたちはとても無邪気で、かわいらしい。これまでの教育実習では3年生と4年生しか受け持ったことがなかったため、2年生の子どもの発達段階などはよくわからない。ただ、地元の秋田で関わっていた子どもたちと比べると、とても物知りな半面、生活リズムが整っておらず、甘えん坊な子どもが多いと感じる。地域性なのか子どもの発達段階なのかはわからないが、何となくアンバランスな印象を受けた。その上、子どもたちがとにかく騒がしく、

表 6-2　遠藤崇の

年	2011年度　A小学校　2年生担任											
月	4	5	6	7	8	9	10	11	12	1	2	3
出来事・思い	学校始まり。全てが挑戦。			成績。早く夏休みが来てほしい。	1学期の経験を生かして2学期頑張るぞ!		運動会。行事ごとの大切さを実感。	授業参観。教材研究をしなければ。		一年間は短くやることが多い。大縄大会。		
5												
4					■							
3		■	■			■	■					■
2	■			■				■	■	■	■	
1												

年	2012年度 A小学校　2年生担任											
月	4	5	6	7	8	9	10	11	12	1	2	3
出来事・思い	昨年度の失敗から黄金の3日間を徹底しよう。	運動会。初めて運動会のブロックを任され緊張。			夏休みは学校のことは全く考えず遊びまくる。			マラソン大会。音楽会。行事で団結させたい。	帰省。	大縄大会。3年生らしくするために何ができるか。		
5					■							
4				■				■				■
3	■		■			■	■		■	■	■	
2		■										
1												

年	2013年度　A小学校					
月	4	5	6	7	8	9
出来事・思い	クラス解体で半分は2年目、半分は初めての子。	運動会。道徳の授業研究。	プールの安全面。		夏休み、何して遊ぶか。授業研の準備。	行事多すぎて授業が進まない。
5						
4	■			■	■	■
3		■	■			
2						
1						

年	2016年度　B中学校　3年生担任											
月	4	5	6	7	8	9	10	11	12	1	2	3
出来事・思い	部活動と授業。技術の授業をどうしよう。			テスト作り。中学って楽。	運動会どうしよう。	運動会。すごく楽。	結婚式。	合唱コンクール。		受験。		新婚旅行。
5				■	■	■						■
4			■				■				■	
3	■	■						■	■	■		
2												
1												

年	2017年度　B中学校　2年生担任											
月	4	5	6	7	8	9	10	11	12	1	2	3
出来事・思い	サッカーと駅伝の両立。		林間学校。	夏休みがない。		運動会。一週間では無理。		合唱コンクール。意識づけとは。授業研究。	生徒会って大変。	見通しを持って頑張ろう。	やっと楽しくなってきた。	卒業式。いいクラスだった。たくさん助けられた。
5											■	■
4	■								■	■		
3		■	■			■	■	■				
2				■	■							
1												

年	2018年度　B中学校					
月	4	5	6	7	8	9
出来事・思い	何も変わらない。ルーティーン。	生徒総会と修学旅行の準備。成功させるための仕込み。	修学旅行。引越し。	地区大会準優勝。	いよいよ受験勉強。高校生になれるのか?	運動会。全て負けた。でも、みんなよく動いた。
5				■		
4			■		■	■
3	■					
2		■				
1						

ライフヒストリー

期間	月	出来事
3年生担任	10	道徳の授業研究。
	11	マラソン大会。音楽会。
	12	授業研究。
	1	校長との面接。高校への異動を考える。
	2	
	3	
2014年度　A小学校　3年生担任	4	学年は変わらないが他校から来る先生と組む不安。
	5	運動会。
	6	
	7	成績処理も計画的に行えるようになった。
	8	学年主任が産休に入り、自分が学年主任になり不安。
	9	授業研究。
	10	新しく来た先生との関係。
	11	同僚の死。学校全体が負のスパイラル。
	12	授業研究。
	1	高校教諭を目指す。
	2	隣のクラスのフォロー。
	3	凄い一年だった。
2015年度　A小学校　1年生担任	4	どうトイレに行かせるのか。
	5	運動会。ダンスできるのか。
	6	
	7	評価は楽。
	8	結婚に向けて。
	9	
	10	
	11	
	12	結婚。何も変わらない。
	1	
	2	任せられるようになった。
	3	中学校への異動に向けて。

期間	月	出来事
3年生担任	10	ルーティーンが大事。
	11	合唱コンクール。十分たちで作る歌にするように。
	12	ラストスパート。
	1	私立高校受験。
	2	公立高校受験。
	3	伝えきれただろうか。
2019年度　C中学校　3年生担任	4	元の地区に戻る。修学旅行の準備大変だ。
	5	修学旅行。体育祭。伝統の指導への疑問。
	6	進路学習。2年生の時にさぼりすぎ。
	7	中総体。第3顧問は楽。
	8	同年代の人に恵まれている。教員免許更新講習。
	9	三者面談。塾の影響が大きい。
	10	合唱コンクール。合唱伝統校はすごい。
	11	三者面談。子も親も塾の話ばかり。
	12	調査書。みんな自分勝手すぎ。
	1	第一子誕生。本当にかわいい。
	2	入試。それはそうなるわ。
	3	卒業式。生徒に恵まれた一年だった。
2020年度　C中学校　1年生担任	4	学年副主任。新メンバーは大丈夫か？コロナで延期。
	5	自宅待機。ゆっくりできていい。
	6	分散登校開始。
	7	入学式。体育は苦しい。マンション購入。
	8	短い夏休み。熱中症で倒れて運ばれる。
	9	行事はすべて中止。
	10	6時間授業続く。
	11	部活動も制限。
	12	短い冬休み。PCR検査。
	1	緊急事態宣言。
	2	陽性の教員が出ても知らせず不信感。教員が減る。
	3	来年度について考えねば。

ルールが定まっていないことに四苦八苦している。学年主任からの引き継ぎで、担任が産休に入ったことは聞いていたが、どうもそれだけではなく、何度か担任の入れ替わりがあったようで、学習規律などのルールがあまり定まっていないようだった。

「去年産休に入ったり、講師の先生が入ったり、教務の先生が担任していた時期もあったみたい。担任が変わって、ルールとか全く決まっていない状態で。いい子はいいんですけど、それに慣れずにごちゃごちゃしている子が多くて。うるさかったです。1学期はとてつもなくうるさくて。頭は少し弱いですけど、元気というか、子どもらしい子どもたちばっかり。」

このような状況を何とかしようと考えているが、特に発達障害の子どもへの対応などは、これまで全く経験がないため、どこから手を付けていいかわからない。ゴールデンウィーク明けには、授業中に3、4人が立ち歩くようになり、授業が成り立たない時も出てきた。自分一人で考えていても埒が明かないため、学年主任や教頭に相談して何とか対応しているが、保護者からもクレームの電話が来ているようで、かなりのプレッシャーに押しつぶされそうな時もある。そんな時は、自分の親と同じ年の教頭が声をかけてくれて、いろいろ愚痴を聞いてくれる。初任者指導を担当してくれる教師もいるが、いろいろと話はするものの、独特の雰囲気があり、なかなか相談する気持ちにはなれなかった。

「教頭先生に相談したり、飲みに連れて行ってもらったり。自分の親と同じ年で、いろいろと父親代わりじゃないですけど、そんな感じで相談を受けてくれたんで。ほんと愚痴を聞いてくれたりして、そこで助かった。」

クラスを立て直すためにいろいろな方法を試してはいるものの、一朝一夕には改善していかない。発達障害の子どもに付いている支援員のうち1名が、毎日自分のクラスに張り付くことになった。それに加えて、初任者指導の教師も週3日、そして校長や教頭が週に数日、サポートに来てくれた。立ち歩いてしまう子どもの相手をしてくれることはとてもありがたいが、多くの人から監視されているようで、おびえながら授業をする毎日が続いた。ただ、少しずつ子どもとの関わりが良くなっているようにも感じている。6月から始まったプール学習で、子どもたちとたくさん遊んだことで、自分の言葉が子どもに届き始めた。

「6月にプールが始まったんですけど、その時に自分も中に入って子どもたちとプールをやって、自由時間とかに投げ飛ばしたりしていくうちに、なんか4月、5月、6月、初めは自分がいくら注意しても聞いてくれなかったんですけど、6月のそのプールで遊んでからは、自分が注意すると素直に聞き始めてきて。」

1学期を何とか乗り切り、2学期を迎えた。2学期は運動会をはじめとする学校行事もたくさん入ってくる。行事をきっかけとして子どもたちをまとめていきたいと気持ちを強くしているが、学年対抗の種目では、隣のクラスになかなか勝てない。子どもたちから悔しいという言葉が出てきたことをきっかけにして、準備に励んだところ、運動会の当日に1種目で勝つことができた。3つの競技のうち一つ勝ったことが、白組の優勝につながったことを説明して、クラスみんなで喜んだ。

「運動会で学年対抗の競技が3つあって、練習してもいっつも負けてたんです。隣の1組にいつも負けて悔しいって。なので、休み時間とかこっそり体育の時間増やして練習を重ねて、運動会当日一つの競技だけ勝てたんです。（中略）3つとも負けてたら赤組に優勝されてたんですけど、その一つ勝って白組にポイントが入ったから白組優勝できたんだよって言ったら、子どもたちも喜んでくれて。一番嬉しかった。心に残った。」

たくさんの方からの協力があり、またプール学習や運動会を契機として、少しずつクラスとしてのまとまりができてきたことを嬉しく思う。大学を卒業した時は、授業をどうするかに主眼を置こうと考えてきたため、学級を経営するという意識はあまりなかった。初任の一年間を過ごして、いかに学級経営が大事かを思い知らされた。ただ、学級が少しずつ落ち着き始めると、やはり授業の大切さも実感する。今年は初任者研修があったものの、学級が崩れかかっていたため、授業研究に力を入れる余裕すらなかった。初任者研修で一緒になる他校の初任者の話を聞くと、自分の学校は教材研究や授業研究が甘い気がしている。一緒に学年を組んだ主任に助けられたこともたくさんあるが、これから先のことを考えると、もう少し基礎的なことを一から学ぶ必要があると感じている。年度末が近づいて来た頃、来年度の希望調査があった。学年の希望は書かなかったが、できれば学校で一番力があると言われている教師と、同じ学年を組みたいと希望した。

「自分は１年目に若い主任の先生について、学校の流れとか事務処理の仕方とか覚えたんですけど、やっぱり子どもを引き付ける授業の手立てとか支援とかまだまだ弱いので。うちの学校にはベテランの先生いるんですけど、その先生につきたい。来年１年で退職なので、その先生につきたいって。どの先生に聞いても、ナンバー１はその先生だっていうくらい。」

〈小学校教師２年目：Ａ小学校〉

２年目を迎え、希望調査に書いた通り、学校で一番力があると認められているベテランの女性教師と組むことになった。担当は昨年と同様の２年生。人数は25名から36名に10名以上増えた。最初の打合せで、学年主任から「叩き直すからね」と言われ、「よろしくお願いします」と頭を下げた。

昨年担当した２年生は、１年生の時にルールが形成されておらず、騒がしくて大変だったが、今年担当する２年生は、人数は多いものの、１年生の時から落ち着きがあり、しっかりやれば付いて来てくれると引き継ぎを受けた。今年も特別な支援を要する子どもがいるらしいが、自閉の傾向が強いため、昨年担当した多動の子どもとは、対応の仕方がずいぶん違うようだ。最初の1週間が勝負と考え、主任からの教えを胸に新年度をスタートさせた。

「去年はガンと言えなくて、子どもたちがワーッとなったり、その子だけを怒ったりしてたんですけど、そうじゃなくて、ダメな線をちょっとでも超えたらガンと怒って。それをその子だけじゃなくて、クラス全体に返したりしながら怒ったり、話し合わせたり、気付かせたりできたのが大きかったかな。主任から、『優しくするのはいつでもできるから。あんたはヘラヘラしてたから』って言われて。」

昨年度は秋に開催されていた運動会が、今年から5月に移ったこともあり、4月早々からその準備が始まった。1年と2年の低学年ブロックの主担当を任されることになり、今まで以上に緊張感が高まる。それでも、年度当初の子どもへの関わりが功を奏したのか、学級はとても落ち着いている。日に日に子どもとの関係も深まっていき、毎日が充実している。

力のある学年主任と一緒に日々過ごしていると、何もかも見通した上で準備を行うことの大切さを実感する。昨年の学年主任は、年が近いこともあり、とても仲良く動くことができていたが、一緒になって慌てて対応することも少なくなかった。その点で、今年は先を見通した上で事前に対応することができている。自分が学年主任を任されるのはまだ先だろうが、いつかこの経験が生きてくるように感じた。

「去年の方がフレンドリーだったんで、やりやすかったですね。でも、今年の方が何倍も勉強になりました。持ってる知識とか、あとは何年もやられているので、先を見通してやってくれるので。（中略）何でも事前に準備して、お互いに連絡とりあってできたから。去年の主任だと一緒になって慌てたりとかあったんですけど、今年はそれがなかったですね。」

昨年は仕事が終わらずに、夜遅くまで残ることが多かったが、今年は比較的早い時間に帰宅できている。できるだけ土日は仕事をしないようにして、趣味のサッカーやフットサルを楽しむ時間もある。大学時代から付き合っている彼女と会う時間もあり、日々の生活はすこぶる順調に進んでいる。彼女からは、結婚の話が出ることもあるが、まだ働き始めて２年目、もう少し今の生活を楽しんでからと考えている。

そんな折、校長から勉強会に誘われた。授業研究は学校内でもあるため、これまではそれ以外にわざわざ勉強しに行こうとは思わなかった。ただ、もう少し授業力を高めたいという気持ちもある。初任研で仲良くなった他校の教師も参加していると聞いていたので、その勉強会に参加してみた。入念に指導案を作成し、授業のビデオを見て議論する中で、厳しい意見をもらうことの方が多い。それでも、普段考えないような見方や考え方があることを知ることができたのは、自分にとって大きかった。

「校長先生に誘われて、土日に国語の勉強する会に入って、いろいろ勉強したり。自分一人だと絶対授業研究しないんで。いろんな校長先生とかベテラン先生来て、ああだこうだ否定されるんですけど、否定されるんですけど勉強に。そういう考え方もあるんだって。」

子どもとの関係もよく、学級内で大きな問題も起きていない。年度初めに立てた学級目標「協力」に向けて、少しずつ学級として団結できるようしていきたい。１学期から学級会のやり方を徐々に子どもに教えてきたが、３学期に入って、子どもたちに任せるようにし始めた。１月にある長縄跳びの大会に向けて、自分たちで作戦を立てて練習する姿が見られるようになり、子どもが育っていることを実感する。２年生から３年生になる際に学級解体があるため、このクラスのまま持ち上がるわけではないが、自律的に動ける子どもをできるだけ増やすことが、来年につながるだろうと考えている。

「1、２学期は、自分が司会やったりとか、黒板に書いたりしたんですけど、3学期からそれを放り投げたっていうか、子どもにやり方を教えて、徐々に。徐々にできるようになってます。頭のいい子たちなんで。流れだけでもしみ込んでいたらいいかなと思って。」
「3学期もそうだったんですけど、自分から指示出したり言わずに、自分たちでできるようにしなさいって言ってきたので、そう言われてた子たちが半分いるので、3年生になったらそういうことをできるようにさせたいなって思って。自分の仕事が少なくなるためにも。」

力のある学年主任とともに一年間過ごし、学年や学校の運営に携わるということの意味が分かり始めた。4月からは3年目に入る。お世話になった学年主任はこの春で退職を迎えるため、もう頼ることはできない。1年の締めくくりに、その主任から激励の言葉をもらい、独り立ちしなければと自覚した。

「主任を見てて、何でも先を見通して取り組みたいって思っているので。去年1年目は言われたことしかできなかったですけど、これから先は自分から提案したりとか、自分から準備したりして、学校の生活の一部になれたらいいなあって。今回終わる時に、『そういうことはしっかりしなさい』って言われたので。最後その先生に。」

〈小学校教師3年目：A小学校〉

A小学校での3年目を迎えた。告げられたのは3年生の担任。昨年受け持った2年生を引き続き受け持つことになった。学級解体により2クラスの子どもがシャッフルされるため、全く同じ子どもたちではないが、子どもの顔や様子が想像できるだけに、何となく穏やかな気持ちで新年度を迎えられた。ただ、校長をはじめとして、教師や事務職員が一気に10人近く入れ替わったため、若干職員室の雰囲気が変わった。新採用の教師も来ると聞き、後輩ができることを楽しみにしていたが、着任したのは5年以上講師経験がある方で、年齢も経験も自分より上だった。

昨年までは、学級経営と授業に専念できるよう、校務分掌を軽減してもらっていた。しかし、3年目になると他教師と同様に担当が割り振られる。体育主任になると想定していたのだが、ふたを開けてみると特別活動主任と道徳主任を担当することになった。大きな主任業務を2つも任されるとは思っておらず驚きもあるが、それだけ期待してもらっていると受け止めた。校長からは、さっそく道徳主任として、副読本を使わない授業を提案してほしいと言われ、少しずつ考え始めた。

「道徳みなさんやってますけど、副読本買っちゃってる分、副読本を使わなきゃいけないっていうのもあって、そこまで専門的に研究したりしているわけでもないので、『あなたが副読本ではない授業をやって、みんなに見せて推進しない？』みたいな。」

始業式で担任が紹介され、３年生の前に立つと、子どもたちが喜んでくれて嬉しく思う。ただ、初めてのクラス替えのため、子どもたち同士の関係も、子どもと自分の関係もまだぎこちない。今年同じ学年を組むことになった主任に話すと、ゴールデンウィークが近づく頃には自然と仲良くなるので気にしなくても問題ないと言われ安心した。昨年の学年主任は、ベテランの力のある女性教師で、とても緻密に見通しを立て、教師のイロハを厳しく指導してもらった。それに比べて今年の主任は、力はもちろんありつつも、とても優しく、お菓子を食べながら相談に乗ってくれるなど、とてもフレンドリーな人だった。

「最初は、去年から受け持ってた子たちが『先生、先生』って言いに来て、去年隣のクラスだった子たちが一歩引いて、前の子たちの接し方を観察しながらって感じで。（中略）みんな出方を伺っているっていう感じで。隣の先生から、ゴールデンウィーク近づいてくると、黙ってても仲良くなるからって言われて。」

３年生になると、２年生までと比べて教科が増える。自分の専門である体育の次に得意で好きな理科の授業ができるのはとても嬉しく思う。それに比べて社会は指導が難しい。３年生の社会では、学校の近くの町や市について学ぶことになっているが、そもそも自分の地元ではなく、しかも比較的新しく造成された町のため、どう取り組んでいいか苦労した。、これでいいのだろうかという思いを持ちながら、学年主任に聞きながら何とか授業は進めた。

「理科好きなんです。（中略）太陽がとか、磁石がとか、だから理科はそんなに苦労しなかったですね。社会が。ちょっと大変。見学したり住んでるところの情報調べたとしても、新しい町だったので、昔からの行事の伝統のものとか、あとは畑も団地が立ったりするので。身の回りで動けなかったので、社会はきつかったですね。」

ゴールデンウィーク明けの運動会に向けて、3年生と4年生合同で沖縄県などの伝統芸能エイサーを踊ることになった。本来であれば、4年生の担任が主担当になるはずなのだが、なかなか動いてくれない。仕方ないので、自分が音頭を取って進めた。この4年生は、初任の時に受け持ち苦労した子どもたちだったため、どうなることかと心配もあったが、3年生に踊りを教えてくれる様子を見ると、成長したんだなと嬉しくなった。

「最初に引っ掻き回された子が転校して、その子に乗せられてた子たちもピッシリし始めて。エイサーを教える時に、うちの3年生にも教えてくれたりして、少し成長したなって思いました。」

有意義な夏休みが明け、行事盛沢山の2学期を迎えた。特別活動主任として、音楽会やマラソン大会など全てを仕切って行かなければならない。その上、道徳主任として授業を公開し、かつ12月にそれとは別に授業研究も行うことになっている。校長が代わり、これまで「それでいいんじゃない」で済んでいた指導案検討が、しっかりと改善点を指摘されるようになり、一つひとつ改善していくことが求められるようになった。たしかに勉強にはなるのだが、日々の授業以外の業務があまりにも多く、頭がパニック状態になった。

「授業研が2学期で。校長が厳しくなったっていうのもあって、研究の仕方が変わったんです。夏休みから授業研の準備して、そこで音楽会とかマラソン大会とか、部活もあって、授業研もあって。12月には成績もあって。パンクしちゃって頭が。行事の見通しをもって準備もしてたんですけど、自分の準備以上に仕事とか授業とかの波が来て。」

年が明け、人事に関して校長の面接を受けた。A 小学校に勤務して3年経ち、異動願を出すことも可能ではある。ただ、自分の中では、少しずつ高校へ異動したいという思いが膨らみ始めている。大学までサッカーをしてきたこともあり、いつかサッカー部の顧問をしてみたいという思いはこれまでも持っていた。その上、高校のサッカー部で共に汗を流した友達が、去年から高校の教師になり、その様子を聞くにつれ、高校教師に惹かれ始めた。高校に勤務するとなると、部活動等で土日がつぶれることも覚悟しなければならないが、思い返してみると、小学生に合わせて無理しているところも大きく、高校の方が合っているような気もしてきた。校長との面談で、その思いを打ち明けたところ、その気持ちを後押しするようなことを言ってもらい、思いはさらに膨らんだ。もともと中学校と高校の理科教師だった校長だけに、校種を跨いで異動する方法などを教えてくれた。校種を跨いだ異動には、同じ学校で5年以上勤務していることが条件になると聞いた。どうするかまだ決めきれていないが、ひとまずあと2年間 A 小学校に勤務して、高校へ異動願を出すことも視野に入れようと心に留めた。

「高校の教員にもなりたくて。去年、高校の時の友達2人が、こっちで高校の先生になったんです。いろいろご飯食べて、土日遊んだりして話聞いたら。部活もしたいなって。（中略）人事の話で校長先生が面接をしてくれて、中高の理科の校長先生だったので、『ほんとに小学校だけでいいの？』って言われて、『あんたぐらい若かったら、中高行ったり、いろいろ経験した方がいいよ』って言われて。いろいろ考えてたことを相談して。」

〈小学校教師 4 年目：A 小学校〉

新年度を迎え、2年連続で3年生に配属された。今まで受け持ったことのない学年、しかも今後高校に異動するかもしれないと考えると、できれば高学年だと嬉しいという気持ちはあったが、特に希望は出さなかった。6年生をいきなり持たすわけにはいかない、5年生は自分が初任時に受け持ち苦しんだ学年、4年生だと3年連続の受け持ちになってしまう等と考えると、3年生に配属されたのは管理職なりに考えてくれた結果なのだろうと思う。同じ学年を組む主任は、この春に隣の学校から異動してきた女性教師。いろいろと悪い噂を聞いていたため心配したが、いざ対面してみると、特に困ることもなく新年度をスタートできた。

「隣の学校から来た先生だったので、色々噂を聞いてたんです。学年主任と衝突したり、わが道を行くような先生って聞いていたので、不安だったんですけど、でも来て話してみたらそんなこともなくて、結構年も近い、離れすぎてなかったので。その先生も初めての主任だったみたいで。いろいろ相談しながらやっていけたので、そんなに困ることもなく。」

2回目の3年生の担任となるため、授業に不安はない。むしろ自分の好きな理科を担当できるのは、とても嬉しく思う。昨年受け持ったクラスでも、自分が担当した理科の授業は楽しいと言ってくれる子どもが多かった。2回目の3年生の理科になるため、さらに教材研究に力を入れたい。

「やってて理科が楽しいので。去年の子たちも振り返りとか見ると、『先生と理科楽しかった』って言ってくれてる子が多かったので、理科専門ではないですけど、理科と体育と、あとはうちの学校国語をよくやってるので、その3教科で子どもたちが少し楽しがってくれればいいかなって。」

昨年受け持った子どもは、一年間を通してとても安定していたが、今年受け持つ3年生も、多少手のかかる子どもはいるものの、1年目の時のように対応しきれないような子どもはおらず、安定して毎日を過ごせている。学年主任との関係も安定しているため、特に大きな問題は起きていない。ただ、学校全体を見渡すと、ここ数年で多くの教師が入れ替わったこともあり、雰囲気が変わってきていると感じる。校長が変わり、研究に熱心になっている等、いい面ももちろんあるが、指導力にハテナがつく教師が増えてきているように思う。A小学校での生活も4年目となり、いつの間にか学校では古株になりつつある。とはいうものの、経験の浅い自分が人のことを言える立場にはないことも重々理解している。少なくとも、子どもたちや同僚を困らせないように、日々取り組もうと心がけるようにした。

「先生たちの雰囲気が変わってきてるっていうのは、やっぱり何て言うんですかね、あまり言いたくないですけど、僕から見ても先生としてどうなの？　みたいな力のないような人が増えてきて。後手後手になったり。子どもに対して効果的な指導ができてなかったり。」

ゴールデンウィークが近づき、運動会の練習も佳境に差し掛かったある日、学年主任から妊娠したこと、秋頃から産休に入ることを告げられた。妊娠したこと自体はとてもめでたいのだが、産休代替に入るのは基本的に時間講師になるため、必然的に自分が学年主任となる。いつかは学年主任も担当するだろうと思ってはいたが、いきなりの出来事で一気に気持ちが引き締まった。

ゴールデンウィークが明けた頃から、2年生の学級が崩れ始めていると聞いた。というよりも、自分が受け持つ3年生の教室の真下に、その崩壊している2年生の教室があるため、授業中にものすごい音を聞き、何か起きているのだろうということは想像していた。1年生の頃に厳しい指導で定評のあった教師が担任していたクラスを、今年時間講師が担任して、はじけてしまったようだ。校長や教頭をはじめ、いろいろな教師でフォローに入ることになり、学校全体がドミノ倒しのように忙しくなっていった。

「前1年生の頃、担任してた先生がピシッと軍隊みたいにやる先生で、今回の講師の先生は25か、全然教員とも関係ない学科の人で、中高の数学の免許は持ってるんですけど、とりあえず小学校の講師登録しているような先生。教員目指している人じゃなかったので、いろいろ手立てとかもなかった。」

今年も引き続き道徳主任を務めることになり、道徳の授業研究をしたり、校外の研修に行ったりすることも多い。初任時から3年間かけて行われた初任者研修が昨年で終わったため、その点では少しは時間ができたものの、相変わらず研修に追われている。参加すればそれなりに学ぶことはあるのだが、行かされている感が強いのは否めない。

「道徳とかの研修とかで外に行きますけど、3年目研修でとられていた時間が無くなったので、行きたくない研修に行かなくてよくなったっていうのは。理科とか、道徳とかはよく。年に4回か5回全市で研修会があるんですけど、それにはよく行ったり。行かされてる感はありますけど、でも行って損はないっていうか。有意義っちゃ有意義。」

学年主任の産休が早まり、夏休み明けから自分が学年主任になった。産休代替で来たのは、1歳年上の時間講師だった。やけに自信満々なところは気になるものの、2年生で学級崩壊があっただけに、せめてあと半年大きな問題を起こさずにと願うばかりだ。

9月末になり、5月以降に2年生で学級崩壊を起こした講師が学校を去った。通常は一年間勤務するのだが、半年ごとの面接の際に、継続しないことを選択してもらったようだ。2年生の学級崩壊を契機として、今なお学校全体が落ち着かない状況を考えると当然とも言えるが、組織で対応することの難しさを痛感する。そんな学校の立て直しを進めていた矢先、音楽の専科を担当していた同期が亡くなったと連絡を受けた。もともと体が弱く、音楽集会の準備で忙しくしていたことは知っていた。少し前からお腹の痛みを訴えていたため、早く病院に行くよう促したばかりだった。音楽集会の当日体調不良で救急車で運ばれ、そのまま帰らぬ人となった。同じ年にA小学校へ赴任し、今年も職員室の隣の席でよく話す間柄だっただけに、動揺を隠せなかった。

落ち込んだ気持ちが回復するまで時間はかかったが、年が明け、少しずつ前を向き始めている。昨年に続き、校長と面接をする中で、高校への異動希望を出すことを決めた。加えて、大学時代から付き合ってきた彼女と結婚することも決めた。高校に異動すると土日が部活動でつぶれる可能性もある。彼女からは、「それはどうなの？」と言われることもあるが、自分の思いを止めることはできない。A 小学校で小学校教師最後の1年を迎える。

「高校生と関わりたいし、部活動もしたいし。やっぱり教科で引き付ける教師は目指していますけど、国語とかを教えるのが嫌だっていうか、嫌なのに逃げてる感がすごいあるんですけど。理科とか図工とか楽しいですが、やっぱり体育を教えたいなっていうのもあるし、部活で教えたいなっていうのもあるので。」

〈小学校教師5年目：A 小学校〉

小学校教師最後の年に、まさか1年生の担任になるとは夢にも思わなかった。配属の希望は一任で出していたため仕方ないものの、来年以降のことも少しは考慮してくれるものだと思っていただけに、配属を聞いた時は衝撃を受けた。1年生は3クラスあり、そのうちの3組の担任になった。1組は、赴任してからずっと1年生を受け持っている同年代の教師、2組が新しく異動してきた産休明けの主任、そして自分が3組を受け持つことになった。2年生は2度受け持ってきたが、学校のルールなどを何も学んでいない1年生にどのように指導してよいかは全くわからない。鉛筆の持ち方や箸の持ち方の指導をすると噂には聞いていたが、本当にそんなことをするのか半信半疑のまま始業式を迎えた。入学式の子どもの様子を見ると、昨年よりは座っている子どもが多いように感じる。と思ったのはその時だけで、翌日から格闘の日々が始まった。

「入学式、子どもたちが入って来た時に、比較的みんな座ってたし。去年と一昨年は、座ってない子もいて。それは大変だったんですけど、今年は座ってたから大丈夫かなと思ったんですけど、最初のうちだけでしたね。」

初めてのことだらけで右往左往しているものの、主任がとても丁寧に導いてくれるので、とてもやりやすい。本当に箸の持ち方を指導するのかと驚きつつも、純粋な子どもたちを見ているだけで癒された。ただ、学年３クラスを見てみると、どうも自分が担当する３組に個性の強い子が多いように感じる。幼稚園や保育園からの情報をもとに配属を決めたようだが、１年生の場合は、蓋を開けてみると想定通りにならないことも多いと聞く。初任の時に受け持った子どもと比べれば大したことはない。子どもの話を聞くことから始めた。

「３クラスある中で、わからない状態でクラス分けしちゃうんですよ。１年生は。ママと離れられないとか、学校に来れないとか、座ってられないとか、知的の子が２人いたりとか、うちのクラスにちょっと多かったです。でも、なんでだろう。今までの経験とか、話を聞いてあげるだけでも学校に来るようになったり。」

今年から校長が変わり、学校がゆったりとした雰囲気に変わってきている。昨年度までの校長は研究に熱心で、それはそれで学びになったが、辞職する教師が出たり、同期が亡くなったりと、学校全体が負のスパイラルに陥っていた。一方、新しい校長は話し好きで、教務主任と仲が良く、いつも世間話をしているせいか、職員室内が少し明るくなった気がする。継続になった道徳主任としての仕事はあるが、昨年のように何度も授業を提案することは求められていない。やらなければならないことはもちろんやるが、小学校教師最後の１年を楽しもうと心がけた。

「校長が今年から変わった。ガラッと変わって。前までは、キツキツの本当に勉強しなさいとか、研修すぐやるよとか、どんどん行ってきなさいみたいな感じだったんですけど、今回は体育会系の女の先生で、すごく緩くて世間話ばっかりするような。」

鉛筆の持ち方と数字の数え方から始まった授業も、少しずつ勉強らしくなってきた。最初の頃は、授業を進めてもポカンとする子どもが多く、家庭学習を出しても定着せず、どうしたものかと考えていた。学年主任と話してたどり着いたのは、1年生の割に進度が早かったということだった。

「4月、5月は授業が早かったと思うんですけど、何か全然覚えてこれなくて、家庭学習とか出しても。学年主任の先生も、5、6年生持って産休入って1年生だったらしくて。子どもたちが？　が多かったんで、ゆっくりにするようになりました。（中略）1組の先生にゆっくり合わせた方がやっぱりよかったみたい。」

1学期も終盤に差し掛かり、通知表をつける時期になってきた。昨年までは◎○△で評価し、テストで言えば9割以上とっている子どもに◎、6割以上で○としてきた。ただ、今年から1年生のうちは◎をつけず、○と△で評価を行うように伝えられた。差ができてしまうとかわいそうという理由のようだが、今の評価の流れとは明らかに違っているため、何となく釈然としない。保護者も納得しないのではないかと思いつつも、従わないわけにもいかない。どうも校長、教頭、教務主任でも揉めたようで、これ以降事ある毎に喧嘩しているようだ。

「上3人がすごいんですよ。教頭が男なんですけど、その教頭と他の2人（校長と教務主任）がバチバチやってるんです。教務も女の先生で、校長先生と仲がいいんですよ。前から。だから、上3人の仲が悪いのが、こんなに響くんだっていう感じです。」

夏休みが明け、行事盛沢山の2学期を迎えた。12月に結婚することを決め、お互いの両親の顔合わせを行った。結婚することは前から決めていたが、少しずつ結婚するという意識が高まってきた。年末になり、高校への異動について校長と面接した。高校へ異動するとなると、かなり郡部の高校に行かなければならないらしく、中学校であれば隣接市の学校に異動することも可能らしい。結婚後も夫婦で働くことを考えると、できれば今住んでいるところから通える範囲にしたい。悩んだ末、ひとまず中学校への異動で進めてもらうことにした。

３学期に入ると、子どもたちが一気に成長してきたと感じる。字一つとっても、４月とはずいぶん変わってきた。６年生を送る会に向けて、１年生で劇の準備をしていると、顔つきが変わってきたなと実感した。鉛筆や箸の持ち方さえおぼつかなかった子どもが、１年でこんなに成長するのか、１年生担任の面白さがようやくわかった気がした。

「だいぶ変わりましたね。ここまでは本当に赤ちゃんだったんですけど、２月、３月に６年生を送る会っていうのがあって、それに向けてちょっと劇をやらせたんですけど、そこで６年生のためにとか、新しい１年生のためにとかって言ってたら、顔つきが変わってきたかなって。」

年度末になり、隣接市のＢ中学校へ異動することが決まった。小学校での５年間を通して、たくさんのことを学び、楽しい時間を過ごすことができた。ただ今思えば、教師の力や色がクラスに与える影響の強い小学校は、自分の目指す方向とは違ったなとも感じる。中学校へ行くと、今まで培ってきたことが通用しないかもしれない。でも、だからこそ教師としてもう一皮むけて成長できるようにも思う。

「クラス染めるのが嫌なんですよ。去年学級崩壊とか見て、クラスに染まってたら、次持った時に子どもたちが戸惑うんですよね。たぶんそれが小学校だと思うんですけど。中学校は、染まらないのがいいなと思ってて。（中略）各教科の担任の先生と人間関係を築いていくにあたって、子どもたちはきっと人として成長していくから染まらない、個がすごい自由でいられる中学校とか高校はいいなあと思うし、そういうクラスにしたい。」

「精神年齢が上だから、何かそこで学級のことでも授業のことでも部活のことでもあると思うんです。そこで僕が崩れるかな。そうしたら、教員としても一皮むけるんじゃないかなって思ってるんで。この異動を機にまた違う面を伸ばしたいなとは。」

〈中学校教師１年目：B 中学校〉

小学校から中学校へ異動して教職６年目を迎えた。噂によると、異動するB 中学校のある地区は、昔から独特の教育をしているらしく、その町で生まれ育った人以外、あまり教師として行きたがらないらしい。自分も交流の扱いになるため、３年間の期限付きになる。とにもかくにも、わからないことだらけの中学校１年目、楽しみ半分、不安半分の毎日が始まった。

３月に打ち合わせた際に、担当は体育、３年生の副担任になると聞いていた。ただ、４月１日に学校へ行ってみると、それ以外に技術も受け持ってほしい、加えてサッカー部と駅伝部と卓球部の副顧問をしてほしいと言われ驚いた。各学年２クラスしかなく、管理職を除いた教師が11人しかいないため仕方ないが、全くの専門外の教科を受け持つことを、これほど直前に伝えられるとは思ってもみなかった。ただ、他の教科を見ても、美術も音楽も、専門外の教師が兼務で担当しているようだ。幸い、授業時間は全て合わせても15コマしかない。空き時間を有効に使って教材研究に力を入れることにした。

とはいうものの、昨年小学校１年生の担任をしてきたこともあり、中学校の授業のイメージがつかめない。授業をしている教室から聞こえてくる声に耳を傾けると、かなり大声の荒っぽい言葉が聞こえてくる。自分の目指す方向とは違うため真似したいとは思わないが、それに慣れている２年生や３年生には、そう言わざるを得ない場面もある。

「最初の４月がすごい大変で。授業のスタイルが全然違って。今まで頑張ってきたことが通じないっていうか。（中略）すごい古い地域で。古い考えで。軍隊を好む地域で。今までの小１の頑張ろうねってやつが、てめえら、おらって。」

ただ、授業の進め方に慣れてくると、小学校と比べて格段に楽だと感じる。もちろん部活動の指導があるため、土日はほとんどつぶれ、休みは少ない。それでも、教師が何もかもサポートしなければいけなかった小学校と比べて、指示さえすれば生徒が自分で動くこともできるため、負担は少ない。むしろ、生徒が自主的に動き出せるように、教師が何もかもやってしまわない、言ってしまわないように心がけている。

「しっかり教えなくなったと思います。小学生に比べて。子どもたちに任せたり考えさせる時間が増えて。あとは指示一つで動くので。集合とかも僕が声出せば全部やるので。僕が動かなくなったかと。授業の中で。なので、スタイルが変わったかな。」

B中学校での生活も数か月経ち、この学校の文化なのか、生徒の特性なのかはわからないが、自分が中学生の時とずいぶん違うように感じる。一番は生徒の様子。自分が中学生だった頃は、男子と女子で話すことはあまりなく、手をつなぐなどもってのほかだった記憶がある。ただこの学校では、男子が仲良く手をつないで帰ったり、林間学校のフォークダンスで、何も気にせするそぶりなく男女が手をつないだりしていてびっくりする。それにも関わらず、教師が大声でどなったり、必要以上に厳しくしている様子を見ると、他に大切にすることがあるだろうと思ったりもする。

「髪型がばんとなってる子たちはいないですね。不思議と。みんな手つないで帰る男子たちなんです。男も女も関係ないんです。関係なく手つないで帰ったり。本当に仲がいい。（中略）2年生の林間学校でダンスあるんですけど、普通男子やだとか。みんなすぐ手をつないでフォークダンスを踊り出す。不思議だと思います。」

指導方法について思うところはあるものの、教師同士の仲はとてもよい。小学校と違い教科担任制のため、しかも小規模校ということもあり、教師同士のコミュニケーションを密にしなければ、全てが動いていかないということもあるのだろう。ただ、そのせいか事なかれ主義になっていることもあり、その点は大丈夫なのかと不安になる。総合的な学習の時間が必要時数行われていなかったり、未だに相対評価を加味して評価していることを知り、愕然とする。そのくせ、自分の指導について、甘さを指摘されたり、7時頃に帰宅するのは早すぎると言われたりするため、何となく納得できないとも思う。

それでも、昨年まで小学校に勤務していた時と比べて、やりがいは大きい。一番は子どもの成長を感じられること。小学生のように「先生できた」といった声を発するわけではないが、明らかにできが変わっていくのは、見ていてとても嬉しく思う。今年は担任を受け持っていたないため、運動会や音楽コンクールなどの行事を直接指導することはないが、はたから見ていても成長を感じた。

「体育だけ見ても、部活も見てて、子どもたちが上手くなったり、できるようになってくるというのが顕著にわかるんで、他の教科と比べて。なので、すごいやりがいはある。最初と最後が全然違うので、成長してるなーとか、できるようになったんだっていうのが。小学生ほど先生できたっていうのはないんですけど、見てて全然人が変わっていくので。」

年度末が近づき、1年を振り返ってみると、いろいろ不満はあるものの、中学校へ異動して本当によかったと感じる。いつかは高校へ異動したいという気持ちはあるが、まずはB中学校での3年間で、中学校なりの授業の仕方を身に付けたいと考えている。ただ、B中学校の色に染まるつもりはない。いろいろな教師から、授業の甘さを指摘されるが、自分には軍隊式の授業はできないし、したいとは一切思わない。飲み会の席で、校長にも直接「できない」と言ってしまった。何と言われようが、これぱかりは自分の信念なので、そう簡単に曲げられない。

「授業がぬるいって言われて。一年間を通してしょっちゅう言われたのが、一糸乱れぬ、気を付けとかしても、角度がみんな違うとか言われるんですよ。（中略）とにかくぬるいしか言わない。でも僕は違うんですって。校長の言っている授業は、僕はできませんって言って。なので、言っても無駄ですって。酔っぱらった勢いで言っちゃって。」

この飲み会の席で、来年度は２年生の担任、教科は体育と２年生の理科と告げられた。体育を担当する教師が、受験にも関わる５教科を担当することはタブーとされていたはずなのだが、決まった以上やらないわけにはいかない。Ｂ中学校の色に染まらないように、中学校の授業スタイルを確立しようと前を向いた。

〈中学校教師２年目：Ｂ中学校〉

３月に告げられたように、今年度は２年生の担任になった。昨年度１年生の時に体育と技術の授業を担当してきており、また部活動で関わりのあった生徒も多いため、特に心配なく始業式を迎えた。この学年が昨年中学校に入学してきた時は、小学校からの引き継ぎでいろいろ問題を抱えていると伝えられたようだが、一年間関わってきた中では、そのような問題は一切感じない。むしろ、きちんと教えたら響く生徒たちには、とても期待している。

「気持ち的な部分はすごくよくて。こうやるんだよとかいうと、ハイって聞いて頑張るような、先生違いますとか、俺やりたくないっていう子もいなくて。勉強に関しても、教えたやり方とかを素直に聞く。（中略）いわくつきの学年だったんですけど、たぶん小学校の先生が教えてなかったんだろうなって感じです。教えるとすごい頑張ってやるし気持ちいい学年。」

今年は、とにかく多くの役割があたっている。まずは、２年生の学級担任。学級担任は小学校に勤務していた時も毎年のように担ってきたが、中学校では初めてになる。次に、全クラスの体育と２年生の理科、そして担任として行う道徳と総合的な学習の時間の授業。授業時間数を数えると、学校で一番多かった。体育主任と生徒会担当、情報管理などの校務分掌の負担も重くのしかかる。その上今年は、サッカー部と駅伝部の顧問もある。昨年も副顧問として毎回練習には参加していたが、今年は全ての運営を任されることになった。２つの部活動の顧問を兼務するというのはどう考えても無理なのだが、校長から直接依頼されたこともあり、断れなかった。サッカー部も駅伝部もどちらも走ることには変わりはない。生徒にできるだけ両方の部活に入部するよう促して、何とか両立できるようにしようと考えている。
始業式に学級担任の紹介があり、子どもたちから喜びの声が上がった。一年間、いや3年生に持ち上がることも見据えて、これからの2年間を楽しもうと心に留めた。担任する中学2年生の子どもたちは、自分が新卒の時に小学2年生として受け持った子どもの学年になる。その時受け持った子どもではないものの、初任としてとても苦労した時の子どもたちも、こんなに大きくなっているのかと懐かしくなる。
授業時間数は多いが、それほど問題なく進められている。専門外の理科の授業は負担ではあるものの、もともと理科はとても好きなので、それほど苦にはならない。ただ、校長からは未履修にならないように気をつけるよう言われている。自分が高校生の時、世界史の未履修問題が全国的に問題になり、その当事者になった経験もある。生徒に迷惑はかけたくない。できるだけ丁寧に準備するようにした。学級も、特段問題は生じていない。小学校から中学校へ異動し、やり方を変える必要があるのだろうと思っていたが、ノウハウは小学校とそれほど変わらなかった。ただ、B中学校特有の帰りの会の進め方だけは、どうしても理解しがたい。昨年から疑問に感じてきたことではあるが、これだけ素直な生徒に、なぜ帰りの会で延々と指導する必要があるのか。学年主任からは、改善するよう時々言われるのだが、どうしても相容れない。自分の母親と同じ年の学年主任は、一年間の見通しをもって学年を経営してくれるので、とてもやりやすいものの、帰りの会についてはどうしても合わせることはできなかった。

「最初、小学校から中学校に行った時、何か違うのかなとか思ってたんですけど、担任やってみてわかったのが、全然小学校と変わらない。ちょっと日本語通じるぐらいで、ノウハウとかやってることとかは小学校でやってきたことと変わらないなって。」
「帰りの会30分あるんですよ。それをすごい大切にされている先生で、うちのクラスの帰りの会が気にくわなくて。あっさり終わるから。(中略)帰りの会で生徒指導するっていうスタンスをずっと変えないで来られてたので、そこに合わせるのが大変でしたけど、基本的にすごい見通しをもって学年経営されてる先生だったので、1年通してやりやすかったですし、これが学年主任なんだって。」

多くの担当を受け持ちながらも、一つずつ片づけていってはいるが、そのほとんどが1学期に忙しさのピークを迎えるため、やってもやっても終わらない。できるだけ早く帰ることをモットーにしてきていたはずなのに、帰宅時間が11時を過ぎることも出てきた。その上、6月の林間学校の準備まで任されることになり、さすがに疲れが溜まってきた。そんな時は、教頭が救いの手を差し伸べてくれる。自分と同じように他市から交流で来ている教頭は、昨年から事ある毎に声をかけてくれる。ある時、あまりにも疲弊している自分を気遣ってか、飲みに誘ってもらった。B中学校については、自分も思うところはあったが、それは小学校から中学校へ異動したことによるものだと考えてきた。ただ、教頭からB中学校やその地区の文化の特殊性について聞き、自分の考えに自信を持つことも大切だと実感した。

「教頭先生飲まれない方だと思ってたんですよ。そしたら、この地区の教師とは飲みたくないから飲んでないだけって。他の地区の先生たちの飲み会に呼んでいただいて（中略）ここに染まっちゃダメだよとか、特別だからねっていう話を聞いて。」

夏休みが明け、運動会や合唱コンクールなど、秋の行事が迫ってきた。自分の中学生の頃を思い出すと、他のクラスには負けたくないとの思いから、生徒同士で声を掛け合って練習したり、担任に依頼して準備の時間を設けてもらったりしていた。ただ、受け持っている生徒には、そのような動きは一切見られない。隣のクラスは、教師が主導して練習させているようだが、自分は、それは違うだろうと考えてきた。自主的にやるよう仕向けることもできるが、そればかりだと結局自律的に動くことにはつながらない。とはいえ、何も練習せずに結果も伴わなければ、意識が高まるはずはない。どうしたら生徒の自律性を高められるか悩ましい日々が続いた。

「僕も合唱コンクールを経験してきたんですけど、先生に練習しろって言われたことは1回もなくて、自分たちで勝手に夏休みに集まって、自分たちでダメなところ指摘し合ってやってたんですよ。賞取りたかったんで。その感覚でいったら、まあやらないというか。（中略）欲がない子たちなので、そんなのものかって思ったんですけど。そこで頑張らせるのが教師だろうって言われた時に、そしたら俺が取らせたような形になるじゃんって。今も答え出てないんですけど。」

年度末になり、4月以降この学年を持ち上がり、3年生の担任になることが決まった。教職経験8年目にして、初めて卒業生を送り出すことになる。新卒の時に小学2年生として受け持った子どもの学年だけに感慨深いものがある。中学校3年生になると、進路指導も担当することになる。この一年間が終わると、もともと勤務した市の中学校へ異動になる。いろいろな思いはあるものの、B中学校での最後の一年間を3年生と楽しもうと決意した。

〈中学校教師3年目：B中学校〉

初めての卒業生を送り出す記念の1年が始まった。クラス替えがあったため、クラスの半分ほど生徒が入れ替わったものの、2年間にわたって全生徒と授業で関わってきているため、特に大きな変化は感じなかった。授業や校務分掌、部活動の担当は去年とほぼ変わらず、B中学校での最後の1年をやれるだけやって、心置きなく異動しようと前を向いた。

中学校3年生を受け持つからには、卒業後の進路を考えないわけにはいかない。人柄はよいものの、学力的にかなり厳しい生徒たちを、どのように意識付けしていくかはなかなか難しい。昨年から一緒に組んでいる学年主任から大まかなスケジュールを教えてもらいながら、自分なりにもイメージを持つようにしている。6月に修学旅行、そして7月に部活動が終わる頃から、本格的に受験に取り組むことになる。そこでスタートダッシュをするためには、その前が肝心になる。当たり前のことを当たり前にやることの大切さを、4月から口酸っぱく伝えているが、どこまで伝わっているか定かではない。

「進路指導も初めてだったので。毎日の生活を崩さない。当たり前のことを当たり前にやるっていう。この２つはずっと一年間通して指導しようかなと思っていて。４月にもそれをまず子どもたちに伝えて、これだけは何があってもやろうってことを。提出物出すとか、遅刻しないとか、朝練は出るとか、掃除は手を抜かないとか、そういったところをずっと言い続けようと思って４月を迎えました。」

昨年は、運動会や合唱コンクールで、生徒が自律的に動かないことに頭を悩ませたが、今年はあらかじめ仕込んでおこうと考えている。まずは、６月にある修学旅行に向けて、当日自分が動かなくてもいいように、グループ編成や課題の設定などを入念に行い、生徒だけで進めるための前段づくりに力を入れた。昨年頭を悩ませた時は、生徒が主体的に動き出すまでひたすら待てばよいと思っていただのだが、それだけだとＢ中学校の生徒たちは動けないことがわかった。ただ、多少おぜん立てすると、動き出せる生徒も出てきた。少しずつ自律的に動けるスペースを増やしていく中で、中学校ならではの仕込み方のコツがわかるようになってきた。

「部活の大会があって。それが終わってすぐ修学旅行だったので、ゴールデンウィーク前からしんどかったんですけど。修学旅行は準備すごいしてたので、僕は行って帰ってくるだけでした。子どもたちに仕込んだり、日程調整とか、修学旅行働きたくなかったので、全部仕込んで。そしたら、勝手にすごく楽しくやって帰って来た。」

８月に入り、いよいよ受験モードに突入した。三者面談の前に自分なりに進学先を調べようと、各高校の校風や偏差値などをノートに整理し、その学校を誰が希望しているのか等を書き出した。自分が生まれ育った秋田県は、私立の進学校がそれほど多くないこともあり、公立高校に進学する生徒の方が圧倒的に多かった。一方、Ｂ中学校のある関東圏は、私立高校の数が膨大で、中には異なる県の高校に進学する生徒もいる。そんな高校入試の状況を学年主任に聞きながら、生徒の希望と合格可能性を天秤にかけ、三者面談でどのように話を進めるかを考えた。ただ、そもそも地域全体として進学に対する保護者の意識が低い傾向があり、自分の子どものことにも関わらず、あまり切迫感がない。特に、母子家庭や父子家庭の親御さんは、高校受験について子どもと話す機会はほとんどないようだった。次に三者面談を行う1月までに、少しでも話す機会を作るようお願いしたものの、学年主任の話を聞く限りでは、あまり期待は持てない。

「父子家庭とか母子家庭もあって、片親なので帰って来るのが遅いんですよ。なので、うちの子には塾に行かせてるので、うちでは勉強しないみたいに言っている親には、うちの勉強見てあげてくださいまでは言いませんけど、やってるかどうかぐらいはコミュニケーション取ってくださいとか。学校説明会とかどうだったかとか話してくださいって。」

2学期に入り、受験に向けて頑張り時ではあるが、せっかくの中学校の最終学年が充実した1年になるよう、秋以降の運動会と合唱コンクールに取り組ませたい。修学旅行で仕込んだように、「中学校生活最後」ということを何度か言っているうちに、とりたてて鼓舞しなくても、生徒自身で動き始めた。運動会も合唱コンクールも結果は出なかったけれど、自分たちで動き出せるようになったことは、中学校生活の大きな財産になると伝えた。

「仕込み方がわかってきたっていうか。(中略)基本、自分で楽しみたいので、運動会になってバタバタ僕が動くのは嫌だな。合唱コンクールでも嫌なので、全部仕込んで、全部自分たちでやらせて、自分たちで考えさせて、動かす。動ける子たちを指導するといいなあって。それが生かされて来たかなって感じ。」

年が明けいよいよ入試が近付いてきた。1月に2回目の三者面談を行うと、想像以上に意識の低い家庭が多く驚いた。8月に1時間かけて説明したにも関わらず、何も伝わっていなかったことに愕然とした。B中学校に来て3年経ち、子どもとの関係は悪くはない。学力が低いものの、気持ちが素直で応援したくなる生徒たちだけに、何とか力になりたいと考えてきた。ただ、保護者と信頼関係を築くまでには至っていなかったのかもしれない。ひとまず一人残らず高校へ送り出せることにはなったが、もう少しやれることがあったのではないかという気持ちも生まれてきた。

「三者面談をやったら、また8月と同じようなことを言ってきたんです。親が。どの家も。願書提出は来週ですけど。まだ決まっていないって。私立は行かないんですか？行きたいんですけど、どこかおすすめありますか？　って。8月に30分、1時間かけて面接してたやつが無に。それ今聞く？　って。」

卒業式を迎え、3年2組29人の名前を呼んだ。子どもと離れて寂しいという気持ちはないが、伝えたかったことを伝えきれなかったようにも思う。独特の教育を推奨するB中学校にはいろいろ思うところもある。ただ、小学校から中学校へ異動した時に感じていた不安は、この3年間で払しょくされた。4月からは、もともと勤務していた市の中学校へ異動することになった。特別支援学級を含めて1学年10クラス近くある大規模校、教師だけで40～50人いると聞いた。教職に就いてからの8年間、1学年2クラスの学校しか経験したことがないだけに、多少の不安はあるものの、新しい生活は楽しみだ。教職9年目を、大規模なC中学校で迎える。

「子どもと離れて悲しいとか、そういうのは全然なかったんですけど、卒業式に向けて自分たちの精いっぱいの返事とか動きを頑張ろうって気持ちのある子たちだったので、そういうのを見るとウルっとしましたけど。教員としては、もっと何か伝えられたんじゃないかなって。」

〈中学校教師4年目：C中学校〉

小規模なB中学校から大規模なC中学校へ異動し、教職9年目を迎えた。担当するのは、3年生の担任。しかも、進路指導主任を担うことになった。一般的に、新しく異動してくる教師を進路指導主任にあてることはまずない。

それでも自分を充てざるを得なかったということは、何らかの事情があったのだろう。話を聞いていくと、昨年生徒が少し荒れたため、男性教師で主任を固める必要があったこと、そして、ベテランの女性教師が主任になりたがらなかったことが理由のようだ。任された以上は、やれることをやるつもりだが、他市から異動してきたばかりの31歳の教師の言うことを果たして聞いてくれるのだろうかという不安が頭によぎった。

始業式が終わり、生徒と顔を合わせると、昨年までB中学校で受け持っていた純朴な生徒とは違い、大人びた生徒たちが多く、自分の一挙手一投足が値踏みされているように感じた。

「頭よくて､大人の行動とか言ったことをすごい見てる子たちだなって。市の中でも一番大きくて、センター校って言われて、大きな駅の近くにある学校だったので、保護者の方も頭がよくて、子どもも塾とか習い事とかすごい行ってる。学力的にも前の学校より、男子だけでいうと140点くらい差があって。教えたことはやりますけど、子どもっぽくないっていうか。」

3年の担任かつ進路指導主任であったとしても、生徒からすると信頼のおける教師かどうかわからない中で、何かを相談しようとは思わない。学級会や体育の授業の中で少しずつ関係を作ろうと心がけているものの、複数の部活動を受け持ち、多くの生徒と一気に信頼関係を築いたB中学校の時と同じようにはいかない。C中学校ではサッカー部の副顧問になったが、主顧問に加えてコーチもいるため、それほど深く関わる機会がない。5月にある修学旅行と体育祭に向けて準備を進めることを通して、ようやく近付いて来たようにも感じる。

「4月、5月は子どもたちも距離を取ってるような感じがあって、進路のこととか勉強のこととか部活動の相談も、僕じゃなくて別の先生に相談に行ったりとか。距離感を感じてました。ただ、5月に体育祭と修学旅行があったので、そこで子どもたちと気持ちの部分も近付いたかなって。」

一般的に中学３年生は、夏の中総体を終えると部活動を引退し、高校受験に向けて本格的に活動し始める。C 中学校では、私立の進学校を受験する生徒も多いため、部活動を引退したらすぐに受験に気持ちを切り替えられるよう、早めに進路指導を進める必要がある。そこで鍵になるのが６月の進路学習なのだが、学年の教師間で進路意識が共有されていないため、なかなか歩調が合わない。主任である自分が 31 歳とまだ若く、しかも経験不足であることも大きな理由の一つなのだが、自分をはじめとする若手教師と、定年間近の教師との感覚が違うため、どこで折り合いをつけるかが難しい。折衷案を示すことこそ主任の役割なのだろうが、大きな組織を動かす経験は初めてのため、その塩梅がわからない。結果的にいろいろなことを一人で準備することになり、帰宅は日に日に遅くなっていった。そんな折、奥さんの妊娠がわかった。本来であれば、身重の奥さんをサポートしなければならない時期ではあるが、そんな余裕はなかった。

「去年この学校に来る前に経験した進路の感覚と、この学校の進路の感覚が全く違ったので。あとは定年退職されるような先生が 2、3 人いて、その先生生たちとも進路に対する感覚が違っていて。去年進路やりましたけど、本当にかじった程度で。進路主任って全体を見るのは、今年が初めてだったし、31 ぐらいの僕が言っても何も聞いてくれないし。クラスの歩調もバラバラで大変でした。」

中総体が終わり、いよいよ進路指導が本格化し始めた。学年で歩調を合わせようと思って進めてはいるが、世代による意識の差を埋めることはなかなかできていない。その中でも、自分と同世代の教師同士の連携は深まってきたため、むしろ若手で協働して学年を動かす方向に舵を切り始めた。今までも同職の教師たちと飲みに行ったり、フットサルをしたりすることはあった。ただ、C 中学校に異動し、公私を超えて付き合っていける仲間と出会ったことは、これからの人生でとても大きな財産になるだろう。

「ベテランの方から学ぶっていうよりかは、若い世代で一緒に価値観揃えたりとか話をしながらやっていって、そこで楽しかったなと思うことが多かったです。なので、学ぶっていうよりかは、お互いに協力し合うっていうか、お互いの武器を使って学年を動かそうなんてことを話し合えた。」

「同じ年の先生もたくさんいて、学年全体でもそういった先生たちが多かったので、夏休みに入ってからは毎晩飲み歩いたり。プライベートは今までの教員生活の中で、一番仲間ができたかなって。」

生徒とも教師とも関係ができてくると、学年全体の動きは整いつつある。ただ、私立高校を受験する生徒が多く、しかも県を跨いで受験するケースも少なくないため、どうしても個別対応にならざるをえない。ただ、いいのか悪いのかはわからないが、特に進学校の受験を目指している場合、塾の影響がとても大きく、学校としてどこまで関与するかが難しい。というよりも、塾にお任せになってしまい申し訳ないという思いと、学校としての指導が保護者や生徒に入っていかない歯がゆい思いが交錯する。

「進路に対する子どもたちの向きとか、勉強に対する向かわせ方っていうのは、学年で統一してできたかなとは思うんですけど。（中略）頭のいい子たちに関しては、聞こえが悪いかもしれませんが、塾任せじゃないですけど、そういった指導しかできなかったっていう反省はあります。塾に指導されてるんだろうなって部分で、あまり指導が入らない部分もあったので、歯がゆい思いをしたり。」

年が明け、高校入試がいよいよ迫ってきた。そんな１月に、第一子が誕生した。忙しい仕事の合間ではあったが、運よく出産に立ち会うことこともできた。生まれたばかりの子どもを抱くと、子どもとの時間を作るためにも、仕事の仕方を考えねばという思いが強くなった。巷では働き方改革という言葉が溢れ、管理職からも帰宅時間を早くするよう言われている。これを機に、仕事の進め方を見直さねばと思い始めた。

「仕事に対する取り組み方もちょっと変えていかなきゃなって思うようにはなってきました。調査書作る時から、自分でも変わってきたなって思うんですけど、全部自分で何でもかんでもやるとして遅くまで仕事してたのを、だいぶ人に振れるようになってきたので、自分の時間をしっかり作らなきゃなんて思うようになってきました。」

2月頃から拡大し始めた新型コロナウイルスの影響が、C中学校にも出てきた。入試を目前に控える中、どこで感染が拡がるかわからない状況で、生徒たちの不安も高まっている。幸い、入試に大きな影響は出ず、卒業生みな進路が確定したことは嬉しく思う。卒業生と保護者のみの簡易な形での卒業式になったことは残念だが、これだけコロナウイルスが拡がっている中で、最後に集まれたことに感謝し、C中学校で初めての卒業生を送り出した。

〈中学校教師5年目：C中学校〉

コロナ禍が収まる気配がない中、C中学校2年目を迎えた。担当するのは、1年1組の担任、そして学年副主任。小学校と中学校で教職に就いて10年目になるが、小学校5年生から中学校1年生の3学年を受け持ったことがないため、小学校から中学校への進学に際してよく聞く「中1ギャップ」にどう対応するのかが、自分の中では課題と考えている。昨年経験した進路指導主任は、新3年生の担任に引き継いだため、今年は校務分掌もそれほど大きな役割はない。1年生の担任と決まった時、「たぶん来年は学年主任をお願いすることになるだろう」とも伝えられた。一般的な流れからすると、このあと中学校3年生まで持ち上がることになる。コロナ禍で先が見通せない中ではあるが、じっくりと生徒と向き合っていきたいと考えている。

「小6と中1、そのあたりの子たちを見るのが初めてなので。そういった子たちにどんなふうに教えるのが一番、中1ギャップじゃないですけども、そういったところを埋めながら学校に来てくれるのかなって。うちの学校不登校が多いので。みんなが学校に楽しくこれるようにするには、どんな指導をしないといけないのかって。」

入学式に向けての準備がほぼ整った頃、3月から続いてきた休校措置が延長されると教育委員会から連絡があった。2年生と3年生に対しては、始業式のみを実施してそこで教科書を渡し、あとは課題で対応することになった。ただ、新1年生に対してはそうはいかない。他市では、かなり前から見通しをもって進めている教育委員会もあり、3月のうちにネット環境を調べたり、オンラインで学習支援したりできるように環境を整備した学校もあると聞く。どうもいろいろと後手に回っている状況に、担当としてはヤキモキする気持ちもある。

「全部あると思って4月は予定を立ててたんですけど、入学式なんて、やらないってのは、2日ぐらい前ですかね。いろいろ準備してさあやるぞっていう時に。教育委員会が後手後手で。うまく機能してなかったのが僕たちにもわかるぐらい機能してなくて。行事とか分散登校とか、休みの連絡が1日、2日前みたいな感じで。」

結果的に、ゴールデンウィーク前に1年生の保護者に教科書を取りに来てもらい、しばらくの間は自宅で学習を進めてもらうことになった。ようやく各家庭のネット環境がわかり、環境のない家庭へのタブレットやWi-Fiの貸し出しも始まった。市が契約しているネット配信型の教材を課題として出し、少しでも生徒の学びを止めないように努めているものの、自分の専門である体育については、そのような教材は充実していない。体育祭で演じることになっていたソーラン節の映像をインターネット上で視聴して、振り付けを覚えてくるよう課題を出したが、体育祭が中止になることが決まってしまった。

生徒が登校してこなくても、教師は交代で学校に出るようにしているが、授業ができない中でやれることは限られている。しかも、土日の部活動は全くできない。コロナ禍で大変なのは言うまでもないが、とてもゆったりと過ごすことができるのは、子どもが生まれたばかりの自分にとってはありがたい。

「（子どもが）起きてる時間に間に合うように帰るのがいつも大変なん

ですけど。いつも8時前とかになっちゃうので。お風呂入れられるかどうかって感じで。でも、コロナのおかげで部活がずっとなかったので、そこで楽しく過ごせたかなって思います。」

6月に入り、コロナが少し落ち着いたこともあり、分散登校が始まった。とはいうものの、感染拡大が続く中、生徒同士の関わりは極力避けなければならず、授業も学級活動もどうも味気ない。「主体的で対話的で深い学び」をスローガンとする新学習指導要領が、来年度から本格実施されるというのに、生徒同士で自由に話すことすら制限され、やるせない気持ちになった。体育の授業では、マスクを着けたまま前を向き、ひたすら縄跳びを飛んだりしていると、初めて授業がつまらないと感じた。

「学校生活とか授業が楽しくないこの雰囲気。教師もやんなくちゃいけないっていうのもあって、初めて授業がつまらないっていうか。淡白と言いますか。工夫しようにも個人でやることしかできないし、コミュニケーション取ることもちょっと厳しくてダメだって上からあったので。」

年度初めの休校分を取り戻すため、夏休みが短縮された。授業時数を確保することが重要なのは、未履修問題を経験した自分にとって理解はできる。それでも、つまらない授業を増やしたところで、本当に学びになっているのだろうかという疑問も感じる。そんなやりきれない気持ちに少し明るい光が飛び込んできた。コロナの感染状況が少し落ち着いたこともあり、お盆明けに部活動ができることになったのだ。久しぶりに生徒たちと一緒にサッカーができることを喜んだのも束の間、マスクを着けたまま急に運動したためか、部活動の練習中に自分自身が熱中症になり、救急車で運ばれてしまった。

「お盆明けの練習に参加したら、そのまま熱中症で倒れちゃって。意識とびそうになって、けいれんで。頭痛もすごくて救急車で運ばれて。死ぬってこういう時なんだと思いながら。あまり水分取ってなかったり、朝ごはんもそんなに食べないで行ったら。ちょっと恥ずかしいんですけど。」

夏休みが明けても新型コロナの感染状況は一進一退を繰り返しているため、学校行事は軒並み中止になった。部活動も制限が続く。授業は進めなければならないため、毎日6時間あるが、相変わらず対話の機会は設けにくい。そんな日々が続くと、学校って何なんだろうという思いも生まれてくる。教職生活もまもなく10年を迎える。このコロナかをきっかけとして、教職を志した最初の思いに立ち返り、子どもたちが学校生活を楽しんでもらいたいと強く思うようになった。

「10年目にもなってきたので、何となくやり方はわかってきましたけど、このコロナを経て、授業もそうですし、少しさぼってた部分をもう一度やり直した部分とか、考え直した部分があったりとか。（中略）なんか笑かそうと思った。楽しく学校にいてもらおうと学級経営も含めて思ったし。」

教職10年目も終わりが近づき、少しずつミドルとしての立ち位置に面白みややりがいを感じるようになってきた。学年副主任という立場ではあるものの、来年度主任になることを見越して、学年経営や生徒指導に力を入れてきた。コロナ禍で難しい点ももちろんあったが、コロナ禍だからこそ、臨機応変な対応やいろいろな考えを吸い上げることが重要と考え、何もかもを自分でやってしまう性分を変えようと努力してきた。このような経験を通したせいか、最近になって管理職になることも考えるようになってきている。まだ先のことではあるものの、少しずつ将来のことを考えようと、前を向いた。

「（管理職になることを）最近現実的に考えるようになってきて。（中略）学年コントロールする側になって、楽しかったというか、大変でしたけど、いろんな人の意見聞いたりとか、これまでは自分でやっちゃうタイプだったので。僕だけでは8クラス300人以上は回せなかったので、同じ年の仲間も含めて、いろんな人からいろんな意見とか方向を聞けた1年だったんで、そういった意味では楽しかった。」

第７章　教壇に立つことの不安と向き合って
藤井若菜のライフヒストリー

第１節　教職への思いと10年間の概要

大学４年間にわたって教育や学校、そして教師のあり方を問い続けた藤井若菜（仮名）は、さらに深く学びたいと考え大学院へ進学した。大学院在学中にようやく教職に就く覚悟を決め、高倍率だった東北地方の自治体の教員採用試験を受験し、合格した。郡部の小学校へ赴任したものの、授業や同僚との関係がうまくいかず苦しい日々を過ごした。大学院で付き合い始めた彼との将来を見据え、教員採用２年目に改めて教員採用試験を受け直し、翌年から中部地方の小学校に勤務した。同僚との関わりで悩んだＡ小学校とはうって変わり、若手教師が多く一体感のあるＢ小学校に居心地の良さを感じている。

これまでに２つの小学校に勤務してきた（表7-1）。10年間の軌跡と概要を表7-2に示す。年１回のインタビューで語ってもらった発話データをもとに、ライフヒストリーをまとめていく。

表7-1　大学卒業後10年間の履歴

年度	勤務校	担当	備考
2011年度			大学院在学
2012年度			大学院在学、採用試験合格
2013年度	Ａ小学校	３年生担任	
2014年度		３年生担任	採用試験合格
2015年度	Ｂ小学校	３年生担任	中部地区へ異動
2016年度		５年生担任	
2017年度		６年生担任	
2018年度		４年生担任	入籍
2019年度		１年生担任	
2020年度		特別支援級担任	

第2節　教師としての学びの軌跡

〈大学院1年目〉

東日本大震災によって社会全体が混乱している中、たくさんの同期を送り出し4月を迎えた。同じ研究室で仲良くしている後輩は多いため、それほど生活に変わりはない。教育哲学のゼミで、さらに教育について考える大学院の2年間が始まった。

大学4年生の時にボランティアとして通った小学校に、今年もお世話になることが決まっている。東日本大震災の影響は残るものの、校長先生から「勉強になるから、新年度早々から来たらいいよ」と声をかけてもらった。4月1日から小学校へ行き、始業式前の学校の様子を参観することにした。最初の職員会議で、新しく異動してきた教師と一緒に自己紹介をさせてもらい、ボランティアではあるものの、これから一年間たくさんのことを学ばせてもらおうと気を引き締めた。子どもが学校にいる時の教師の様子は、自分が子どもの頃によく見てきた。教育実習では、教師見習いもさせてもらった。けれども、子どもがいない時の学校や教師の様子は初めて見た。

> 「4月1日から小学校に行かせてもらって、学校が始まる前を見させてもらって、職員会議とかも一緒に出させてもらって。入学式、私も出て、こんな感じでやるんだって思った。（中略）知っててよかったと思って。始まる前ってこのぐらい準備、先生してて、結構丁寧にやるんだと。」

子どもと関わる毎日は、じっくり立ち止まって頭で考える大学院と違い、動きながら考える良い機会になっている。教育実習でもたくさんのことを学んだものの、それはクラスができあがった後だったため、どのようにクラスができあがるのかを見てみたいと思っていた。始業式後に教室に入った時の最初の一言や、学年集会の最初の挨拶など、教師の一言一言が新鮮に感じた。

> 「学年開きとか、学校開きっていうか、始業式とか。初めて子どもた

表7-2　藤井若菜の

年	2011年度　大学院生											
月	4	5	6	7	8	9	10	11	12	1	2	3
出来事・思い	教育実習校でボランティア開始。											
5												
4												
3												
2												
1												

年	2012年度　大学院生											
月	4	5	6	7	8	9	10	11	12	1	2	3
出来事・思い				教員採用一次試験。		教員採用二次試験。	教員採用試験合格。			修士論文提出。		
5												
4												
3												
2												
1												

年	2013年度　A小学校					
月	4	5	6	7	8	9
出来事・思い	入学式。始業式。	運動会。	研究授業。	私が通知表をつけていいのだろうか。		学習発表会。胃が痛い。
5						
4						
3					■	
2				■		
1	■	■	■			■

年	2016年度　B小学校　5年生担任											
月	4	5	6	7	8	9	10	11	12	1	2	3
出来事・思い	誉め言葉のシャワーをしよう。	運動会。	山の学習。		骨折箇所のワイヤーを抜く手術。					研究授業。		来年はもっと〇〇したい！
5												
4	■	■	■		■	■	■	■	■	■	■	■
3				■								
2												
1												

年	2017年度　B小学校　6年生担任											
月	4	5	6	7	8	9	10	11	12	1	2	3
出来事・思い	学校で一番動くのは自分のクラス	運動会。両家の顔合わせ。	不登校どうしよう。引越し。	入籍。		学芸会準備。	学芸会。クラスを一つにできている。	修学旅行。	職員室のごたごた開始・悪化。家を購入。			卒業式。
5												
4				■	■	■	■	■	■	■	■	■
3	■											
2			■									
1		■										

年	2018年度　B小学校					
月	4	5	6	7	8	9
出来事・思い		運動会。新婚旅行。後輩が指導。指示の出し方。				学芸会。
5						
4	■	■	■		■	
3				■		■
2						
1						

ライフヒストリー

3年生担任					
10	11	12	1	2	3
		保護者関係。	研究授業。		終わりが見えてきた。
					■
■	■			■	
		■	■		

2014年度　A小学校　3年生担任											
4	5	6	7	8	9	10	11	12	1	2	3
	運動会。教員採用試験の再受験を決める。	研究授業。	教員採用一次試験。気持ちは半分半分。	教員採用二次試験。		教員採用試験の合格発表。	学習発表会。求められていることは何かわからない。			お互いの実家へ挨拶。	異動。
				■	■	■	■	■	■		
■	■									■	
			■								■
		■									

2015年度　B小学校　3年生担任											
4	5	6	7	8	9	10	11	12	1	2	3
赴任。保護者の方が温かい。	運動会。	授業研究。たくさん準備しよう。	通知表。文章表現に不安。		骨折。迷惑をたくさんかけた。			自分にできることが把握できた。	冬休み短い。	通知表。	いろいろあったけど一応終わった。
				■							■
	■	■	■						■	■	
					■			■			
■							■				
						■					

4年生担任					
10	11	12	1	2	3
よりよい授業、みんながまねできる授業。		マラソン大会。			
			■	■	■
■		■			
	■				

2019年度　B小学校　1年生担任											
4	5	6	7	8	9	10	11	12	1	2	3
まさかの1年生。文字が書けない。不安不安。	運動会。本番は胃が痛い。	音楽鑑賞会。熱中症対策に追われる。	水泳大会。胃が痛い。	保育園児観察。	学芸会準備。	学芸会。毎日胃が痛い。	生活科の学びとか気付きってなんだ。	マラソン大会。	学校開放日。1年生の保護者がたくさん来る。		一斉休校。
				■	■		■	■	■	■	■
		■									
■	■		■			■					

2020年度　B小学校　6年生特学担任											
4	5	6	7	8	9	10	11	12	1	2	3
突然の特別支援学級。児童一人。何をやってよいのか。	あってはならない感染。	一人一台のiPad支給。まずは実態把握。	プール授業無し。やりたいことが出てきた。		生活単元学習でお買い物ごっこ始める。	ペットの病気・手術。	修学旅行。新しい教材や教具をつくりたい。				異動が決定。あまり未来のことを考えすぎない。
							■	■	■	■	■
		■	■	■	■						
						■					
■	■										

ちと対面する時に先生ってどんなこと話すんだろうって見せてもらって、先生によって違うけど、でもそれぞれなんだと思いながら。」

大学院の授業も始まった。これから２年間研究を深めていくための基礎となる文献を調べ、指導教員から勧められた英語文献と格闘する毎日は、大変だけどもやりがいがある。大学院では、なぜ人は教育をするのかを考えた卒業論文から一歩進んで、何に向かって教育をするのか、つまり教育の目的や目標について考えることにしている。ただ、教育基本法を読み返したり、難解な哲学書を読み解いたりしているものの、そう簡単に研究の方向が決まるわけはなかった。

大学院は学部と違い人数が少ない分、各研究室に孤立してしまう傾向がある。せっかくなので大学院生同士で懇親を深めようということになり、飲み会が開かれた。これまであまり関わる機会のなかった教科教育や教科専門の大学院生とも関わることができ、同じく教育に関心を持っていながらも、考えていることや研究の方向がずいぶん違うものだと再認識した。特に、他大学から大学院へ進学し、３年間で教員免許を取得しつつ大学院を修了するプログラムに参加している大学院生の話を聞くと、教職への強い思いを感じた。中には、一度就職していたにも関わらず、教職に就きたいという思いを捨てきれず、仕事を辞めて大学院へ進学した大学院生もおり、モラトリアムな考えで大学院へ進学した自分を反省した。

研究とボランティアと並行して、来年受験する教員採用試験の勉強も進めている。ただ、教職教養も小学校全科もやらなければならないことは頭では理解しているが、なかなか進まない。特に小学校全科は、苦手な理科を一から学び直さなければならず、手こずっている。それでも、学校ボランティアに行くと、正しい理解がいかに重要か痛感する。

「本当に幅広くちゃんと知ってなきゃいけないって。一番自分これなったら困るなっていうのが、理科の準備。子どもたちに塩酸使わせる時の手続きだったり、後片付けだったり。ちゃんと知ってないと危ない。（中略）昨日もオーブンレンジでクッキー焼いてて、アルミホイルがなかったからラップでチンした子がいて。焦げて異臭を放って。でも、なんでダメなの？　みたいにキョトンとしてて。なんて説明したらいいかって、自分で出て来なかったのがすごい悔しくて。」

そのためにも、教員採用試験の勉強を頑張らなければと思うものの、どうしても気乗りがしない。そんな時は、付き合い始めた彼が頑張っている様子を見て、自分を奮い立たせるようにしている。就職していた会社を辞めて大学院へ入学してきた彼は、教職への思いだけではなく、現役で教員採用試験に合格しようとする熱意にあふれている。自分の苦手な数学や理科を教えてくれるのもありがたい。ただ、教育に対する考え方は自分と大きく異なるため、あまり話さないようにしている。

「たぶん教育のこと語れば喧嘩になるから。あっちはあっちで持ってるし。どっちかっていうと、私は教科をどうするかとかっていうよりも、もっと範囲の大きい教育とか、学校の外のこととか教育を見てきたから、（中略）でも、あっちは本当に教えたいっていう、数学の面白さを教えたいっていうから。わかり得ないなとは思って。そこは割り切って、考えない。」

大学院１年目も終わりに近付き、本格的に教員採用試験の勉強に専念しようと考え始めている。一年間ボランティアとして学校に通い、大学院で教育について考えてきたことで、ガチガチに固まっていた教師像は少しずつ柔らかくはなってきた。教員採用試験に落ちて講師でもいいとは思っているが、最初からあきらめてしまうと何もしなくなってしまう。彼の背中を見ながら、自分も現役で合格できるように頑張ろうと気持ちを鼓舞した。

「だいぶ柔軟になった。こうじゃないといけないと思ったら、こうじゃないといけないって思っちゃうところあるから。自分が勝手に思ってた先生って、こうじゃなきゃいけないと思ったから。そうじゃない自分とのすり合わせっていうのがなかなかできなかったけど、もっと人間っていうものを大きく考えるようになったのかな。いろんな人いるよねって。」

〈大学院２年目〉

７月の教員採用試験が近づいて来た。受験するのは、東北地方の自治体のみ。生まれ育った関西を受けることもできたが、東北一本で勝負しようと考えた。一次試験は、ピアノや水泳の実技もある。ピアノを弾くのは苦ではないため、試験勉強の合間の息抜きで練習しているが、苦手な水泳は大学の授業で習ってから一度も泳ぐ機会がなかった。卒業生からの情報だと、試験の場で泳法が指定され、昨年は平泳ぎだったと聞いた。水泳のできる彼に教えてもらいながら練習して、何とか25m泳ぐことができるようになった。

試験の勉強に専念しているため、研究は一切進められていない。指導教員からも、ひとまず教員採用試験に絞って頑張るよう応援してもらっているのはありがたい。たとえ試験に落ちたとしても、講師として勤務できるという思いも少なからずあったが、実家を離れて６年間も勉強させてくれた親のことを考えると、申し訳なさも出てくる。結果はわからないが、できるだけのことはしようと気持ちを新たにした。

「講師でいいや、ぐらいだったけど、やっぱり進路とか選択していくにつれて、親の期待とかというのもわかってきたし、教育なのに６年間も大学、大学院に行かせてもらったっていうのもあるし。それで講師で不安定な収入だと心配するかなあっていうのもあって。ガンって上がる時と、全然無理って時と、試験受けてる時も勉強してる時も不安になってました。」

教員採用試験の一次試験が終わった。一次試験は合格したいと考えてはきたが、自信は全くない。長い間の試験勉強に一区切りつき、しばらく放心状態が続いた。そんなある日、インターネットで合格発表を確認すると、奇跡的に一次試験に合格していた。修士論文の研究に舵を切ろうとしていた頭をもう一度教員採用試験に戻し、二次試験対策に臨むことになった。

二次試験には模擬授業もある。教科は社会科、ふるさと教育と関連付けて指導案を作ることが課題として出された。昨年ボランティアとしてお世話になった小学校に連絡し、ありがたいことに何人もの先生方に相談に乗ってもらい、何とか指導案を完成させることができた。教頭、教務主任、生徒指導主任など、たくさんの先生方を前にして模擬授業の模擬授業を何度も行い、二次試験を迎えた。長い夏がようやく終わった。

7月に終わると思っていた試験が9月までかかり、ようやく修士論文に腰を据えて取り組める。とは思うものの、頭を切り替えるのはそう簡単ではなかった。関連する英語の論文を読むよう指導教員から勧められているが、教員採用試験の合否がわからないこともあり、どうも気乗りがしない。

「修論は、教採が一次試験で花散る予定だったので、そんなに長く9月まであると思ってなかったから。しかも、結果発表が10月だったから、全然軌道に乗らなくて。（中略）英語の論文読めって言われてたのに、全然進まなかった。」

10月に入り、教員採用試験の合格発表があった。結果を見て驚愕した。まさかの合格。ボランティア先の学校の先生方や指導教員、彼、一緒に試験に臨んだ友人たち、そして親の協力がなければ、絶対に乗り越えることはできなかった。半年後に教壇に立つことは、全くイメージできないが、ひとまず今年度中に修士論文を完成させなければならない。なかなか起動しなかったエンジンをかけなおして修士論文に取り組んだ。その後は順調に研究が進み、指導教員からすると、足りないところだらけだとは思うが、一応形にまとめることができた。

「概ね満足だと思う。逆に、修論出し終えた直後は自分なりに答えを持ってしまったことが逆に怖かった。全てを完全に言い切っているわけではないけど、自分の中でこうだろうと思うものができちゃったことが。論理を整理していくと、そうとしか言えないってなって。でも、本当にこれで合ってるのかなあって。」

大学と大学院の6年間を秋田で過ごし、この春からは東北地方の自治体で教壇に立つことが決まった。3月下旬に教育委員会から連絡があり、郡部にある小規模校に勤務することになった。ただ、教壇に立ちたいという思いと、立っていいのかという不安が行ったり来たりして、何となく気持ちが落ち着かない。引越しの準備をし始めてはいるものの、教壇に立つという心の準備が全くできておらず、夢の中にいるようなよくわからない感覚になっている。去年から付き合っている彼は、もう1年大学院に残るため離れ離れの生活になる。将来のことを話すこともあるが、具体的なことは一切話していない。どちらにしろ、彼がどこかの自治体の教員採用試験に合格してから考えるしかない。不安だらけの気持ちのまま、小学校教師1年目を迎える。

「私が教員になったらどうなるんやろうっていうのが。適応しないとやっていけない部分があるから。そこをうまくしていかないと。めっちゃ怖いですよ。今。怖い怖い。今も消えない。むしろ強い。やらなきゃいけない仕事だけど、自分でいいのかって。」

〈小学校教師1年目：A小学校〉

不安を抱きながら、3月末に新天地へ引っ越した。学校の周りに賃貸で借りることのできるアパートがなかったため、学校から車で30分ほど離れた市街地に住むことになった。自宅から学校までは、公共交通機関も整備されていない。3月に購入したばかりの車を運転し、A小学校へ通勤する教師生活が始まった。

担当するのは、3年生16人。全学年が1クラスずつの小規模校のため、3年生の担任であるとともに、学年主任となる。初任者には1年生と高学年は持たせられない。残りの2、3、4年のうち、一番人数の少ないクラスということで、3年生になったらしい。大学院の1年目に訪問した学校ボランティアで、始業式前の学校の様子は見ていたものの、いざ自分がその立場に立ってみると、何から手を付けたらよいのか真っ白になってしまった。

「不安で不安で仕方がなかった。何したらいいのかなって、まず自己紹介とか、やっちゃいけないこと、とりあえず自分が守りたいこととか、守らせたいことっていうのは、決めてたけど。何してたかな。」

始業式の日、担任紹介で名前が呼ばれた。突然現れた若い女性教師に子どもたちはキョトンとしている。まずは関わっていくしかない。3年生というと、ギャングエイジと言われるように、仲間意識で結束して遊び始める子どもたちを想定していた。目の前の子どもたちを見ると、たしかに結束することもあるけれど、それよりもずいぶん幼い印象を受けた。授業中に立ち歩いてしまう子どももいる。昨年、講師の先生が受け持っていた際にも、いろいろな問題が起き、保護者からのクレームもあったと聞く。よりによって、どうしてそのクラスに自分をあてたのか、学校の方針に疑問も感じた。

始業式翌日からは、通常通り授業が始まった。教育実習等で授業の経験はあるものの、その時は一時間の授業をかなり綿密に準備することができた。できる限りわかりやすい授業をしたいとは思うものの、5時間、6時間の授業をどう準備してよいか、路頭に迷う毎日だった。特に、町探検や地図作りを行う社会科の授業は、その地域を知らないだけに、どうしてよいか見当がつかない。数年前に3校が統合してA小学校が誕生した経緯もあり、校区がとにかく広大で、しかも目印になるような店などが少ない。3年生の担任経験のある教務主任に相談しながら準備はしたが、これでいいのか不安は募った。

「地図作りしなきゃいけなくて、いやー、困った。知らないし、目印になるようなものないし。だからまず理科も社会もあるから、4月の時は本当に聞きまくって、どうしたらいいですかって。ちょうど教務主任の先生が、3年生持ったことあるから、どこ行ったよとか、ああしたよって言われて。一緒に外に行く時なんかは手伝ってもらいながら、地図描いたり。」

いろいろな先生方に助けてもらいながら、何とか日々の授業をやり過ごしている。これが複数学級ある規模の大きな学校であれば、同学年を担当する学年主任などに相談できるのかもしれない。相談する相手も多くいるのかもしれない。けれども、１学年１クラスで、ベテラン教師の多いＡ小学校では、そうはいかない。やらなければならない仕事を放課後に片付け、翌日の授業の準備に取り掛かる頃には、多くの先生方が帰宅してしまい、なかなか気軽に相談できなかった。4月中旬にPTA、5月に運動会、6月に研究授業と、毎月のように胃の痛くなるような行事が続き、休めば楽になるという思いも生まれる。ただ、他の人に迷惑をかけるわけにもいかず、泣きながら通い続けた。

「他の先生方が、子どもさんいらっしゃる方が大半なので、もう6時半っていえばいない。7時になって残ってるのは、私と教頭と４年生の先生と２年生の先生くらいで。あとみんな6時とか、6時半には帰る。ベテランの先生だし、単級しかないから、もうやることスパッとわかってるから。」

「毎週泣いてました。毎週っていうか、毎日泣いて、車の中で、彼に電話して、『今日、こうでさ、こうでさ』って泣いて帰ってきた。行かないと自分が抜けて、誰かに入ってもらって、またそれも迷惑になるしって。とりあえず行きたくないけど行って。運動会もあったし。」

唯一救いなのは、月に一度くらいある初任者研修で、近隣の初任者と関わり、お互いに愚痴を言い合った時くらいだろうか。それでも、拠点校の指導教員である退職校長の話は、どうも受け入れられない。長年にわたって教職経験があるのは理解できる。ただ、そこで話されることが本当によい方法なのか、いまいち信頼できず、自分の中に入って来なかった。

「最初は本当に受け入れられなくて。ずっと大学まで本とか見て、こういう人がこういうこと言ってて、自分はこう思ってってことを学んできたから、確かにすごい経験があるけど、そういうので資料作って来られても、自分には馴染めなくて。（中略）初任研の授業も苦笑いずっとしてる感じだったかなあ。」

夏休みはできるだけリフレッシュして元気を取り戻したものの、２学期が始まるとまた胃の痛くなる毎日が続いた。授業は教師用指導書を見ながら進めているが、地域に合わせて対応が必要な社会科は、どのように教材研究を進めてよいかわからなかった。藁にもすがる思いで、社会科を専門とする４年生の担任に相談したところ、思いもよらない言葉をかけられた。これまでもいろいろな人の言葉一つ一つに違和感を抱き、受け入れられないことが多かったが、この一言で頼ることはやめようと心に決めた。

「４年生の先生に、社会とか本当にわからなかったので『どうしたらいいかわからないんですけど』って、とにかく前に進みたくて、『どうしたらいいかわからないんですけどって聞いたら、『俺のあるけど、俺と同じようにできないもんね』って言われて、何も提供していただけなくて、そこからあまり聞かないでおこうって思ってしまって。」

一年間の終わりが見えてきた。ただ、全体的に馴染めなかったという印象が強い。特に、運動会や学習発表会、卒業式などの学校行事では、子どもを指導しつつ、どこか他の教師たちを見て引いている自分がいた。大学と大学院を通して、教育とは何か、何を目指して教育を行うのかを考えてきた身としては、応援合戦や卒業式の呼びかけなどを、なぜ迷いなく指導できるのかが全く理解できなかった。

「引っかかって、つんつんウニみたいになってた気がする。だから、運動会の時も受け入れられなくて、子どもにさせてる。子どもが求めているものではないかもしれないとか。応援合戦とか。誰が決めたんだよって思うことを一生懸命させる、迷いなく。（中略）周りの先生たちを見て引いてる自分もいたし。」

終業式を終え、長く感じた一年間が終わった。教師として初めて受け持った子どもたちとの毎日は、楽しいこともあったが、それ以上に大変だったという思いが強い。次年度の担任の希望調査があった。普通は持ち上がるという雰囲気があったため、最初は4年生と書いて提出した。ただ、この子たちはもっと力のある先生に受け持ってもらった方がいいのではないかという思いや、もう一度3年生をもって、教師としての力を高めたいという思いから、教頭に頼んで3年生に変更した。充実した2年目にしたいと前を向いた。

「この一年間がこの子たちといて、楽しかったなあっていうよりは、基準ギリギリ、何かそれに近いものがあって、終わってホッとするっていうのが本音で。それ以上に何かが高められたとか、自分の中でやりがいとか、そういうのは苦しかったなって。」

〈小学校教師2年目：A小学校〉

年度末にお願いした担当希望を承認してもらい、今年度も3年生の担任になった。2年目の教師として、成長できる1年にしたいと気合いを入れた。

始業式で担任が紹介され、20人の子どもたちと顔を合わせた。小規模校のため、学年は違うものの多くの子どもと関わったことがある。比較的受け入れてくれる雰囲気でホッとした。昨年度受け持ったクラスには、立ち歩きの子どもや自己中心的な言動の子どもがいたため、その対応に追われる毎日だった。ただ、今年度受け持つ子どもたちは、1、2年でしっかりと指導されたせいか、最初から落ち着きがある。年度最初のPTAでも保護者から暖かい言葉をかけてもらい、暖かい気持ちで新年度をスタートさせることができた。

2年連続で3年生を連続して受け持つことになったため、授業の準備はとてもやりやすい。昨年度は教師用指導書を手にしながら手探りで授業をしていたものの、子どもたちからどのような意見が出るのか、このやり方で良いのか悩みながら進めていた。そういった子どものつまずきや時間配分の失敗などが経験値としてあるため、今年度はとてもスムーズに進めている。

「ここで彼らはつまずくんだとか、こういうことをしていると、後で時間が足りなくなるんだとかっていうのが、わかってきたので。だから理科の準備とか社会とか、地域探検とか、今年は比較的早い段階でそういうことができたし。」

初任期をかろうじて乗り越え、同僚との関係は少しずつ改善してきている。昨年度は、学校のやり方や先生方の考え方を受け入れられず、一歩引いて見ていた。ただ、今年になってから、固く閉じていた自分の殻が少しずつ柔らかくなり、周りの教師からも声をかけられるようになった。ある時、去年自分が受け持っていた現4年生の担任から、「あのクラスよく持ったな」と声をかけてもらい、ベテランの教師が大変と思うようなクラスだったのかと驚くとともに、よく乗り越えたものだと自分を認めたい気持ちも出てきた。
5月の運動会を控えたある日、同僚との飲み会で、付き合っている人がいることを打ち明けた。今年から、中部地方で教師をしていること、将来のことなどを話すと、教員採用試験を受け直して彼のところに行くことを勧められた。将来的に結婚できればと内心思ってはいたものの、採用されてすぐに辞めてしまうことに後ろめたい気持ちもあり、先のことは考えないようにしていた。それでも、同僚から「行けばいいじゃん」と言われると、気持ちが揺れる。校長に相談すると、将来を考えているのであればと認めてくれた。7月の教員採用試験を受けるには、5月中に願書を出さなければならない。母親にも相談して、ひとまず受験することになった。

「もう1年ここにいて、自分が成長できるかなとも思ったし、なんか後悔したくなかったっていうか。本当に決めたのは運動会の前くらいに飲み会があって、その時に付き合ってる人がいますみたいな話になって。いつ結婚するの？　みたいな。2人の間では来年とかって話したら、じゃあもう行けばいいじゃんみたいな話になって。いいんですか？　みたいな。」

大した試験勉強もできないまま、教員採用試験を受験した。ただ、彼との将来のことを見据え、ぜひとも合格したいという気持ちもあるが、心のどこかに、まだ結婚するかどうか決まらない中で押しかけていって大丈夫だろうかという不安もあり、複雑な心中での受験になった。

教員採用試験の一次試験と二次試験が終わり、2学期に入ると、クラスはさらに充実していった。子どもとの関わりが安定すると、さらによりよいものにしていきたいといろいろ工夫をしたくなってくる。総合的な学習の時間の一環で、名産の野菜を育てた際、地域の方々とのつながりを生かしてポスターを作ったり、学習発表会と連動させてカリキュラムを組んだりと、新しいことに挑戦するようになった。土日も準備に追われ、体力的にはきついこともあったが、同僚から子どもたちの成長を認められると、やってよかったなと思う。この子どもたちと関わることができたことで、自分も成長させてもらった。初めて、教師としてのやりがいと楽しさを感じた。

「子どものせいにしちゃダメだけど、子どもの素直さっていうか、育ちみたいなものに、自分も影響されたのかな。すごく大きい。」

10月になり、中部地方の自治体の教員採用試験に合格したことがわかった。A小学校で苦しかった時期もあったが、2年目に入り成長させてもらっているという実感も強く持つようになっている。そのA小学校を2年で離れてしまうことに心残りもある。彼とは結婚の話もするが、今すぐにという気持ちはないようで、しばらくは今のままの関係が続くことになる。自分の父親からもまだ認められていないため、どちらにしろ今すぐに結婚というわけにもいかない。2月にお互いの実家へ挨拶に行き、第一段階の顔合わせは終えた。あとは、彼と父の気持ちの成り行きを見守るしかない。

年度末になり、引越しの準備と通知表で慌ただしい日々が続いている。A小学校に勤務した2年間、最初は疑問に思うことだらけでどうなることかと思ったが、色々な方の支えもあり、少しずつ教師としての基礎はできつつある。今年度受け持った子どもたちから教えられたことも多く、離れがたい気持ちも大きい。ただ、子どもたちには、自分と過ごした一年間に縛られてほしくないという思いもある。A小学校での出会いを心に留め、新しい地域へ旅立つ。

「メッセージカードに何々ちゃんはこうだったねって書くと、それをずっと大切に持ってもらわれるの、私は嫌だから。それに縛られてしまっても困ると思って。先生の効果が一生残るのも嫌だし、私は忘れてもらっても全然かまわない。1年平和に過ごせればそれでいいかなって。」

〈小学校教師3年目：B小学校〉

東北地方から中部地方へ引っ越し、B小学校に赴任した。B小学校は全学年2クラス、全てのクラスが単級のA小学校と比べると、規模は大きくなる。担当するのは、驚くことに3年連続で3年生だった。異なる地域から異動していくことへの配慮から、昨年度と同じ学年に配属してくれた。子どもは少し多くなり27人になるが、教える内容が変わらないのは、とてもありがたい。その上嬉しいのが、職員室がとても明るく、活気があること。管理職もノリが良く、校長先生自身がボケとツッコミで周りを和ませてくれている。関西出身の自分からすると、とても居心地が良い。しかも、若い教師が多く、とても話しやすい。

「知らない土地だったので、不安はありましたけど。でもA小学校にいた頃は、職員室の先生たちの年齢構成が高かったから。こっちに来て、私と一緒に初任で来た先生が29歳の女性の先生、私より一つ下だけど4年目、学部卒で4年目の先生とか、30代とかの先生がいっぱいいたから。」

始業式で担任が発表され、子どもたちと顔を合わせた。引き継ぎでは、家庭的に困難な子どもや発達障害の診断がついている子ども、外国籍の子どもなど、かなり多様な子どもが在籍していると聞いていたが、会ってみると気持ちの優しい子どもたちばかりで安心した。

一緒に学年を組む経験豊富な女性教師もとても気さくで、学校を異動してすぐの自分にやさしく言葉をかけてくれる。A小学校では、1学年1クラスだったこともあり、全て自分一人で考えなければならずとても苦労した。それに比べると、見通しをもってリードしてくれる学年主任がいるというのは、とても安心できた。

「本当に主任の先生が隣にいてくださって、結構ベテランの先生だったんですよ。もう逐一教えてもらって。これはああだよ、これ渡すんだよって。どっちかっていうと、こっちの方が適応しやすかった。」

その上、若い教師がたくさんいるため、掲示物の貼り方や係分担の方法など、ベテラン教師からすると些細な悩みを相談し合うことができている。いろいろなやり方を見聞きできるので、教師としての学びになっている。しかも、時にはそれぞれのクラスの愚痴を聞きあったりで、気晴らしにバドミントンやバレーボールで体を動かしたり、食事に行ったりできているので、小さなことをあまり考えこまずにすんでいる。

「良かった。いっぱい勉強できた。A 小学校は、10 年とか経験している先生ばかりで、（中略）授業はみんな違うけど、掲示物であったり係の分担であったり、そういう面はできて当たり前でスルーしていくから。私はそこでもいちいち悩んだり考えたりするけど。こっちきて、どうしてる？こうしてる？　ってみんなそれぞれ違っていて、こうじゃなきゃいけないっていうのがなくて、これでもいいんだみたいな感じは勉強できたので。」

子どもとのやり取りも、地域の文化の違いなのかもしれないが、うまくコミュニケーションをとることができている。保護者面談の際に、『学校に楽しく行ってますよ』と言ってもらい、自分のやり方で間違っていないんだと少しずつ自信もついてきた。

「こっちにきて、子どもたちも可愛かったし、ツッコミどころ満載で、彼らもそういうノリを知ってるから、突っ込んだら笑ってくれるんですよ。シーンじゃなくて。『はい、今の面白くないでーす。』で、どっかんと笑ってたりとか。保護者面談で一人ひとり親と話すんですけど、その時も緊張したけど、『学校は楽しく行ってます』って言ってもらえたからよかったなと思って。」

2学期に入って少しした頃、10月の陸上大会に向けて陸上部の練習に参加した。高校まで陸上部に所属していた時のことを思い出して、子どもと一緒にトレーニングをしていたところ、ジャンプした後の着地で足をひねってしまった。医者から告げられたのは、骨折。行事の多い2学期に、教師が動けなくなってしまうことの申し訳なさと、自分への残念な気持ちが込み上げてきた。ただ面白いもので、教師が不自由になると、子どもが教師を気遣って団結したり、いつも以上に優しくフォローしたりしてくれて、これまでよりも関係が近くなった気もする。

「教室の前で、先生椅子持って来たよってお迎え来てくれて。朝は荷物持てないから、各クラスのインターホンあるから(中略)3年2組の誰々です。先生の荷物をもらいに来ましたって。すっごく近くなりました。」

3学期になり、B小学校での1年も終わりが見えてきた。教職生活3年間を振り返り、ようやく教師としてやっていける自信が出てきた。もちろんまだまだ不安なことも多く、助けてもらってばかりだけれど、同僚や子どもと楽しみながらの教師の仕事にやりがいも感じ始めている。年度末に次年度の担任について噂が聞こえてきた。どうも高学年になるらしい。初めての高学年に不安はあるけれど、苦しくなったら誰かにSOSを出せば何とかなるということはわかった。少しの自信を胸に、初めての高学年に挑む。

「教師としての自分が何かやっと発見できたみたいな。私のスタイルっていうのが子どもにも合ってたし、私もやりやすかった。で、もうパニックに、自分で手に負えないとなったら、インターホン押してちょっと先生助けてくださいみたいな。」

〈小学校教師４年目：Ｂ小学校〉

教師になって４年目、初めての３年生以外、しかも５年生の担任を任された。授業時数が多く、学校全体をまとめる役割を担う高学年の教師になることに若干不安はあるが、やれるだけのことはやりたい。これまで３年生の子どもたちと格闘してきて、学級をどのように作るかに苦労してきた。初めて高学年を受け持つにあたって、今年取り組もうと思っているのが、菊地省三先生が提唱している「誉め言葉のシャワー」。あたたかい言葉をかけることで、お互いがやさしくなれるクラスを作りたいと考えている。

５年生は２クラスあり、１組の担任が学年主任を兼ねる。主任は、昨年自分と一緒にＢ小学校に異動になった男性教師で、10年の教職経験があるため頼りにはなるが、これまで見てきた感じだと、たまに一人で突っ走ってしまうこともあるため、その点に気を付けようと心に留めている。受け持ちの５年２組は30人。引き継ぎで子どもの状況を聞くと、学年全体としてやんちゃな子どもが多く、毎日のように何かしら問題が起こる学年だと聞いた。始業式で担任が紹介され、今年一年間この子どもたちと一緒に頑張ろうと気を引き締めた。

「前任の先生からだいぶ聞いてたから、要注意の子はたくさん聞いてたので。最初はさん付けにしてた。何々さんって。すごい距離を置いてたの。山の学校に行ってからかな。そのぐらいまで、運動会とかまで本当に自分も腫れ物に触るじゃないけど、全然淡白でした。」

今までは３年生しか担当してこなかったため、４年生以降から始まる行事や委員会活動は初めてのことになる。５月に運動会、６月に山の学習もあるため、４月はいろいろな準備を並行して進めていかなければならずとても忙しい。しかも、スケジュール的に何があるか、何をしなければならないかはわかるものの、具体的なやり方がわからない。本来であれば、学年で事前に進め方を話し合っておくべきなのだろうが、主任が学校を留守にすることが多く、なかなか相談する機会を作れない。クラスから委員を選出する際に、子どもがじゃんけんで決めたいというので、それを認めたところ、要注意の子どもが委員になってしまった。なってしまった以上は仕方ないが、この一件以降、何か新しいことを決めなければならない場合は、主任以外の高学年の教師にあらかじめ尋ねることにした。

「4年生から委員会だから、選び方とかどうするんだろうとかって思って。じゃんけんでみたいな。中身がわからないじゃないですか。決めるのはわかってるけど、どうやって決めるとか。何を基準に決めるとか。その辺のすり合わせって、学年でとっても大事なんだけど。（中略）（学年主任は）結構いなかった。出張に行かなければいけないみたいで。」

日々の授業を行いつつ、5年生にとってのメイン行事である5月の運動会と6月の山の学習を企画･運営してきているが、それほど問題なく進んでいる。自分だけで完璧に進められているわけではなく、むしろ子どもたちに助けられていることも多い。それによって子どもたちが自分たちで考えたり、成長したりする機会にもなっているので、これくらいが丁度よいのだろう。初任の頃を思い起こすと、全体の流れがわからなかったため、逆算して準備しておくことはできなかった。今は、全体の見通しがわかる分、いろいろなことが無理なく進んでいるように感じる。

「1年の見通しは立ってきたから、この時期（初任の頃）とかだと、どのへんで通知表を書くとか、そういう計画って全然立てられないじゃないですか。（中略）いついつまでにこれこれしておかないとやばいとか、この行事あるから、先読みしてっていうか、逆算していったりだとか、そういうのができるようになってきたかな。」

7月に入り、1学期の評価を行う時期になってきた。昨年も感じたのだが、どうもこの学校の評価については理解できない。相対評価から絶対評価に変わってかなり経つにも関わらず、いまだにクラスの中でAとBとCをある程度の割合でつけるように言われる。教師の間でも、それはおかしいと教務主任に伝えているが、かたくなに変えようとしない。絶対評価と相対評価のどちらが良いというわけではないが、国が決めた方針が、たった一人の考え方で捻じ曲げられてしまうことに疑問を感じる。

「だいたいこれぐらいにしてって言われた。AとBとC。一定数はいなきゃいけないみたいな。次の学年になった時に、どうしてこんなに多いんだとか、どうしてこんなに少ないんだとかなっちゃうから、ある程度つけといてみたいな。いろんな先生喧嘩してるけど、うちの教務も頑としているから、割合は守ってみたいな。でも、おかしいよねって言ってる。」

こんな疑問を感じることもあるものの、同僚と話していれば、そのようなわだかまりもすぐに忘れてしまうほど毎日が充実している。彼との将来を見据えて教員採用試験を受け直し、B小学校に赴任して1年半が経つが、異動してきて本当によかったと感じている。

「周りのおかげだと思う。自分だけじゃなくて、周りの若い先生たち、集まる回数も多いし、みんなでご飯行こうみたいな。学年で言えないこととかも全部言えたり、筒抜けだし。これこれの時どうしてるとか。みんなでご飯行って、しゃべることも学校のことしかないし。」
「行事の時とか、他の先生からこうだったねって言われると、自分もやってよかったんだなって思う。ちょっとしたことだけど、2組さんは授業が始まる前に準備が整ってるねとか言われたりすると、よかったんだとか思うし。」

3学期も終わりに近付いた頃、来年の受け持ちについて打診があった。6年生に持ち上がることになった。高学年部の仲間として、今年度も6年生の先生方と一緒に動くことが多く、5年生とはまた違う大変さや気を使うところがあることは感じてきた。4月から自分がその役割を担うことに大丈夫だろうかという思いもある。今年の卒業式を見て、来年卒業生の名前を泣かずに読み上げられるだろうかとも思う。ただ、信頼関係のある今の子どもたちと、もう1年過ごせることはとても楽しみになる。

「目の前で6年生の先生たち見てたから、2学期に分掌やらなきゃいけないんだとか、修学旅行どこなんだとか。落とせない行事っていうか、物が多くなるのかなって思って。で、残っちゃうじゃないですか。卒業文集とか卒業の写真撮るのとか、確認ちゃんとしないといけないっていう感じ。（中略）人の卒業式見て泣きそうになっているのに、自分の卒業式となったらどうしようと思って。」

彼との結婚を、両親も認めてくれるようになり、夏頃に結婚することになりそうだ。公私とも充実した1年になる予感がする。初めての6年生担任として、教職5年目を迎える。

〈小学校教師5年目：B小学校〉

昨年から持ち上がりの子どもたちとの一年間が始まった。6年生となると、学級や学年のことだけではなく、学校全体を動かす役割を担う。昨年6年生の先生方を見て学んできたことを、今年の担任として生かしていきたい。一緒に組む学年主任は、中学校での教職経験もある力のある教師だった。ただ、6年生の主任は初めてということで、最初の職員会議の後、協力していこうと声を掛け合った。

始業式で担任が紹介されると、子どもたちから「またおまえか」という反応が漏れる。お返しに「悪かったね」と返すくらい、お互いの信頼関係があるだけに、今年も楽しい1年になりそうだ。お互いの考えがわかるだけに、気の利く子どもたちは、去年と同じように教卓周りを整理しようとしてくれる。本当であれば、それくらい教師自身でやらなければならないのかもしれない。ただ、そんな抜けがあるから、知らぬ間に子どもの自律心が育ってきているようにも感じる。

「教室移動して、先生あれはここに置くよねって言って、私のもの全部持ってきて配置してくれた。お願いねって言って。気の利く女の子とか、男の子とかいるから。前と一緒でいいからって。適当に配置しておいて、君らに任せるからって言って。」

昨年度も、5月に運動会、6月に山の学習があり、新年度早々はかなり忙しかった。今年は、5月の運動会だけだが、最高学年としてクラスや学年だけではなく、学校全体を動かす役割を担うだけに、負担は大きい。しかも、高学年の4クラスの中で、担任が持ち上がっているのは自分のクラスだけのため、先導できるように頑張りたい。4月からことある毎に子どもたちに伝え、いつでも動き出せるように鼓舞した。

「6年は勉強の内容っていうよりも、学校をどう動かすっていう感じのところ。もうみんな顔知ってるし、彼らも半分くらい私のことわかってるから、4月当初は、自分もあの子たちをちゃんと6年生にしてあげたいなって思ってたから。学校の中で唯一持ち上がって、5、6年になってるの私たちだけだし。だから、一番動けるのはこのクラスだからねって言って。」

子どもたちが動き出すためには、教師の仕掛けが鍵になる。ただ、初めての6年生担任の自分にはよくわからない面もある。そんな時は、あと数年で退職を迎える教務主任を頼ることにしている。もともと体育を専門としているため、特に運動会については、本などにも載っていないノウハウを知り尽くしている。しかも、あと数年で退職ということで、そのノウハウを伝えたいという思いも持ってくれている。弟子入りするつもりで、運動会のための奥義を学んだ。

「そろそろ終わりそうだから、自分がやってきたノウハウを教えたくて仕方ないのね。体育のやり方とか。だから私もそれに乗っかって、運動会どうしたらいいとか。その日の練習の仕方とかっていうのは、本見ても載っていない。こういう実践はあるよって、写真とか図で技の名前は載ってても、その技をどういう風に練習するかっていうのは載ってないから、生きた教材じゃないけど。」

運動会を目指して団結した雰囲気も、運動会が終わり日常に戻ると、いつものガヤガヤした感じに戻り、トラブルが絶えない。それに加えて、発達障害の診断を受けた子どもが２人、診断は受けていないがグレーゾーンにいる子どもが２人おり、毎日何かしらの問題が起きる。運動会の練習の時から、時々休むようになった子どもが、6月に入り完全に不登校になった。家庭的な要因もあるため、一概に学級経営だけが原因というわけではないが、初めて自分のクラスの子どもが不登校になり、気持ちは沈む。運動会、両家の顔合わせ、引越しと時期が重なったこともあり、落ち込んだ気持ちはしばらく続いた。7月に入籍し、夫婦での生活に慣れ、ようやく気持ちも戻った。夏休みに向け、いつものように成績評価に追われているものの、B小学校の評価方法にも慣れたため、それほど苦ではなくなった。

夏休みが明け、学芸会や修学旅行などの行事の準備に取り掛かる時期になってきた。相変わらずクラスはざわざわしているものの、それほど大きな問題も起きていない。今までは、自分のクラスで問題が起きた時や、授業や行事で困った時、主任の先生方にたくさん相談して乗り越えてきた。これが、今年に入って、時々自分も同じように後輩から相談を受けることが多くなってきたように感じる。教職経験5年目、B小学校に異動して3年目、まだまだ若手だと思ってきたが、気付いてみると多くの後輩が入ってきている。大学院を修了していることもあり、教職経験は5年目だが、来年には30歳になる。頼りにされるほど力がついたかというと、そんな自信はないものの、相応の年齢になったのかとしみじみ感じる。

「だからそういう立場なんだなって。うすうす思ってきた。私たちにとっては、上の先生に何でも聞いて、助けてもらいたいんだけど、先生たちだってお家の事情があるわけだから、帰らなきゃいけない。上の人がいないとなると、新任の子たちって次誰に聞くかっていうと、私たち。2、3年上の先輩。上からも聞かれる、下からも聞かれる。私もどうでしたっけって言いながら話し合う。そういう年齢になったんだなって思う。」

そんな思いは、12月頃にさらに強くなった。誰も気付かなかったところで、新任の養護教諭が同僚教師からいじめられていたことが発覚し、職員室が騒然とした。校長は退職間近のため、対応しようとしない。若手教師がつながって、養護教諭をサポートしてきたが、今年度で退職することになった。相性が合う合わないということももちろんあるのかもしれないが、教育に携わってきている教師が、事もあろうに新任の教師をいじめて退職に追いやるということが、現実の学校で起こったことにやるせなさを感じた。

学校全体のゴタゴタはあるものの、私生活と自分のクラスは、順調に進んでいる。昨年卒業式に参加した時は、練習の時から泣きそうになっていたが、いざ自分がその立場に立つと、緊張のあまり泣く余裕は生まれてこなかった。卒業式当日も、泣かないまま終わった。2年間にわたってこの子どもたちと過ごした日々のことは、一生忘れないだろう。今のところ、彼らと別れるという寂しさは感じていないが、4月になって新しい子どもたちと関わるようになり、少しずつ実感するのかもしれない。新年度は、4年生の担任、しかも学年主任を打診された。初めての卒業生を送り出した余韻も覚めない中、また新しい一歩を踏み出す。

「心配で仕方なかった。彼らちゃんと中学生になれるのかなって。たまに小学校へ帰ってきて、こうしてるよって聞いて、じわじわ思うのかなって。何か振り返ってる余裕はなかった。自分もバタバタして。式の最中は本当に緊張して泣けなかったし。最後は笑って帰れたし。本当にいつも通りだったから。彼らが。最後は、小学校のこと早く忘れなさいって。中学校で楽しい記憶で一杯になるように。」

「実感はない。彼らがいないんだっていう実感はない。たぶん、4月になって新しい子を見て、いないんだって思うと思う。」

〈小学校教師6年目：B小学校〉

初めての学年主任として新年度を迎えた。4年生を一緒に組むのは、2年目の若手教師。自分も4年生の担任は初めてのため、助けてほしいと思う気持ちはあるが、後輩を前にして、主任がブレてしまうと学年の進む道が明確にならない。これまで以上に、先を見通して進めなければという気持ちを強くした。

「後輩って言ったら変だけど、2年目の子が付くって思うと、やっぱりやらなきゃとか頑張らなきゃっていう意識っていうのはすごくある。見えてることは一緒だけど、やる量といつ仕事するかっていうこと。（中略）例えば運動会の指導させるってなると、自分は何しとかなきゃいけないかなって。いろんなパターンで、この子がここまでできなかったら、自分がこうしようとか。私はどう動かなきゃいけないのかって。」

昨年7月に結婚してから新婚旅行へ行くことができていないため、ゴールデンウィークに旅行へ行く計画を立てている。直後には運動会もある。無謀な時期に計画してしまったとは思うものの、新婚休暇は入籍後1年以内に取らなければならない。いろいろなことを考えていたら、休暇などいつになってもとれない。自分がいなくても子どもが動けるようなクラスを4月のうちに作ればよいと計画を立てた。そのためにも、始業式から数日が鍵を握る。5年、6年を受け持った時につかんだコツを4年生向けに練り直し、学級づくりに力を入れようと始業式を迎えた。

「5月に新婚旅行に行って。だから、ここまでに自分のクラスが機能するように仕上げて。放って行っても大丈夫なように。6年担任もしたから、こうやっておけば子どもたち動くなみたいな。4月はだからバリバリ口だして。意外と子どもたちすごく素直で動ける子たち。一回やれば、自分がいなくなってもやれた。あんまり手を出すとダメなんだなと思った。」

子どもたちとの新年度が始まった。とても素直で、理解力もある。課題を抱える子どももいるが、ちゃんと言えばわかってくれる。昨年までと比べてクラスの子どもの数が減り、25人ということもあるのかもしれないが、子どもたちとの毎日が楽しくて仕方がない。隣のクラスの若手教師も、若手なりに頑張っている。学年主任として全体を見渡すようにはしているものの、年がそれほど離れているわけでもないので、指導するというよりは、「今日どうだった？」と聞く程度にしている。そのような進め方が良いかどうかは自分自身ではわからないものの、ざっくばらんに話ができる関係にはなっている。

それに比べて職員室は、昨年までと比べてかなり雰囲気が悪い。校長と教務主任が変わり、年度当初の計画がいろいろと変更される。特にこの春に異動してきた校長が、いきなり行事のやり方を変えようとしたり、自分が責任を負いたくないという意識が前面に出たりするため、教師との間に大きな溝ができ始めている。

「校長先生が変わって、やり方がいろいろ違う。けっこう変えてこようとしてきたっていうか。変えてきたから先が読めない。学校行事において先が読めないっていうのは、こちらにとってはすごく不安だったから。（中略）4月の方針も何もなく、やろうとする間際でこうじゃないって。」

子どもたちが自分たちで動けるように4月のうちに力を入れてきたことが功を奏したのか、新婚旅行で数日学校を休んでも、大きな問題は起きなかった。運動会の練習も、隣のクラスの教師がリードして、順調に進んでいる。これで職員室が前のように居心地よければと思うのだが、日に日に空気がよどんでいくのがわかる。昨年度までは、授業の合間の少しの時間でも職員室に戻る教師が多かったが、気のせいか職員室に戻る教師が少なくなっているように感じる。放課後も、たわいもない話で盛り上がるような感じではない。職員室で仕事をしていれば、お互いに愚痴を言い合ったり、次の行事に向けて打合せになったりして、そこでまた頑張ろうという気持ちが高まるのだが、少しずつ職員室から足が遠のき、教室で仕事をするようになった。

秋頃、12月に実施予定のマラソン大会に向けて、順位をつけた賞状を渡す、渡さないで議論になった。それまでも校長の進め方に対して教師間で愚痴は出ていただが、これをきっかけにバラバラになっていった。

「この校長についていこうとか、最後だし頑張ろうみたいな意識が前はあったけど、今年は本当にない。だからみんなそれぞれバラバラになっているなって。」

「教職員だけじゃなくて、ボランティアの方とか、スタッフの方とか、好意で来てくださっている方たちだっているじゃないですか。だけど、すごく冷たい対応とか。だから、今年度で辞めますみたいな人も多い。だから、人が変わると、付いてたものも付いてこなくなるんだなっていう感じ」

初めての4年生の担任、そして初めての学年主任だったが、学級としては、6年間の教師生活の中で一番面白かった。子どもたちの理解力があり、子ども同士も優しく、そして担任としてのカラーも出せた気がする。昨年度、自分のクラスから不登校の子どもを出してしまったこともあり、何事もなく一年間元気に楽しく学校生活を送ることができたということは何よりだ。

「学級としては一番面白い。今までで。賢いし。だから、自分のカラーも出せたし、子どもらも何か一生懸命聞いてくれるっていうか。安定したお家が多いね。去年を経験しているから、毎日みんな元気に学校に来てくれるだけで、こんなにうれしいことはないと思って。」

ただ、もうこの学校にいたいとは思わない。初任として苦労したA小学校からB小学校へ異動し、教師としてやっていく自信を持たせてもらったことは、本当に感謝している。30代になり、少しずつ広い視野で学校を俯瞰し、ミドルとしての役割を担っていく時期だということも理解している。それでも、今の学校の雰囲気で働き続けたいとは思わない。この春、管理職は変わらない。重たい気持ちのまま新年度を迎える。

「もう出たい。（中略）来年の様子見て、（異動の）希望を出すかも。いたくなーいって。3年いたから、6年で必ず出るよっていう約束だから。

その前に希望があれば出せるから。」

〈小学校教師７年目：Ｂ小学校〉

Ｂ小学校５年目は、１年生25人の担任になった。これまで３年生から６年生は受け持ってきたが、低学年の担任は初めてになる。一緒に学年を組むのは、５歳ほど年上の初任教師。講師経験が豊富で、１年生も担任したことがあるが、教員採用試験に受かったばかりのため、位置付け上は初任者となる。校長の方針により、今年度から各学年に学年主任を置かず、低学年ブロックに一人主任を置くことになったため、自分は主任ではない。ただ、それだとかえって学年内の役割分担が難しくなる。隣のクラスの担任と相談して、ひとまず自分が主任らしく進めることになった。主任といっても、１年生は初めてのため、初任者研修の負担にならないように教えてもらいながら進めようと話し合った。

「学年主任っていうのを、今の校長が撤廃して、普通は学年に一人ずついるけど、それを低学年で一人、中学年で一人、高学年で一人ってしたもんだから。どっちがやるって？　私は一応正規で、でも１年生は初めて。隣の先生は、１年生やったこともあるし、私より年上だけど初任みたいな。初任研でいないのであれば、私が主任みたいな。」

これまでは３年生以上の子どもを担当してきたため、学校の生活やルールを身に付けていない１年生にどのように接したらよいか、全くイメージがわかなかった。スタートカリキュラムというのがあるらしいということは聞いていた。ただ、国語の教科書を開いてみて、ひらがなの練習でどうやって１時間成り立つのだろうかと想像してみても、皆目見当がつかなかった。

入学式を迎え、１年１組25人の子どもたちと対面した。毎日どう過ごすか不安はあるものの、とにかくかわいい子どもたちに癒された。

「１年生はかわいかった。最初の方は、とにかく毎日どうしようどうしよう、どうやってこの時間過ごそうだった。自分の学級に入っている時間、本当に楽しかった。幸せだった。」

1年生にとって学校生活は、何もかもが初めてづくしとなる。45分でチャイムが鳴ること。トイレはできるだけ休み時間中に行くこと。教科書とノートを毎日持ってくること。学校生活のルールを知らない子どもたちに、まずはそのルールを伝え、理解してもらう必要がある。頭では理解しているものの、それをどのように言えば子どもにわかってもらえるかを考えると、なかなか難しい。これまで、学校生活の積み重ねの上で指導してこられたことを痛感する。

「今まで培って来てくれたもので自分が指導してきたから。（中略）給食の指導なんてはっきり言ってしたことがなかった。」
「去年1年生の担任の先生にもどうしたらいいの？　ノートっていつからとったらいいの？　って。ひらがなってどうやって練習していけばいいですかって。ノートをまず出す。算数のノートはイルカノートだよって。イルカノート出た？　下敷きは？　揃うまでにまた時間がかかる。しかも差が激しい。」

新年度の喧騒を乗り越え、5月の運動会に向けた準備へと進み始めた。運動会は1・2年生の低学年部で進めることが多く、だいたいはその中でも一番若手が企画や運営を行うことになっている。B小学校で5年目を迎え、昨年は学年主任もしたのだが、1年生と2年生の担任の中では、自分が一番年下のため、自分がリードしていかなければならない。低学年の子どもたちにどう伝えればいいかという難しさに加えて、ベテラン教師が見ている中で、行事を進めるプレッシャーは意外と大きい。初任期であれば、特に考えもせず進めることができたのだろうが、教職7年目になり、あまりへたなことはできない。本番を前にして胃の痛くなる日が続いた。

「運動会は、低学年部でやる。隣の先生、30いくつ。2年生の先生も、私よりベテランの先生、特別支援に入っている先生も40代。私が一番下っ端だった。だから全部やりますって、指導もしますって言ったけど、いかんせんやったことないから、説明とかが難しかったり、口調がね。でも、たたき台がないと誰も何も言えないから。」

6月頃になり、昨年自分が担任した5年生のうちの1クラスが荒れていると聞いた。特別支援学級の担任をしていた講師を、校長がみんなの反対を押し切って5年生の担任につけたのだが、うまくいかなかったようだ。個々の子どもも学級もあれほどよかったのに、どうしてこうなってしまったのかと思うが、その講師を職員室で叱りつける教頭もどうかと思う。昨年からの職員室の雰囲気の悪さはさらに悪化し、職員室にあまり足を運ばなくなっている。5年1組には、いろいろな教師が助けに入ったものの、保護者とのトラブルに発展したこともあり、夏休み前に講師が辞職することになった。

「私が去年持った4年生の、今年5年1組さんが、ちょっと担任があまりよろしくなくて、ほぼ学級崩壊で（中略）去年の子たちじゃ全然ない。自分の中ではすごくよく育ったなって思って、これなら大丈夫って思ってたけど、1年であんなに崩れるもんなんだって思った。」

「5年1組の先生を教頭が朝一で叱りつけてんのね。職員室のど真ん中で。朝から。行ったらもう始まってる。だから、もうみんな職員室にいないよ。」

運動会以降の行事も、基本的に自分がたたき台を作り、その運営をするようにしている。みんなの前で行事を進めることは、もう何度もやってきたことではあるのだが、職員室の雰囲気が悪く疑心暗鬼になっているせいか、その運営をどのように見られているのだろうという不安に苛まれ、行事のたびに気持ちが沈む。それもこれも、全ては管理職の責任だと思うのだが、当該の管理職は全く気にするそぶりもない。

「勝手なことするなって怒られるの。校長と教頭が怒るの。だから、知らないってみんな言う。だって、言ってないし。下手に動くと、何やってるの？　って言われちゃうから。知らないよって。（中略）自分らも動けなくて、次のこと決まらないと動けないし、そういう計画性、私たちには計画出せっていうのに、上の人たち全然出してくれないし。遅いし。やらないし。」

今年度も終わりが見えてきた２月頃から、新型コロナウイルス感染症が全国的に拡大し始めた。身近なところではそこまで感染が拡がっているわけではないが、いつ増えてもおかしくないため不安は募る。２月下旬になり、いよいよ全国的に感染が拡大してきた。２月27日の夕方、職員室で仕事をしていると、週明けから全国一斉休校になるという情報が入ってきた。その日の夜のうちに、翌日にやっておかなければならないテストを準備したり、持って帰ってもらうものをチェックしたりして、見通しの立たない今後に向けて備えた。

一斉休校前最後の登校日となった３月２日に最低限のことを行い、あとは教師が課題やお便りをもって家庭へ持参することになった。学校に子どもが来なくても、教師は交代で勤務することになっているため、課題を準備したり、年度末の評価を行ったりしている。ただ、子どものいない学校は静かでガランとしていて、何となく学校らしくない。その上、年度末にも関わらず、ゆったりとした時間が流れるため、いつも以上にいろいろなことを考えてしまう。子どもたちをとりまく環境は、コロナ禍で一気に変わった。家庭環境によって、子どもの学びに大きな差がでていることをニュースで見聞きするたびに、公教育や学校の役割について考えた大学院時代を思い出す。

「学校って子どもが来てなんぼだって思った。本当に心配になったのは、学力の差とか。しんどいお家はしんどいままだろうなとか。学校がない時代と一緒な気もして。できる子はドリル買ってもらったり、お家で何かやれたけど、本当にできない子とか、両親どっちもいないってなると、子どもだけで留守番して、ご飯も食べてみたいな。（中略）公教育とか学校って思った時に、どういう子を救ってあげればいいんだろうっていうのは、すごい自分の中で感じた。」

コロナ禍が収まらない中、年度末を迎えた。学校を引っ掻き回した校長がようやく異動になるが、教頭は残るため新年度もあまり期待が持てない。どちらにしても、あと１年で異動になる。Ｂ小学校最後の年を迎える。

〈小学校教師８年目：Ｂ小学校〉

４月からの担当は、例年終業式の日には発表されてきたのだが、校長が変わることもあり、年度末ギリギリでの発表だった。告げられたのは、特別支援学級の担任だった。担当するのは６年生一人。特別支援学校の教員免許は持っているが、担任するのは初めてのことになる。特別支援学級の担任になりたくないわけでも、軽視しているわけでもないが、頭のどこかで、自分には通常級の担任を任せられない、もしくは他の教師と一緒に組むことができないという判定をされたのではないかというモヤモヤした気持ちが生まれた。教頭から、配属の経緯について説明があり、教師として烙印を押されたわけではないと知り、少しホッとしたものの、自分に務まるのだろうかという不安も生まれてきた。

「私、通常級で誰とも組めないのかなって。そういう意味合いもあるのかなみたいな。でも、４月の最初に、教頭先生にごめんねって頭を下げられたから。いろんな先生がいる。（特別支援学級の）教室独立していないから、カーテン挟んで半分。教室足りなくて。今まで教室に入ったら先生ひとりしかいなかったけど、２人で使うってなると、だいぶ胃が痛かった。」

３月から続いていた一斉休校が明け、始業式を迎えた。一か月ぶりに学校に子どもたちが帰ってきた。久しぶりの登校に気持ちが高ぶっているのだろうが、コロナ感染症に注意するよう徹底しているため、どことなく緊張感が漂っている。担当する子どもは、ダウン症候群があり精神的な年齢は幼稚園くらいと聞いていた。始業式で顔を合わせ、これから一年間この子どもと向き合おうと決意した。

と思ったのも束の間、コロナ感染症の再拡大によって、2日後から休校になることが決まった。通常級では、プリント課題を出したり、ネット配信で映像を流したりして対応を取っているようだが、子どもの状況から出発する特別支援学級において、2日間で子どものことを理解することは難しかった。

「教科書があるわけでもないから、その子がどれくらい何がわかっているのか、そんな2日くらいでわからないから、この時期は何していいんだろうと。人と会ってもダメなので家にいる。病みそうになった。」

5月下旬になり、ようやく分散登校が始まった。クラスに子どもが一人しかいないため、分散する必要もないのだが、地区ごとに登校日を決めているため、一人だからといって毎日登校することはできない。登校しては休み、登校しては休みのため、なかなか授業のリズムが乗っていかないが、子どもとの関係は順調にできてきている。まずは信頼関係を築きたいと考え、できるだけフランクに話をするようにしたせいか、とても話が弾む。去年までが厳しい先生だったようで、あまりにもよく話す姿を見て、隣のクラスの先生が驚くほどだった。

「去年まで3年連続同じ担任の先生が担任で、お互いに静かにしていたらしい。結構厳しい先生だったのかわからないけど。私が半分友達みたいになったから、よくしゃべるよくしゃべる。そんなにしゃべるの？とカーテン挟んだ隣の先生に言われた。」

少しずつ日常生活が戻ってきているとはいえ、コロナ感染症には十分配慮する必要がある。とくに担任している子どもが、幼少期に手術した経験があることから、感染には人一倍気を使う。自分自身ももちろん、マスクを着けることが難しい子どもとの関わりなども含めて、できるだけ慎重に対応するように心がけている。

「特別支援にはマスクできない子もいる。私が担当だった子も、子どもの頃に手術したりもしているから、病気もらってこないように、自分の中ですごいピリピリしてた。絶対密になる。密っていうか、正面で向き合ってしゃべったり、絶対近くになることが必須だったから。離れてなんて言えないし。」

コロナ禍でみなマスクを着け、できるだけ密にならないように、そして長時間の会話にならないように気を付けていることもあるのか、以前のように和気あいあいとした職員室の雰囲気は影を潜めている。それでも、校長が変わり、昨年までの2年間よりは居心地の良い空間になった気もする。新しい校長と合わない教師もいると聞いているものの、できるだけ一人ひとりと関わろうと積極的に話かけてくれるのは、自分としては嬉しい。B小学校に赴任した頃のようにざっくばらんに話せる職員室になってほしいと願っている。

6月頃になり、国が進めるGIGAスクール構想の一環として、一人一台にiPadが支給された。特別支援学級の教師の中で一番年の若い自分が率先して使い、他の先生方に使い方を見せたりすることもでき、とても重宝している。この頃から、子どもが楽しんで学べるよう、授業を工夫したいと強く思うようになった。1対1でつまらないことを続けていても、お互いに苦しくなってしまう。子どもが楽しんで取り組んだり、質問したくなるような授業を考えたりし始めると、日々の教材研究が面白くなってきた。

「つまらないことだったら、その時間お互いに絶対に苦痛になる。だから、どうやったら楽しくなるのかなってずっと考えてた。理科の実験みたいなのも、面白い理科実験を調べたし。それでおおってなるようなのだったら、聞かなくても子どもは勝手にしゃべる。」

「何でできないんだろうって考えるよりも、何が難しいんだろうって思ってあげて、その難しさはどうやったら解決できるんだろうみたいな。だから、支援とか手立て、本当に手立てっていう意味が分かったのは今年かもしれない。（中略）すっごい喜んでくれたから、めちゃめちゃ嬉しかった。」

思い返してみると、大学生の頃も、大勢の子どもの前で決まりきった授業や説明をするよりも、少人数の子ども向けに臨機応変に対応することの方が得意で楽しむことができていた。特別支援学級の担任を受け持ち、この子どもと関わったおかげで、ここ数年の負のスパイラルから少し解放された気もする。

3学期を迎え、卒業式が近づいて来た。コロナ禍のため、それほど十分な時間はかけられないが、卒業式の準備をしていると、今担任している子どもとともに、2年前に4年生として担任した子どもたちの姿が目に映る。この学年の子どもたちは、自分がB小学校に赴任した時に、一緒に1年生として入学してきているため、B小学校での6年間を共に過ごしてきた。しかも、昨年学級崩壊を経験し、苦しい思いもしているだけに、その姿を見るだけで涙があふれてくる。A小学校からB小学校へ異動し、教師としての喜びと、苦しさを味わった。この4月からは、同じ市内のC小学校へ異動することになった。1学年2クラスのB小学校と比べると、1学年4クラスになるため、ほぼ倍の学校規模になる。気持ちを新たにして、教職9年目を迎える。

第8章　消しゴムハンコでハートをつかんで
佐々木優輔のライフヒストリー

第1節　教職への思いと10年間の概要

やる気のスイッチが入らないまま、ギリギリで卒業延期を免れた佐々木優輔（仮名）は、大学卒業後に地元へ戻り、教員採用試験の勉強に臨んだ。一次試験不合格がわかり気落ちしている時に、教師をしている母親の紹介で近所の小学校で支援員をすることになった。それ以降、3つの小学校と特別支援学校で講師を務めた（表8-1）。大学生の頃から付き合っている彼女との将来を考え、6年目に彼女の住む隣県へ引っ越したものの、なかなか教員採用試験に合格しなかったが、7年目に晴れて教員採用試験に合格し入籍した。乗り遅れた波に追いつくまで時間はかかったが、自分なりの進む道が見え、勤務している特別支援学校小学部では、自分の立ち位置を常に意識するよう心がけている。10年間の軌跡と概要を表8-2に示す。年1回のインタビューで語ってもらった発話データをもとに、ライフヒストリーをまとめていく。

表8-1　大学卒業後10年間の履歴

年度	勤務校	担当	備考
2011年度	A小学校	支援員	非常勤講師
2012年度		特別支援級担任	臨時講師
2013年度	B小学校	3年生担任	臨時講師
2014年度	A小学校	3年生担任	臨時講師
2015年度	C小学校	支援員	隣県へ引越し、臨時講師
2016年度		支援員	臨時講師
2017年度	D特別支援学校	1・2年担当	臨時講師、採用試験合格
2018年度	E特別支援学校	5年生担任	入籍
2019年度		5年生担任	
2020年度		6年生担任	

第２節　教師としての学びの軌跡

〈2011 年度：A 小学校　特別支援教育支援員〉

東日本大震災の影響が残る３月下旬、家族に秋田まで迎えに来てもらい、地元の北関東へ戻った。教員採用試験に不合格だった人でも、講師として学校に勤務することは可能なのだが、将来に向けての足場を固めたいと考え、講師登録はしなかった。そのため、４月以降は特に予定があるわけではない。７月の教員採用試験に向けて勉強を頑張ろうと考えている。教師をしている両親から、今後のことを考えて、まずは自動車の免許を取っておいた方が良いだろうと言われ、近所の自動車学校に通い始めた。中学校で臨時講師をしている兄は、学校の業務が忙しすぎて、試験勉強はあまり進んでいないと聞く。教師一家にありながら、子ども２人が実家で採用試験の勉強をしている状況を申し訳ないと思いつつも、なかなか勉強ははかどらなかった。

「ダメでした。言い訳を言えば、家に帰って来て環境がガラッと変わって、変わっても時間はあったので、やりようはあったんですけど。」

６月に自動車の免許を取得した。祖父や祖母を病院に送り迎えすることができるようになり、ようやく家族の役に立っていると感じた。幼い頃は、教師をしている両親の帰宅が遅いため、祖父母と一緒にいる時間の方が長いくらい、とても世話になってきた。そんな祖父母の役に立てることに喜びを感じつつ、それを言い訳にして試験勉強から逃避する毎日だった。そして迎えた教員採用試験。それから間もなく、祖父が息を引き取り、採用試験の合格を報告できなかったことを悔やんだ。

教員採用試験が一段落し、何かしら職に就きたいところだが、祖父を亡くした祖母を一人にできないと考え、実家に閉じ籠る日々が続く。ただ、母親からは、祖母に優しくしすぎると、かえって弱ってしまうと指摘され、一歩踏み出さねばと考え始めた。そんな時、近隣の小学校で、放課後学習支援ボランティアに来ないかと誘いを受けた。久しぶりに家族以外と関わり、学校

表8-2　佐々木優輔の

年	2011年度　A小学校　ボラ⇒支援員												2012年度　A小学校　特別支援担任（講師）												2013年度　B小学校					
月	4	5	6	7	8	9	10	11	12	1	2	3	4	5	6	7	8	9	10	11	12	1	2	3	4	5	6	7	8	9
出来事・思い	実家で自動車学校。趣味の消しゴムハンコ作成。	友人の誘いを断る。無職は遊んではいけない思い。	運転免許取得。家族の役に立つ。	教員採用一次試験。祖父の死去。	試験不合格。	職に就きたいが、祖母を一人にもできない葛藤。	近隣校で放課後ボランティアに参加。	中学校で講師をしている兄の疲労。	来年度特別支援教育支援員の話をいただく。	ボランティア校で支援員として勤務開始。			改めて一年間支援員として頑張っていこうと思う。	地元の教員採用試験の願書出し忘れる。		彼女の地元の教員採用一次試験	勤務校から産休代替への職務変更を打診される。		支援員から講師に職務変更。	授業参観。指導教員がいない難しさ。	初めての成績付け作業でバタバタ。	試験勉強ができず、次年度は継続しない旨を伝える。	保護者対応に追われるも負けるものかと頑張る。	成績・引き継ぎに追われる。	自宅での生活開始	教師の兄が休職し、驚き迷う。	兄と祖母の支援。	教員採用一次試験。	県教委に連絡し講師を始める。	運動会。昨年との違いに戸惑う。
5										■	■	■																		
4									■				■											■	■				■	
3			■				■	■									■	■					■				■	■		
2	■	■		■	■	■								■	■				■	■		■				■				■
1																■					■									

年	2016年度　C小学校　支援員												2017年度　D特別支援学校　1･2年担当（講師）												2018年度　E特別支援学校					
月	4	5	6	7	8	9	10	11	12	1	2	3	4	5	6	7	8	9	10	11	12	1	2	3	4	5	6	7	8	9
出来事・思い	始業式。		教員採用試験に対して今年もまたという不安。	教員採用一次試験。	一次試験に合格して驚きと喜び。	教員採用二次試験。	二次試験不合格で落ち込みと来年度への思い。	来年度の講師登録の申請。			三十歳までには合格したい。		着任。慣れるのに必死。	校務分掌の仕事も少しずつ覚える。	教員採用試験を意識する。	教員採用一次試験。消しゴムハンコ講座。	一次合格。自信がつく。	二次対策。二次試験。みんなで頑張ろうという意識。	二次試験合格。嬉しい。来年についての不安。	人生についての不安。	結婚を決める。指輪選び。	慣れる一方で、慣れてはいけないという思い。	学校面談。消しゴムハンコ講座。	両家挨拶。引越し準備。	新生活。初任者研修スタート。覚えることが多い。	研究授業（生）。授業づくりに追われる日々。		入籍。研修に追われる日々。長期研修は楽しかった。	帰省。2学期に向けて気持ちを新たに。	研究授業（国）。授業の難しさ、引き出しのなさ。
5	■					■					■	■							■	■	■	■	■	■				■	■	
4		■			■			■	■	■			■	■	■	■	■	■							■		■			■
3			■	■			■																			■				
2																														
1																														

ライフヒストリー

時期	月	出来事	1	2	3	4	5
3年生担任（講師）	10	授業参観。クラス内のトラブル。				■	
	11				■		
	12	成績付けに追われる。			■		
	1	授業参観。		■			
	2			■			
	3	指導要録、成績に終われる。			■		
2014年度　A小学校　3年生担任（講師）	4	教員採用試験の準備		■			
	5				■		
	6				■		
	7	教員採用一次試験。				■	
	8	将来について考える。				■	
	9	運動会（下見）			■		
	10	内地留学教員の補充としてA小学校に勤務。		■			
	11				■		
	12				■		
	1	3学期開始。慣れ。		■			
	2	縄跳び大会。	■				
	3		■				
2015年度　C小学校　支援員	4	彼女の地元への移住を本格的に検討。			■		
	5				■		
	6	転居。新生活への不安。			■		
	7	教員採用一次試験。				■	
	8					■	
	9	就職活動。ハローワークへ。		■			
	10	十一月からの勤務が決まり安心。		■			
	11	不安は意外となかった。		■			
	12	仕事に慣れ始め来年を考える。	■				
	1	恩師の死去にこのままではいられないという焦り。	■				
	2		■				
	3		■				

時期	月	出来事	1	2	3	4	5
5年生担任	10	学校祭。とにかく多忙。			■		
	11	研究授業（生）。前回より落ち着いてできた。			■		
	12	先輩の力を借りながら少しずつ自分を出せるように。			■		
	1	研究授業（自）。肢体不自由における専門性とは。		■			
	2	宿泊研修。同期の大切さを感じる。	■				
	3	結婚式。来年度に向けて前向きに。	■				
2019年度　E特別支援学校　5年生担任	4	2年次研修スタート。				■	
	5	少し落ち着く。兄の結婚式。		■			
	6	研修課題関連図作成。		■			
	7	課題研究・テーマと内容のズレに悩む。		■			
	8	新婚旅行。児童転入。	■				
	9	研究授業。緊急対応。			■		
	10	立て続けの行事、多忙感。		■			
	11	課題研究検討会。研究、授業の停滞。		■			
	12	児童転出。		■			
	1		■				
	2	児童会活動少しずつ思ったことができるように。		■			
	3	新型コロナウイルス対応。		■			
2020年度　E特別支援学校　6年生担任	4	コロナにより例年通りにいかない不安。		■			
	5	主題研究スタート。授業への意欲。	■				
	6	ゆっくりとしたスタート。学級も落ち着いている。	■				
	7	TTの担当変更。		■			
	8	感染症への不安。同期を反面教師に何ができる？	■				
	9	修学旅行。10月の行事に向けて。		■			
	10	学習発表会。協議会での指摘を受けて授業を見直す。			■		
	11	児童会活動、昨年度より見通しがはっきり持てている。			■		
	12	やっと一息。		■			
	1	研究のまとめ。		■			
	2	来年度の異動に向けて準備。		■			
	3	子どもたちが良い卒業の日を迎えられるように。	■				

で子どもたちと関わる教師のやりがいを再認識した。せっかく勉強に来ている子どもたちの頑張りを後押ししようと思い、自作で消しゴムハンコを作り、それを押したカードを子どもたちに渡すようにしたところ、とても喜んでくれた。消しゴムハンコは、大学３年生の頃から暇な時に作り始めて、今でも細々と続けていた。そんな趣味が、まさか学校で役立つとは思いもよらなかった。

「放課後に勉強するって言っても、子どもが宿題をやったりとか、その先の目標としては自分でやることを見つけてやれるように。勉強した後に、ただ頑張って、じゃあおしまいじゃああれなんで、名刺サイズのカードにハンコを押してあげるようにしたら、子どもがすごい喜んで。」

消しゴムハンコの効果もあり、ボランティアは順調に進んでいる。年明けになり、ボランティア校の支援員に欠員が生じ、働いてみないかと話があった。支援員担当の教師が母親と親交があったため、そのつながりで声をかけてくれたようだ。基本的に、ボランティアは放課後のみ、しかも学校の一室で行われるため、教師と関わることはあまりなかった。支援員になるにあたって、職員室で挨拶をすると、担当の教師からは消しゴムハンコのことも紹介された。母づてに聞いていたということだったが、紹介で話題になるとは思ってもみなかった。

「支援員担当の学校の先生もその特技を母づてに知っていて、最初の職員紹介の時に、実はこんな特技をお持ちでって、最初に言っていただいて。学校でも、たまに『じゃあ、こういうのが欲しい』っていう先生からのリクエストがあれば作ったりとか。」

支援員ということだったので、配慮の必要な子どもに一対一で付くことを想定していたのだが、あるクラス全体のサポートに入ることもあれば、自閉症の子どもに付きっきりになる場合もあり、日によっていろいろな形でサポートをしている。子どもと一緒にいることができる楽しさに加えて、担任が進めている授業を参観できるというのは、いずれ担任をする身としてとてもありがたい。ただ、担任を持っているわけではないため、授業の支援以外にそれほど業務があるわけではない。空き時間を使って頼まれた消しゴムハンコを作ったりもするが、たまに時間を持て余すこともある。本当であれば、支援員として入る中で感じていることや子どもの様子を、学級担任と共有できればとは思うものの、なかなか言い出すことができずにいる。

「もう一人支援員で入られている先生なんかは、帰る前に今日の様子とかを担任の先生に話したりして、いいなと思ったんですけど。なかなか関わる時間が断片的だったりとかすると、機会がなかったりとか、立場的にそんなに言えるものじゃないとか。ただでさえ大変なクラス。言われたって、『私だってわかってますよ』って言われるのも怖くて。今はとりあえずハンコ作って役に立っていればいいかなと。」

年度末が近づき、4月からもA小学校で支援員として勤務することが決まった。7月にはまた教員採用試験もある。今度こそはとは思うものの、やる気スイッチはまだ押されていない。両親は温かく見守ってくれているが、いつまでも兄弟そろって講師を続けるわけにもいかない。気持ちを新たに新年を迎える。

〈2012年度：A小学校　特別支援教育支援員・臨時講師〉

昨年度に引き続き、A小学校の支援員として勤務する1年が始まった。特に担当が決まっているわけではなく、年度初めの4月、5月は、1年生を中心にサポートに入るよう依頼があった。そのサポートも、担任によってタイプが異なるため、できるだけ担任の意向を聞いてから入るようにしている。

「4月とか5月の年度初めは、支援員の配置ってどうしても1年生付きになるので、1年生の方に入って。（中略）先生によって、支援員の使い方みたいなところが違うので。この人メインで見てくださいっていう先生もいれば、全体的に特に指示がなく、お手伝い必要かなと思う教室もあって。」

年度初めの喧騒を抜け、教員採用試験の願書出願が迫ってきた。今年は、北関東の地元と、彼女のいる東北地方の自治体の試験を受けようと考えている。ところが、出願に必要な成績証明ではなく、間違って卒業証明を取り寄せてしまった。気付いた時には時すでに遅く、地元の教員採用試験には出願すらできなかった。両親をはじめ、勤務校の同僚からも応援してもらっていただけに、不甲斐ない自分に嫌気もさしてくる。

支援員としての活動は、6月以降軌道に乗り、特別支援学級に在籍する子どもを中心として、交流学級で授業する際などにサポートに入っている。特に情緒のクラスに在籍している4年生の子どもには、個別支援が必要なため、その子どもの支援に入ることがメインになる。自閉症の傾向が強いことはわかっていたが、話を聞くと、小学校に入学時点で本来であれば特別支援学校に進学するところを、保護者の強い意向でA小学校に進学してきた経緯があるらしい。言葉も出てこず、知能も2歳前後のようで、他の子どもと一緒に活動することはいろいろな面で難しい。

日々悩むことはあるものの、そんな時は同僚や母親に相談して、何とか乗り越えている。職員室は、管理職と教師の仲があまりよくないものの、だからこそ管理職への不満が教師間で共有されているので、笑顔が絶えない。同じく支援員をしている教師や、交流級の教師とも気軽に相談できるのはありがたい。7月に、彼女の地元の教員採用試験を受験した。結果は不合格だった。その一方、兄は合格した。来年は、自分も続きたい。そのためにも、まずは地元の試験を受験できるようにミスだけは避けたいと前を向いた。

夏休みが明けた頃、10月から特別支援学級の担任が産休に入ることがわかり、管理職から産休代替の講師に変更してもらえないかと打診があった。信頼してもらっていることは嬉しい反面、情緒クラスの担任になるということは、支援員と比べて格段に責任が重くなる。それでも、せっかくいただいた話を断る理由はない。講師を引き受けることにした。10月に入り、今まで支援員として入っていた情緒クラスの子どもたちに、新しい担任として自己紹介した。担当するのは、4年生一人と3年生2人の3人。4年生の子どもには、自分が支援員として関わっていたように、新しい支援員が付くことになる。自分の代わりに新しく支援員になったのは、講師経験も豊富な30代の男性。担任も経験したことがあるため、とても頼りになる。

情緒クラスの担任になると、支援員の時にはなかった重圧を日々感じる。前任からは、授業がかなり飛び飛びになっていたり、遅れたりしていると聞いてはいた。ただ、注意力が散漫だったり、書き写すことが難しかったりするため、授業のスピードを速めることはできない。このような事情があるのだが、4年生の子どもの保護者からは、こうしてほしいという要望が数多く寄せられる。年度の途中で担任が変わり、しかも経験の浅い講師が担当になったということもあるのかもしれないが、時にクレームに近い形で言われるため、自分でもどう対応してよいかわからない。正採用の教師であれば、初任者指導の教師がつくのだろうが、講師の自分にはいない。大学の時に学び経験したことをベースに対応し、少しずつ認めてもらえることもでてきた。

「保護者の方、お母さんの存在ってすごく大きくて。悪いところは言っていただいたから、それに対する対応ができたし、お母さんの方でも認めていただく部分もあったので、それは自分にとっても自信になった。お母さん、子どものために短大に入って勉強し直したくらい熱心な方で。」

地元に戻り、特別支援に関わっていると、今になって親の偉大さとありがたさを感じる。みな両親を知っているため、気軽に声をかけてくれ、また親身に相談に乗ってくれるのは本当にありがたい。その上、同僚に相談しても解決が難しかったり、クレームのように言われてへこんだ時は、母親に愚痴を言えば、アドバイスももらえる。

「多いのは愚痴ですかね。この辺が上手くいかないとか。でも、その愚痴から『じゃあ、こうしたらいいんじゃない?』っていうアドバイスをしてもらって改善できた点はあるので、やっぱりノウハウがある母に聞いてよかったなって。」

講師として勤務することで、支援員とは比べ物にならないほど、今後につながる経験をさせてもらっている。給料も支援員と比べて高く、生活していく上では助かっている。ただ、日々の授業の準備や成績処理などに追われ、教員採用試験の勉強は全く手が付かない。年末に来年度継続するかどうかを相談した際、継続せずに勉強に専念することを伝えた。

今年は、地元の教員採用試験に絞って受験しようと考えている。しかも、特別支援学校教諭ではなく、小学校枠で受験し、特別支援学級の担任を目指すことにした。小学校の通常学級の担任になる可能性もあるため不安はあるが、受かりやすさや自分の専門性を生かすには、この方が良いだろうと判断した。身近なところでも、同年代が続々と採用試験に合格し、学校で活躍している姿を見ていると、自分も負けていられない。教員採用試験の合格を目指し、新年度を迎える。

「いまだに、小学校通常学級をいざ持てって言われたら、不安はすごくあるんですけど。そんなこと言っている場合でもなくなり、いい加減職に就かないとどうにもならない。（中略）今年に入ってから、けっこう若い人たちとのコミュニティができて。1個上でストレートで卒業して新採で入ってっていう先生と、今年新採で入ってきた方が同級生で、（中略）近い年齢の人でも担任持ってやってるっていうのをすごく身近に見て。」

〈2013年度：B小学校　特別支援教育支援員〉

教員採用試験の勉強に専念するため講師の依頼を断り、自宅で勉強する毎日が始まった。この春から兄が新採用として小学校に勤めることになり、自分も後を追わなければと気を引き締めた。今年は、地元の教員採用試験に絞って受験することにしている。彼女も、地元の東北地方の自治体だけを受験する。2人とも受かることが望ましいが、そうなるといつかはどちらかが辞める必要も出てくる。そう考えると悩ましくなるので、先のことはあまり考えないようにしている。7月の試験に向けて、離れ離れの地で勉強に打ち込んだ。

5月頃になり、小学校に勤務していた兄が体調を崩し、休職することになった。小学校と中学校で教職経験もある兄が、まさか2か月で休職するとは思いもよらず、自分も教師を目指していて大丈夫なのだろうかという不安が頭によぎった。

> 「兄が今年採用になったんですけど、5月にメンタルの方崩して。小学校です。家庭訪問なんかも一通り終わった時期に、どうしても朝学校に行けないってなって。軽いうつだって。そこから学校と話をして休職に。（中略）自分が目指す方向でやっているのに、先にそれがあったので、やっぱり迷うじゃないですか。兄は、小学校でも中学校でも経験があったんで。大変だって言いながらもやってたイメージがあったんですけど、それでもぶつかるものがあるんだなと。」

とはいうものの、目前に迫った教員採用試験を投げ出すわけにもいかない。一次試験を受験した。毎年のように面接は手ごたえがあるのだが、筆記試験は全く自信がない。結果は、4年連続で一次試験を通過できなかった。

教員採用試験が早めに終わり、教育委員会に講師登録を出した。できれば自宅から通える特別支援学級の講師や支援員があればと考えていたが、今のところ空きはないようだ。ただ、小学校の通常学級の担任であれば、9月から産休代替があるらしい。兄が休職に追い込まれたこともあり、通常学級の講師を引き受けることにためらいもあったが、いつかは通る道だと捉えて、講師を引き受けることにした。産休が少し早まったこともあり、2学期が始まる8月末から勤務することになった。

講師として勤務することになったB小学校は、1学年2クラスの中規模校だった。事前に打ち合わせに行くと、3年2組31人の担任になると伝えられた。昨年勤務した学校の3年生を思い返すと、ギャングエイジならではのやんちゃな子どもたちの姿が脳裏に浮かぶ。そんな子ども31人を指導できるだろうかという不安もあるが、やるしかないと前を向いた。同じ学年を組む主任は、体育主任も兼ねている、力のあるベテランの男性教師で、協力して頑張ろうと声をかけてもらい安心した。夏休みが明け、31人の子どもたちと初めて顔を合わせ、お互いの自己紹介からスタートを切った。思ったよりもおとなしい感じの子どもが多く、何とかなるかもしれないというほっとした気持ちになった。

ただ、授業が本格的に始まると、昨年まで2年間勤務した学校の雰囲気とずいぶん違うことに戸惑った。もちろん子どもが違うというのもあるが、教室間の壁のないオープン教室で授業をすることに、なかなか慣れなかった。

「一番違うなって思ったのは、前の学校の様子と今の学校が全然違っていて。それはもちろん違うんですけど、子どもたちの全体の様子、全体としての雰囲気が違ってて。（中略）最初がやりづらくて。結構新しいんですよ、この校舎。オープンなんですよ。オープンなところで授業やっていれば、周りの声が聞こえる。それはすごくやりづらかったです。」

9月早々に運動会があるため、すぐにその練習が始まった。右も左もわからない中、とにかく主任や管理職に尋ねながら準備を進めた。日々の授業は、こんな授業をしてみたいという思いはあるものの、そのような準備をする時間も心の余裕もなく、教科書と教師用指導書を見ながら、とにかく忠実に教えていくことに専念した。それでも準備が間に合わない。一日の授業を終えると体力的にもかなり厳しく、自宅に帰って準備をしようと思うのだが、周りの教師は一向に帰る気配がない。昨年度勤務していた学校では、夕方6時になると多くの教師が帰宅していたので、それとは全く違っていた。学校で仕事をするか、持ち帰って仕事をするかの違いなのだと思うのだが、先輩たちが残っている中で、講師の自分が先に帰るのは気が引ける。

「前の学校と違うなと思ったのは、みんな朝早くて夜遅いんですよ。前の学校だと、夜も6時くらいになると、『遅くまで頑張ってるね』みたいな。ここは、平気で9時くらいまで残って、みんな結構残ってやってるっていうところだったので。最初きつかったですね。帰りづらいし。かといって初めてだから、何やっていいんだろうみたいな。」

比較的研究熱心な学校ということもあるのか、A小学校と比べるとICT機器が充実していて、それを使いこなしている先生方も何人かいる。子どもたちがiPadで調べたことを、電子黒板に転送している様子を見ると、自分も勉強していかなければと思わせられる。

「学校にも大きいテレビとか、新しい機材とか入ってて、iPadも。パンとつないでポンとYouTubeとか。それにすごい驚いて。今こういうのが普通か？と思いながら。一番ICT強い先生が、4年生の主任の先生なんですけど、デスクの上に紙がないっていう。全部取り込んで。すごいなあと思いながら、そっちも勉強していかなきゃいけないんだなあって。」

年度末が近づき、通知表や指導要録の作成に追われる毎日が続く。8月末からの7か月あまり3年2組31人の担任を経験し、とてもよかったと感じている。特別支援学校の教師を目指すか、小学校の特別支援学級の教師を目指すかは、まだ決めきれていないが、一つわかったのは通常学級ではなく、特別支援学級の教師を目指したいという気持ちが強いことを確認できた。

「経験させてもらって本当によかったなって。特別支援学級か通常学級か選べないんですけど。自分が本当にやりたいのはどっちかって考えた時、比較する確かなものができた。今のところでは、特別支援学級の方がいいなと思う。（通常学級は）こまめにできる人だったら、やりがいのあることだと思うんですけど、どうしても全員に配慮するのはあまり向いてないんだろうなって。やっていく中で獲得していけるのかもしれないですけど、今のところはまだ無理だなという気持ちで一杯ですね。」

大学を卒業して3年が終わり、そろそろ本格的に就職を考えるよう親からも言われている。付き合っている彼女とのことも考えると、少しでも早く正規採用になった方が良いことは自分でも理解している。この春からも、講師の依頼を断り、試験勉強を優先することにした。今年こそという思いを強くし、B小学校を後にした。

「今年受からなかったら、極端な話で言えば、教師ではなく、例えば公務員とか、別なのとか考えた方がいいんじゃないかって話も出ていて。プラス、いい加減彼女さんを待たせちゃいけないだろうみたいな話も出てきて。」

〈2014年度：A小学校　臨時講師〉

教員採用試験に向けて勉強に打ち込む日々に戻った。体調を崩した兄は、復帰プログラムの一環で、たまに学校に行っているようだが、まだ本格的な復帰には至らず、自宅で静養していることが多い。それに加えて、母が祖母の介護のために早期退職したため、自宅にはたくさん話し相手がいる。採用試験の勉強に力を入れてはいるが、相変わらず筆記試験の対策に苦戦している。そんな折、A小学校から、10月から講師をしてもらえないかと連絡があった。教師の一人が大学へ内地留学することになり、その補充とのことだった。通いなれたA小学校で講師として勤務することも決まった。あとは試験に受かるだけだと、気持ちを引き締めた。

昨年同様、7月に自分は地元の教員採用試験、彼女は彼女の地元の教員採用試験を受験した。結果は、2人とも不合格だった。その結果を受けて、彼女から将来のことについて相談があった。先延ばししてきた、将来的にどこで暮らすかについて話し合い、自分が彼女の実家のある自治体へ行くことを決めた。今年は、秋以降にA小学校の講師をすることになっているため、来年4月以降に引っ越す方向で考えている。

「彼女とひと悶着ありまして、彼女の方で、もうぶっちゃけ別れ話みたいなのが出て、どうするかってなって。将来お互いに安定していないっていうところに行き着いたので。結局、場所どうするかっていう話が決着ついていなかったんです。（中略）僕はそんなに地元に拘るわけではないし、次男だし。じゃあ行くよって。今年終わったら、彼女の地元に行こうかなあって。」

10月からの勤務に向けて、一足早く9月にA小学校の運動会を参観した。2年前まで支援員として子どもと関わっていたため、ある程度子どものことはわかる。10月から受け持つ予定の3年生は、当時1年生だったため、おぼろげながらに顔のわかる子どももいた。内地留学で不在になる教師が、たまたま3年生の担任だったこともあり、昨年に引き続いて3年生の担当になる。昨年は、初めてづくしで大変だったが、授業の準備も2回目となるため、これまでの勤務開始時よりは不安は少ない。何より、2年間にわたって勤務し、親しくさせていただいた先生方と一緒のため、帰ってきたという気持ちが強い。朝の職員会議で「またお世話になります」と挨拶したところ、「お帰り」と言ってもらい嬉しく思う。

3年2組28人の子どもと顔を合わせると、B小学校の子どもと比べると賑やかな印象だった。ただ、そのくらいの方が自分の性には合っている。半年間という短い期間ではあるものの、昨年の反省を生かしていこうと考えている。

「落ち着かない子たちではあったかな。学校の様子で行ったら、こっちの方が賑やか、やんちゃな子が多いっていう感じで。（中略）ちょこちょことしたいさかいとか多かったりとか。やっぱり3年生でも、授業中すぐざわざわしちゃうとか。でも、やりやすさで行ったら、こっちの方がやりやすい。」

昨年は、最初にルールを決めきれず、前の担任とのルールの違いで、子どもたちを戸惑わせてしまったという苦い経験があった。今回は、その反省を生かして、前の先生の時のルールを確認した上で、自分が担任として大切にしたいことをあらかじめ伝えるようにした。

「あらかじめ子どもたちには、先生は前のやり方を知らないから、ある程度教えてねって。ただ、違う部分も出てくるから、それは新しいルールだよっていうのは、ちゃんと言うことができたかな。前回ちょっと自分の方でもこんがらがっちゃうところがあったので。今回は、そこは困らずにやれたかな。」

それでも、日々トラブルは起きるもので、色々な先生方に相談に乗ってもらい、何とか乗り越えていっている。学年主任には毎日のように相談しているが、主任が受け持つクラスの方が問題が深刻なため、時間を取ってもらうのが申し訳なくも感じる。内地留学で担任が抜けた後に講師に任せることを想定して、主任のクラスに問題を抱える子どもを多めに集めたと聞いた。自分にどうこうできることではないが、せめてこれ以上負担にはならないようにしようと心がけている。とてもありがたいことに、放課後の休憩時間中に学校外で喫煙していると、同じように喫煙に来た先輩たちが、職員室では聞きにくいことにも優しく答えてくれる。

「助けられたのは、やっぱり結構長い先生で、前からいらっしゃる先生で、お酒は飲まないんですけど、タバコは吸うんですよ。喫煙中の話なんかで、聞いてもらいながらっていうのは、すごく助かった。(中略)職員室でって言っても、やっぱりみなさん仕事されたりしているので。」

3学期に入ってからも、授業や学級経営は特に大きな問題は起きていない。内地留学に行った教師が担当だった体育主任の役割も、他の先生方に協力してもらいながら、前に進めることができている。2月に全校で行う縄跳び大会があり、その準備に取り掛かり始めた。自分の中では、それほどモチベーションが高かったわけではないが、練習していくうちに子どもたちのやる気が一気に高まり、自主的に練習したいと言って来た。子どもに押されるように練習に力を入れると、日に日に成果が出てきて、学年によるハンディがあったとはいえ、本番で全校2位になった。体育の行事を通して、クラスの子どもたちの気持ちがこんな風にまとまり、そして成果が上がることに触れ、教師という仕事の面白さを再認識した。

「2月に縄跳び大会があって。子どもがすごい頑張って。1週間ぐらい前から、記録ががっと伸びたんです。子どもも面白くなっちゃって、それでもう気持ちが強くなって、それじゃあ練習するかって言って。時間作って練習して。学年に応じてハンディがあるんですけど、でも、2位だった。通算ポイントで。今まで体育とか、そういう行事に関しては気持ちってあんまりなかったんですけど、いいなあと思って。一緒に喜べるっていう。すごい基本に立ち返るっていうか。」

半年間の講師生活も終わりを迎え、新年度には彼女の地元である東北地方へ引っ越すことになる。お世話になったA小学校の先生方からは、ここに残るよう言われるが、苦笑いで通している。彼女の地元に行ったとしても、教員採用試験に合格しなければ、どちらにしろ将来のことは考えにくい。まずは、教員採用試験の傾向を調べるところから始める。

〈2015年度：C小学校　特別支援教育支援員〉

地元を離れ、彼女の住む東北地方の教員採用試験に向けて準備する毎日が始まった。教員採用試験の内容は、都道府県によって大きく違うわけではないが、細かいところは各自治体の求める教員像によって異なる部分もある。彼女の地元の教員採用試験は、大学卒業後に一度受験したことはあるものの、ここ数年は受けていなかったため、もう一度調べ直し始めている。一次試験に実技があるため、苦手なピアノの練習も始めなければならない。

教員採用試験が終わったらすぐに講師登録できるように、試験前までに引っ越すことにした。これまで蓄えてきた貯金を切り崩して生活することになるため、県庁所在地から少し離れ、できるだけ安いアパートを借りられるよう不動産屋を回った。6月に引っ越し、約4年ぶりの一人暮らし生活が始まった。そして迎えた教員採用試験。手ごたえはあまりない。後日、結果が発表され、今年も不合格だった。スイッチがなかなか入らないのは、大学生の時から変わらない。ただ、彼女の地元へ移り住み、退路を断って試験に臨んだはずなのに、試験の雰囲気を感じるだけになってしまった。

「言い訳がましくなるのかもしれないんですけど、やっぱり形式が全然違うのもあって、問題の傾向から、もう実技が一次から入るとかも、それも同時並行で全部やったりして。あ、こういう風なんだっていうのを、とにかく今年は感じて。」

試験が終わり少し落ち着き、生活費を稼ぐためにも働かねばと思い始めた。アルバイトを探し始めたものの、長くても来年3月までの短期になってしまう。せっかく雇ってもらったとしても、それで辞めてしまうのは申し訳ない、等と考えている間に、月日は流れていった。ただ、何もしなければ生活がままならなくなってしまう。ハローワークを訪ねてみると、ちょうどアパートから通える範囲の学校で、支援員の募集があった。さっそく連絡を取り、11月から支援員として勤務することが決まった。

「重い腰を自分でも上げたなっていう。初めてのことってすごく抵抗があって、今までも確かに。こっち引っ越してきてから動き出すまでに結構時間がかかって。一回学校である程度お世話になってからは、次の講師どう？みたいな話が合って。それを自分で捨てちゃったから、それをもう一回作んなきゃならないっていう。」

11月に入り、C小学校での勤務が始まった。C小学校は、郡部にある町立の学校で、3年前にいくつかの学校が統合してできたと聞いた。これまで勤務してきた学校と違い、公立小学校にも関わらず制服があるため、何となく落ち着いた感じに見える。1学年3クラスに加えて、知的と情緒の特別支援学級があるため、比較的規模は大きい。そのうち、基本的には知的クラスに在籍している1年生一人の支援を任された。支援員はこれまでにも経験しているため、仕事上は特に不安はない。ただ、地元を離れて初めての勤務となるため、いつも以上に緊張感はある。年度の途中だったこともあり、集会ではなく、校内放送で自己紹介をしたものの、顔がわからないため、ちょうど同時期に来ていた教育実習生と間違われることもしばしばあった。

支援員の役割は、授業内外の子どものサポートがメインのため、基本は帰りの会が終わると仕事終了となる。ただ、これまで勤務した学校では、交流クラスの先生方から何かしら頼まれたり、支援員同士で子どものことを話したりすることも多く、授業が終わった後も職員室でしばらく過ごしていた。C小学校ではそのような文化はないようで、時間が来ると他の支援員はみなすぐにタイムカードを押して退勤してしまう。

「支援員のお仕事で言えば、子どもに付いて何かやるっていうのがメインなので、残って何かやるっていうのもない。前の学校だと、例えば学級でお手伝いできますかってことがあれば、ちょっと時間過ぎててもじゃあ残ってやるかってなったんですけど、今の学校は時間になったらピッタリ帰る。タイムカードあるんですよ。僕としては、もうちょっと残っていろんな先生と話したりとかって嫌いじゃないんですけど、周りがそういう雰囲気じゃないから。」

年末に入り、来年以降も支援員を続けてもらえないかと打診があった。引き受けるとなると、4月から引き続きということになる。これまでは教員採用試験の勉強に専念するため、4月からしばらくは働かないようにしていたが、支援員であればそれほど負担なく働くこともできそうだ。なにより、支援員は非常勤講師の扱いになるため、夏休みや冬休みなど長期休暇は給料が出ない。大学卒業後の5年間で、ある程度蓄えたと言っても、毎月のようにアパート代や光熱費が引かれるため、懐事情は厳しい。4月からも引き続き支援員として勤務することを決めた。

「支援員は、本音で言えばすごく楽しいですよね、やっぱり。いろんな学級を見に行けたりとか、保護者対応とか、そういう面倒な面がなくなったりするところもあって、責任ある立場っていうのもすごく大事だとは思うんですよ。別にそれが嫌だっていうわけではないんですけど、軽く動けたり、余裕を持って見られるっていうのはやっぱり。」

年度末を迎え、特別支援学級からも3人の卒業生を送り出すことになった。

直接的に関わる機会は少なかったものの、3人の卒業祝いに、子どもの名前とキャラクターを入れた消しゴムハンコをプレゼントした。これまでに勤務した学校であれば、同僚の先生から「こんなのを作ってほしい」と依頼があったのだが、C小学校ではさりげなくアピールしているものの、なかなか依頼されることはない。それでも、何かしらのきっかけになるだろうと考え、事ある毎に出していきたいと考えている。

「特技をちょこちょこ機会があれば出していくようにはしているんですけど。好きなキャラクターはいる？　とか。その学級に入った時に、ドラえもんが好きだって聞けば、このハンコ使ってくださいって。さりげなく出して、アピールしますけど。覚えてもらったり、何かの話になったりするので、積極的に出していこうとは思います。」

この春は、引越しも異動もないため、とてもゆったりした気持ちで新年度を迎えることができている。彼女との将来も見据え、そろそろやる気スイッチを押さなければと気持ちを込めた。

〈2016年度：C小学校　特別支援教育支援員〉

C小学校での支援員2年目が始まった。今年の担当も、知的学級の一人のサポートが中心となる。昨年から引き続きとなるため、信頼関係もできており何も不安はない。始業式に子どもと顔を合わせ、また1年よろしくと声をかけた。C小学校での勤務も2年目となり、同僚とも親しくなってきた。最初は、彼女しか知り合いがいない県に引っ越してきたため、心細い気持ちも少なからずあったが、一緒に支援員をしている同僚をはじめ、多くの先生方との交流が増え、居心地もよくなってきた。

「生活面に関して、今まで知り合いって彼女しかいなかったんです。やっぱり勤めている中で、先生方とのつながりができてきたっていうのは、すごくありがたく思って。いろんな人いるんですけど。教師を目指してて、でも結婚があったり子どもができて支援員やって、来年から講師をするって先生がいたり、本業としては音楽関係のことをしたいって、その傍らで支援員をしているっていう先生がいたり。何かいろんな人がいるんだなっていうのはすごく。」

同僚や子どもとの関わりは、すこぶる順調に進んでいる。特に、子どもの特性がわかってきたため、子どもの言動の背景を推測できるようになってきた。その一方、教員採用試験が近づくにつれ、試験への不安は高まり、気持ちは下降していった。

「すごく楽しかったです。その子との付き合い方もすごくわかってきたので、ふとした時に何が嫌だったんだろうっていうのがわかるようになってきたので。話も聞けたし。（中略）ただ、教採が近づいているからですね。何かまた同じような1年じゃないかっていう不安が。勉強しながら。いくら勉強しても、また一次で落ちるんじゃないかみたいな不安が。」

そして迎えた教員採用試験。試験の傾向に合わせて対策したこともあり、昨年よりは手ごたえはあるものの、自信があるわけではない。結果が公開された。小学校と特別支援学校の併願で出していたうち、特別支援学校小学部の枠で一次試験合格になった。小学校の特別支援学級で教師になることを目標としているだけに戸惑う気持ちもあるが、選り好みしている余裕はない。9月に行われる二次試験に向けて、どう対応したらよいか同僚に相談して、対策を重ねた。

「一次の時もそうだったんですけど、二次の時は、学校の先生方のすごくバックアップがすごく厚くて。今まで何となく心配はされていたんですけど、すごく働きかけてくれる先生が多くて。（中略）教頭先生と校長先生が面接の練習するぞとかって、どんどん働きかけてくれて、本当にありがたかった。」

それに加えて、教員採用試験の試験官をした経験のある先生の勉強会があると教えてもらった。教職員組合が主催しているようだが、組合に入っていない講師も参加して構わないと言う。藁にもすがる思いで勉強会に参加し、指導案作成や模擬授業の準備に取り組んだ。大学生の時に指導案を書くことはあったが、それ以来指導案を書く機会はほとんどなかった。しかも、その場で出されたテーマで指導案を即興で書き、10分程度模擬授業をすることなど、これまで一切経験したことがなかったため、もしこの勉強会に出てなかったらと思うと、ぞっとした。

翌月、合格発表があった。結果は不合格。もしかしたら、初めて一次試験に合格した勢いで、二次試験も受かるのではないかとかすかに望んでいたが、そんなにうまくはいかなかった。しかも、成績を開示してみると、想像以上に評価が低く、道のりは険しいと気持ちは沈んだ。

「模擬授業とかも本当にわからない中だったんですけど、体当たりでやって。その後に成績開示があるんですよ。まあ、できてなかった。ABCでBが1個もなかったです。Bより下しかなかった。CかDしかなかった。せめて1個ぐらいいいとこあったらなと思ったら、いいとこなかったっていうのが痛かったです。」

11月に入り、来年度の講師登録と採用試験の優遇制度の書類が送られてきた。今回一次試験に合格した人は、同じ区分であれば、来年度の一次試験が免除になると書かれていた。今回受かった区分は、特別支援学校小学部であるが、今まで自分が目指してきたのは小学校の特別支援学級のため、枠が異なる。改めて一次試験からの受験になるが、目指してきた夢を追いかけるか、少し軌道修正して、一次試験が免除になる特別支援学校枠で受験するか、今後の人生を左右する大きな分かれ道が目の前に迫った。親や彼女とも相談し、特別支援学校小学部で受験することを決めた。

「どのみち講師をやるとして、また一次対策からやっていくとなると、時間的にも難しい。やりたいことは特別支援関係であるならば、あとは自分が不安なだけなので、経験してみてでいいんじゃないかって思うようになって。最終的に、特別支援一本で行こうって考えました。」

そうなると、来年度以降の講師も、小学校の特別支援学級より特別支援学校で勤務する方が、今後に向けて経験の蓄積になる。来年度は、特別支援学校の講師として頑張ろうと決意した。

3月に入ってから、来年度の講師の連絡があった。住んでいるアパートから車で30分ほどの場所にある養護学校の病院併設の院内学級に勤務することになった。お世話になっている同僚に聞いたところ、知的にはそれほど問題がない子どもが多い一方で、精神的な面で配慮が必要だったり、命にかかわったりすることもあるようだ。とはいうものの、これから特別支援学校の教師を目指す上で、院内学級で講師として勤務できるのは貴重な経験とも言える。新しい環境へ進むことに対して、不安よりも楽しみを感じ始めてきている。

「講師として動けるうちにいろいろ見て勉強する。どうなるかはわからないですけど、そこで不安を抱えるよりは、今の方が気持ち的にはちょっと楽に入れるのかなって。(中略)不安ではもちろんあるんですけど、でも反面楽しみが出てくる。今色々考えてもしょうがないので、そういう意味では楽しみにして。いろいろなことができるっていう、やっていけたらいいのかなって。」

〈2017年度：D特別支援学校臨時講師〉

講師の登録を特別支援学校へ変更し、初めての勤務校になる病院併設の院内学級での1年が始まった。院内学級のことはそれほど詳しく学んだことはない。事前に訪ねた時に、病院内の片隅に教室が設けられていることを知り驚いた。小中合わせて約20名の教職員がおり、それほど大きくはない職員室で、着任の挨拶をした。担当することになったのは、小学校1年生と2年生の低学年の子ども2人だった。話を聞くと、院内学級に在籍する小学生は、小児がんや脳腫瘍、白血病のような病気の子どもが多く、中学生は鬱や拒食症といった精神的な理由の子どもが多いようで、しかも入退院があるため子どもの数が頻繁に変動するらしい。とにもかくにも、子どもたちの命に関わる可能性があるだけに、緊張感をもって初日を迎えた。

「すごく緊張というか、自分でも気をつけなきゃいけないって。私自身あんまり病院にかかったことや入院したことがなくて、全然縁遠かったので、変に慣れてなかったので、消毒とかも本当にこまめにするとか、マスクを必ず着けるとか、そういうところでも気を張っていけたのかなって。」

ただ、病気はあるものの、知的には特に問題ないため、授業の内容は通常の小学校と比較的近い。といっても、治療や手術、リハビリなどとの兼ね合いもあり、フルで授業を行うわけではない。しかも、ベッドサイドで授業を行う場合、病棟内にある学習ルームで行う場合、学校エリアの教室で行う場合があり、基本は子どもの病状に合わせることになる。だいたいは、子どもの体力に合わせて、2時間程度の授業をするため、比較的教材研究に余裕をもって取り組むことができた。

「病気と付き合っていく上での、軽くリハビリになる内容で準備して。とは言っても、やっぱり病気と付き合うっていうのであれば、本人が楽しめる活動とか心の支えの部分ですごく大きいので、楽しめる活動を中心に、逆に1、2年生なので、まだ勉強やりながら、治療やりながらって苦しいことなので、自立活動としてアイロンビーズやったりすることが多かったかな。」

これまでは支援員として勤務することが多かったため、校務分掌は一切担当したことがなかったが、D特別支援学校では常勤講師のため、校務分掌も持つことになった。C小学校では支援員として、学校内を走り回ることが多く、むしろ職員室にいることの方が少なかったかもしれない。それと比べると、D特別支援学校での毎日は、病院内の限られたスペースと狭い職員室内で動くことが多いため、体よりも頭を使うことが多い。

6月に入り、教員採用試験の出願をしたところ、教育委員会から電話がかかってきた。昨年一次試験で合格したため、今年は一次試験が免除になると考えていたが、それはあくまでも同じ区分で受けた場合に限ると言う。昨年いろいろ考えた上で、小学校と特別支援学級の併願から、特別支援学校の小学部に区分を変更したというのに、一次試験から受けなければならないことになり、肩を落とした。とはいえ、憤っても仕方がない。半ばやけくそで一次試験を受けた。

その傍ら、自分の特技として売り出していた消しゴムハンコに興味を持ってくれた先生がおり、それを使った親子活動をできないかと計画を立てた。意外と子どもが興味を持ってくれたため、第二弾を計画するまでになり、意外なところで趣味が生かせたことを嬉しく思う。

「消しゴムハンコを今年もやってて。美術の専門の先生がいたので、2人いるんだったらって、親子活動っていうのがあって、最初保護者さん向けに消しゴムハンコ講座じゃないですけど、やって、今度は子どももできるように第2回もそれやって。それに向けてちょっと動画を編集して作り方動画みたいのを作ったりとか。切ったりしたら大変なので、つまようじとかでひっかいて作れるハンコがあるよって。」

8月になり一次試験に無事合格したことがわかった。今年は、彼女も一次試験に合格したことから、昨年も参加した組合主催の二次試験対策に2人で参加した。そして、運命の10月。2人とも合格した。2人の両親、これまで一緒に勤務した同僚に報告し、みんなから祝福してもらい嬉しく思う。と同時に、彼女との将来について、いろいろと悩み、決断しなければならない状況に追い込まれた。嬉しいことではあるものの、今まで行き当たりばったりで生きてきた自分にとっては、あまりにも大きな岐路に立たされ、右往左往してしまう。

「両方受かったってなってからの10月、11月、12月あたりがもう。

じゃあ、どうする？　っていう話になって。籍を入れようって。当初は、3月までに入れられれば、異動のタイミングでって言ってたんですけど、身内のバタバタもあって、今年中には無理だから、一応教育委員会に連絡をして、籍を入れる予定がありますって。」

考えさせられるのは、私生活だけではない。院内学級での日々も長くなると、時には命を落としてしまう子どもも少なからずいる。そういった時には、自分たちが日々行っている授業は、子どもにとってどのような意味があるのか、自分たちが行っていることは何なのかと考えさせられる。そういう時は、自分一人で受け止めきれず、同僚と話すようにしている。受け止め方は人それぞれで、何が正しいというわけではない。院内学級ほどではないかもしれないが、特別支援学校に勤務すると、命と向き合わなければならない場面も比較的ある。答えのない問題だけに、これからも向き合っていこうと心に留めた。

「1、2年生だと、若いから再発って言っても、多くても2回目だけど、だんだん上がっていくと、3回目とか。苦しい中でも勉強し続けるとかっていう子どももいて、そういう子にとっての勉強って何だろうなと、切実に思う。それを勉強したとして、その子がそれを使う時があるのかとか、もしもってなった時に何が残るのかとか、自分たちがやっていることは何なのかとか。」

大学を卒業して7年。乗り遅れた波を追いかけてきた結果、何とか追いついたのかもしれない。追いかけていた波は、7年分さらに先に行っているのかもしれないが、ようやく自分の特性が周りから評価してもらえるまでになった。4月からは、正採用の教師として教壇に立つことになる。入籍に向けて、同居することも決まった。公私とも新生活へと一歩踏み出す。

「過去に比べれば、仕事とかも何となく回せるようになってるって自分でも自覚する時があって。あんまりいい話ではないかもしれないですけど、一緒に組んでた先生がわが道を行く方だったので、いい面は勉強させてもらって、ちょっと足りないかなっていうところを嫌味なくやるっていうか、それができた時に自分も頑張ってるなって。周りからも、あの先生と一緒によくやってるねって、そういう意味で、自分を評価してもらって、自信も持てたのかなって。」

〈2018年度：F特別支援学校教師1年目〉

大学卒業後7年間の講師生活を経て、4月1日より正採用の教諭としてF特別支援学校に赴任した。勤務校は、これまでに勤めた学校と比べるととても規模が大きく、小学部だけでも1学年6クラス、6学年で36クラスあり、小学部、中学部、高等部を合わせると、教職員だけで200人以上になる。4月1日に小学部の教師が集まった職員会議で挨拶し、いよいよ始まることを実感した。その場で、新年度の担任が発表され、5年2組の担当になることがわかった。特別支援の場合、複数の教師でティーム・ティーチング形式によって担当することになる。5年2組を担当するもう一人は、40代前半の経験豊富な女性教師だった。今年1年お世話になりますと頭を下げた。

担当する5年2組には、肢体不自由児のうち中程度の3人が在籍している。車いすの子どもが2人、一人で歩けるものの、時に介助が必要な子どもが一人いる。知的障害の重複があり、また一人は場面緘黙の特性があると聞いた。これまで7年間講師をしてきたとはいえ、小学校の特別支援学級と院内学級の担当だったため、特別支援学校での勤務は、大学で行った教育実習以来になる。遠い昔の記憶を思い出しつつ、気持ちを新たにして学級開きに臨んだ。始業式を終え、子どもたちと顔を合わすと、どことなく緊張している様子が見える。自己紹介をして、これから一年間よろしくと伝えたものの、そんなに簡単に関係はできていかないことは自分も理解している。子どものペースに合わせて、関係を作っていこうと心に留めた。

「T1で入ってくださった先生、同じ学年を3年間T1続けて持って、今年が3年目だったので、そこはすごい慣れてるし、そこに自分が入ったことに対して落ち着かなくなることもわかってはいて。自分としては、そこに合わせていくのが最初大変で。すごい変化に弱い子だと、自分から出さなくなっちゃうので。」

日々の授業が始まると、その準備に追われる。ただ、昨年学習指導要領が改訂され、大学生の時に勉強したことと大きく変わっているため、四苦八苦している。特に、教科の捉え方が大きく変わり、受け持ちのクラスでは、これまであった生活単元学習は生活科、国語、算数として実施することになるため、どうしていいのか見当がつかない。本来であれば再来年から本格実施なのだが、F特別支援学校では前倒しで今年から先行実施することになっているため、他の先生方もみな悩んでいるようだ。初任者研修でも学習指導要領を理解するところから始まっている。

「指導要領がバンって今年打ち出されて、初任研もただひたすらそれをいかに追っていくかっていうか。だから解説本をひたすら読んで。指導される先生も、それは自分もわからないからってことで、初任者と一緒に読んでいって。3観点で評価付ける時に、この解説はどこを言っているんだろうねなんて、一緒に探りながらやっていくっていう、そういう意味では充実した研修でした。」

初任者研修の一環として、今年は研究授業を4回行うことになっている。5月に行われる1回目に向けて、準備を進めているが、なかなか悩ましい。とはいうものの、同じクラスを担当する教師や初任研担当の教師をはじめ、みなさん親身に教えてくれるため、忙しい中でも充実した日々を過ごすことができている。1年先輩の教師も気軽に相談に乗ってくれるため、困ったことがあってもそれほど落ち込まずに済んでいる。

「すごく親身にというか、困ったら隣に担任がいて、その隣に指導担当がいてっていう状態だったので。割と席の近くにも同じ初任者がいて、困った時は連絡って。話も本当にしやすかった。あと、はす向かいに2年目の先生もいらっしゃって、若い男の先生だったので、すごく話しやすくて。ちょっとご飯行きましょうって愚痴を聞いてもらったりとかはしたので。」

それに加えて、4月から彼女と同棲していることもあり、何かあれば話を聞いてもらえるのもありがたい。隣市の特別支援学校に勤務している彼女とは、7月に入籍、来年3月に結婚式をすることになっている。そのための準備は忙しくもあるが、彼女のやりたいように進めてもらおうと考えている。

夏休みが明け、初任者研修の一環として行う研究授業、そして学校行事が立て続けにあり、息つく暇もないほど忙しい毎日を送っている。そのつど課題が明確になるため、学びになるのだが、いろいろな同僚からアドバイスをもらって何度も指導案を作り直すため、精神的には追いつめられる気持ちもある。それでも、回を重ねるごとに、自分らしさを出せるようになってきたという自負もある。年明けに、4回目の研究授業を行う際、子どもの中心課題をふまえた授業を実施してみた。いろいろな意見はもらったものの、一年間にわたって積み重ねてきたことが形になってきた点もあり、やりがいを感じた。

「研究授業が結構大きくて、肢体不自由の自立って、けっこう体を緩めるっていうか、動作法的なところで自分の意志で動かす。ただ、その子自身が例えばコミュニケーションの部分で苦手があるんだったら、そこをやっていかないと、自分の障害の改善にはつながらないのかなとか。その中心課題はどこなのかをやっていくというのを、この4回目にやったんですよ。(中略)肢体不自由だから、もう体動かない。ちょっとでも独歩に近づけるようにっていうのが、必ずしもいいわけではなく、そこがやっぱり難しいところだし、やりがいだし、楽しいところかなって。」

5年2組の担任として、一年間にわたって3人の子どもと関わってきて、もちろん教師として至らない点があることは重々理解してはいるが、子どもとの信頼関係は築けてきたように感じる。年度当初は見えなかった子どもの変化が、見えるようになってきた。

「お互いに信頼できるというか、関係づくりはできたかなっていうのはすごくあって、自立の時間に関わった子どもなんかが、すごい人見知りが強い子だったんですけど、その子の変化とかも見れるようになってきたかなって思うし、変化を出さない子だって思ってたけど、やっぱり出してはいたんだなって。他の人からすれば、それが見えないのが、見えるようになったのかなっていうところは、すごく思います。」

年度末に結婚式を挙げ、たくさんの友人や同僚から祝福していただき、いろいろな人にお世話になってこの日を迎えられたことを嬉しく思う。結婚式の準備を進める過程で、お互いの価値観のズレで悩むこともあったが、同じように特別支援学校で働いているからこそわかりあえるのは、なによりもありがたい。初任者は、基本的に初任校に3年間勤務した後、離れた地区へ異動することになっている。夫婦が同じ学校に勤務することは難しいため、2年後以降一緒に暮らせるかどうかはわからない。ひとまずは、先のことよりも、目先の2年間で力をつけたいと考えている。3月末、新年度も5年生を担任すること、少し障害の度合いが重くなり、医療的ケアが必要な子どもが在籍するクラスになると聞いた。初任者として蓄積した経験値を生かして、2年目に臨もうと前を向いた。

〈2019年度：F特別支援学校教師2年目〉

F特別支援学校での2年目が始まった。担当するのは、5年3組の3人。昨年と比べて障害の重い子どもたちが配属される学級のため、教育以外の医学的な視点も取り入れながら進めていかなければならない。しかも、昨年はT2として授業をすることが多かったが、今年はT1として授業をすることになる。もう一人の担任は、長年にわたって当該の子どもたちの担当をしてきた教師のため、いろいろと聞きながら進めたいと考えているが、主に進める立場であるT1として、あまりにもその先生に頼り過ぎてしまうと、せっかくの学ぶ機会を生かすことができない。頼りどころを考えながら一年間を過ごそうと、新年度に入った。

「TT で組んだ先生は、すごく学級、学年と長く関わっている。5年いるうちの4年は一緒にいた先生なので、本当にその先生に教えてもらいながらやっていくことが多くて。そこで担任になったっていう気持ちと、組んでる先生の方が経験豊富だから、そっちを頼らないといけない部分もありつつ、でもやっぱり主は T1 じゃないとみたいな。微妙な。」

始業式で担任の名前が発表され、子どもたちと顔を合わせた。障害の度合いが重い子どもたちのため、教科書に則っての勉強は難しい。昨年の研究授業で取り組んだように、子どもたち一人ひとりに合わせた課題を設定し、ゆっくりと時間をかけて学びを深めていきたいと考えている。と気持ちはゆったりと構えていたのだが、初任者としていろいろな面で優遇されていた昨年と比べ、校務分掌が増え、初任2年目の研修にも取り組まなければならず、思った以上にやらなければならないことに追われる毎日が続いた。児童会は、昨年担任した子どもたちが6年生として関わってくれるため、その点では助けられている。ただ、初任2年目の研修のテーマを決めるためには、子どもたちの実態把握が重要になるのだが、受け持ち学級が変わったため、ゼロから始めなければならず苦戦している。

「学級も変わってクラスのことでも頭いっぱいになっていって、やっぱり2年次の研修もあって。自分の課題をテーマにして一年間追求していきましょうって研修なんですけど、周りは結構持ち上がりも多かったので、自分は変わってその実態把握から入らなきゃいけなくて。(中略)あと分掌が増えたんですね。児童会を担当したんですけど、始まってすぐに外部と連絡とらなきゃいけなくて。」

昨年と同じ5年生の担任のため、授業自体は2回目になる。ただ、子どもの障害の度合いが異なるため、同じように授業をすることはできず、あくまでも個々の子どもに合わせて準備する必要がある。その上、校務分掌で担当する児童会は、準ずる教育における教育課程が適用となるため、かなり細かい組織づくりや選挙をしなければならず困惑している。前任者がこの春に異動してしまったこともあり、困った時に相談しにくいというのも、困り感の要因になっている。それらが4月に重なったため、かなり慌ただしくなってしまったものの、5月に入ると少し落ち着き始め、ようやく子どもと向き合えるようになった。今年一年間かけて行う研究テーマも決まった。

「初任研でいろいろ研究授業とかをやって、子どもの目標設定、授業における目標の設定が、自分の中で甘い部分があったかなって。何となくで授業やっちゃって、終わってってなって、子どもに何が残ったのかっていうのが、心配になるところが結構あったので、そこをもっと的確に実態把握して、目標設定して、授業をやっていけるようにって。」

年度初めの喧騒を乗り越えると、日々の授業も研究も順調に進み始めた。夏休みには海外へ新婚旅行にも行くことができ、公私ともに充実した毎日を送っている。そんな折、歩くことのできる子どもを介助していた際に、ふと手が離れてしまい、子どもが転倒してしまった。病院で検査を受け、幸い大事には至らなかったものの、油断してしまっていた自分を深く反省した。

「私の方で歩ける子に基本付いて、介助してたんですけど、自分のうっかりっていうか、転倒させちゃったんですね。後頭部から後ろに倒れる形になったので、管理職に連絡して、保護者に連絡して、一緒に付き添って病院行って。異常がないことを確認して。段々慣れてきて関係ができてきたなっていう油断みたいのもあったなって反省して。また気を引き締めてやらなきゃって。バリバリ落ち込んで。」

2学期の終盤、課題研究について検討する機会があり、授業改善の方向が少しずつ見えてくるようになった。この後どう進めたらよいか思案していると、研修部長から次のステップに進んでもいいのではという言葉をかけてもらった。自分一人で考えていると、どうしても自分に見える子どもの姿だけで考えがちになってしまう。月1回参加するようにしている動作法の勉強会でも、そこで新しい方法を知ったり、学外の人と関わったりすることが、日々の授業につながることも多い。2年間の研究を通して、定期的に自分を見つめ直し、課題を見出すことの大切さがわかった。来年は、初任3年目になるため、初任者を対象とした研修からは外れる。自分で意識して研修に参加しようと考え始めた。

「研修部長の先生が、去年の初任研指導担当だったんです。まとめに向かってどうしようか相談した時に、今できていることがクリアできているんだったら、もう次に行ってもいいんじゃないのって言ってくれて。(中略) 定期的に先生方と、その子の課題って何だろうねって話し合っていくことって大事なんだなって痛感した。」

「来年は、一応研修としての枠は外れる。改めて研修の機会が設けられるわけじゃないので、自分で設定しながら、研修の機会があれば、それを自分でどんどんやっていかなきゃいけないっていう部分では、意識してやっていきたいなと。」

3学期に入り、少しずつ児童会の活動も思い通りにできるようになってきた。そんな矢先、新型コロナウイルス感染症の拡大によって、全国の学校が一斉休校になった。学校内には病弱にかかる医療的ケアを受ける子どももいるため、通常学級以上に気を使う必要がある。卒業式を中止とする判断は、子どもたちのことを考えると残念でならないが、それを決断せざるを得なかった管理職の気持ちを考えると、複雑な思いもある。担当する子どもたちとも、最後を締めくくれずに終わってしまった。4月以降、引き続き担任することが決まったため、改めて新年度に言葉をかけたいと心に留めた。コロナ禍の不安はあるものの、担任として初めての持ち上がりに、気持ちは高まる。

「今までは、講師とかでやっても経験が1年とかそれぐらいだったので、続けてやってって持ち上がりっていうのも初めての経験になります。やっぱり1年やってみて、うまくいったとこ、いかなかったとこってのがあるので、そこをやっぱり今年終わっての反省を生かして、また来年できるっていうのは、自分にとってプラスというか、すごく前向きな気持ちで行けるのかなって思います。」

〈2020年度：F特別支援学校教師3年目〉

コロナウイルス感染症拡大のため、3月以降子どもたちは休校、教職員も分散で勤務しているため、学校にはいつもの活気がない。ひとまず始業式を行うことになっているが、見通しの立たない中、新年度を迎えた。担当する6年生学級は、3人体制で臨むことになっている。TTを組む教師が、2学期から産休に入ることが決まっているため、その教師の代わりに代替で入るベテラン講師にも1学期から入ってもらうことになったらしい。教頭からは「3年目だから、いろんな人と組んで経験を増やしましょう」と言われている。

始業式で子どもたちと対面し、引き続き今年もよろしくと笑顔であいさつした。と思ったのも束の間、コロナウイルスの感染拡大に伴い、数日後からは再度休校になってしまった。休校期間のうちに、オンライン授業の方法などの研修を全教員が受け、いつでも対応できるようにはしていたものの、なかなか実行されることはなかった。

「オンライン授業のやり方とかそういう研修を受けて、全教員が形としては対応できるようにはなっていたんですけど、結局上の判断っていうか、誰がどうするってバタバタしているうちに1か月終わったような。宿題をある程度準備して持たせるっていうのと、あとはオンラインで学習できるサイトを案内してってのが主だったのかな。」

引き続き担当になった児童会についても、子どもがいなければ何も決めることはできない。小学校の新しい学習指導要領が今年度より施行されるため、特別支援学校でもその対応が求められる。2年前から徐々に検討を進めてきてはいたが、いよいよ本格的に移行することになる。それでも、コロナウイルス感染拡大に伴い、学校はそれどころではない。

コロナウイルスによって学校が休校することによって、学校がいかに養護的役割を果たしてきたかがクローズアップされたが、F特別支援学校でも、子どもが学校に行かない日が続いたことにより、保護者の負担がかなり大きくなり、頻繁に相談の電話がかかってきた。

「休みに入ると、6年生で体が大きくなっているので、保護者の方としては、その子に向き合わなきゃいけないので、親御さんの辛さも聞いて。保護者対応として本来受け入れっていうのはある程度線を引いてはいたんですけど、理由としては表向きではないんですけど、学校の備品整理って形で来ていただいて、その代わり1、2時間ぐらい子どもと対応して、お母さんの話を聞いたりしてっていう対応をしたりしていました。」

5月に入り、ようやく休校措置が解除になった。改めて子どもたちと顔を合わせて、小学部の卒業に向けて頑張ろうと心を一つにした。

「変わりはなくって言ったらあれなんですけど、なかなか表出の難しい子たちではあるんですけど、お互いに安心したっていうか、やっと始まったねって。改めて5月からスタートして、6年生だから頑張ろうねって。ここからだって気持ちでやっていけたかな。」

初任から3年目の今年は、継続的な研修は位置付けられていない。ただ、研修担当の先生から、10月の校内研修で授業をしてほしいと打診があったこともあり、せっかくならと自分なりに研究テーマを考えた。これまでの2年間の研究をふまえ、評価について考えていきたいと構想している。1年目が実態把握、2年目が授業、それが本当に子どものためになっているかどうかを検証するためにも、評価が重要なのではないかと考えている。

「3年目の研修は自分の代から廃止になったんですが。研修担当の先生から、10月の全体研修の授業対象にしたいのでって話があったので、自分で授業を提供しますってグループ内で手を挙げて。」
「今年の研修って、すごく難しい内容を扱って。教科に踏み切った肢体不自由の学校において、1年目が実態把握、2年目が授業、今年3年目に評価にしたんです。子どものためってやったことの最終的な答えって、評価で出てくるかな。その子がどれだけ伸びたかなっていうのもあるから。」

関東地方などでは毎日のように大人数の感染が報告される中、いつ東北地方に拡がってもおかしくない。幸い、学校の近隣では、あまり感染者の報告は聞いていないものの、医療的ケアを必要とする子どもも在籍しているため、気を抜くわけにはいかない。

「肢体不自由の学校ではあるんですけど、医ケア（医療的ケア）にも関わっているクラスだったので、他に比べてそこは神経使わないと命に関わってくるところだったので、そこは求められているという重さを感じるところだったかなと思います。」

10月に入り、年度当初に計画された研究授業で授業を公開した。修学旅行や学習発表会が終わってすぐで気が抜けていたということもあったのか、授業は課題の多い内容になってしまった。事後に指導助言をしてもらい、その言葉で反省するところは多い。もちろんへこむ気持ちもあるものの、それ以上にやってよかったという気持ちの方が勝っている。

「外部の講師の方に授業を見ていただいて、指導助言。で、その指導助言が痛く刺さりまして。もう本当に、いい意味で。確かにゆっくりスタートして、行事が終わって一段落。気が抜けたなってところで授業をやり、刺され、気を引き締め直そうというそういうタイミングでした。」
「研修全体としてみれば、今後それを見て自分も研修っていいな、やりたいなって思える研修が理想だとは思うんですが、自分は全然叩いてもらうのに抵抗がない人間なので、すごくよかったなって捉えてます。」

コロナ禍でいろんな点に気を使わなければならない中、ひとまず卒業式を迎えることができたことを嬉しく思う。卒業式の呼名を自分でするか迷ったものの、子どもの近くで受け渡しを支える方がいいだろうと考えて、他の教師にお願いした。感動して涙するのだろうかと妄想していたものの、その場になってみると、ちゃんと卒業証書を受け取れるだろうか、いい表情をしているだろうかと気を取られることの方が多く、むしろホッとする感情の方が大きかった。

「胸に来るものがあったかと言われると、卒業式の時も結局受け渡しをしっかりやらなきゃとか、子どもたちいい表情で受け取れてるかなとか、いろいろ考えながらテンパっていたので、とても感動して涙を流すどころじゃなかったんです。とりあえずぶじ終わって送り出せて一安心みたいな。」

初任は3年間で異動することになっているため、この4月からは違う地区の特別支援学校へ異動することになった。夫婦で一緒に暮らすことができるよう、近隣の学校に勤務できる地域になるよう配慮してもらったようだ。教師としての11年目を6校目の学校で迎える。

第9章　高学年担当の仲間と卒業生を送り出して

中川真紀のライフヒストリー

第1節　教職への思いと10年間の概要

自分の居場所と確信した教室で、生涯にわたり子どもと楽しみながら授業をしたい。中川真紀（仮名）は、特別支援学校の教師を目指すか、小学校の教師を目指すか迷うこともあったが、教育実習を経験する中で、小学校の教師を目指すことを決めた。教員採用試験は、二次試験で不合格という結果だったが、大学生の頃から付き合い始め、関東圏で教職に就いている彼を追いかけ、地元を離れて臨時講師として勤務する道を選んだ。臨時講師として勤務した学校を含めて、大学卒業後の10年間で、3つの小学校で教職経験を積んだ（表9-1）。10年間の軌跡と概要を表9-2に示す。

B小学校で6年生の担任を任されて以来、8年間連続で高学年を担当した。教職経験9年目に入籍し、10年目の3学期から産休に入った。年1回のインタビューで語ってもらった発話データをもとに、ライフヒストリーをまとめていく。

表9-1　大学卒業後10年間の履歴

	勤務校	担当	備考
臨時講師1年目	A小学校	3年生担任	採用試験合格
小学校教師1年目	B小学校	3年生担任	
小学校教師2年目		6年生担任	
小学校教師3年目		5年生担任	
小学校教師4年目		6年生担任	
小学校教師5年目		5年生担任	
小学校教師6年目	C小学校	6年生担任	
小学校教師7年目		6年生担任	
小学校教師8年目		6年生担任	結婚
小学校教師9年目		5年生担任	産休に入る

第２節　教師としての学びの軌跡

〈小学校臨時講師１年目〉

東日本大震災の影響により様々な交通機関が麻痺している中、残り少ないガソリンを大切に使いながら自家用車で実家へ行き、そこから鈍行列車を乗り継いで４月から暮らす関東圏に引っ越した。初めての土地で、夢だった教職生活の第一歩を踏み出す。

臨時講師として勤務することになったＡ小学校は、児童数750名ほど、教職員42人の比較的規模の大きな学校だった。担任する学級は３年生35人。大学２年次の教育実習で３年生のクラスに配属されたため、３年生の子ども相手に授業をしたことはあるものの、実際に自分が担任するのとは緊張感が全く違った。何もかもが初めての毎日は、子どもとの関係ももちろんだが、多くの事務作業に追われ、矢のように過ぎ去っていった。初めて受け持つ子どもたちとの対面を夢にまで見てきたにも関わらず、あまりにも準備できていなかったため、それほど印象に残らずに初日を終えた。

「（教師に）なりたかったんです。正直４月会った時は、なんも準備しないで、できないで行っちゃったので、こんなもんみたいな印象だったんです。初めて担任するっていうのが。」

何もかもが手探りの中、授業は教科書をベースに形式的に進めることはできても、日直や班活動の役割、学級目標など、年度初めに決めなければならないことをどう進めるのかは、全く見通しが立たない。そのような中、何でも気軽に同僚に聞ける環境はとてもありがたい。担任する３年生は４クラスあり、40代の主任と採用２年目の教師、40代の臨時講師、そして自分の４人で学年団を組んでいる。学校の年間スケジュールや教師の動きが全く見えない中で、何を尋ねればよいかもわからない自分に、やさしく声をかけてくれるため、いろいろな面で救われている。それに加えて、教頭と教務主任がとてもいいコンビで、職員室の盛り上げ役になっている。困ったことがあれ

表 9-2　中川真紀の

年	2011 年度　A 小学校講師　3 年生担任											
月	4	5	6	7	8	9	10	11	12	1	2	3
出来事・思い	初めて担任する子どもとの初対面	子どもも自分もお互いに緊張がほどけた	社会科見学で普段と違う子どもの姿を見る。	教員採用一次試験。勉強はできていない。	教員採用二次試験。管理職に二次対策をしてもらう。	運動会。	二者面談。リラックスして話せた。採用試験合格。	音楽祭、ステージの子どもたちの姿に感動。	授業が遅れハイペースで進める。	あと3か月で子どもたちに伝えられることを考える。	授業参観・懇談会	ラスト一か月。寂しい。
5		■	■	■	■	■	■	■	■	■	■	■
4	■											
3												
2												
1												

年	2012 年度　B 小学校　3 年生担任											
月	4	5	6	7	8	9	10	11	12	1	2	3
出来事・思い	初任校の勤務がスタート。	運動会、遠足、研究授業（総）。	研究授業（算・道）。月2本の研究授業はきつかった。	夏休みの初任研は同期と話せるので楽しい。	市水泳大会。	研究授業（体）。体育が面白くなってきた。	研究授業（国）。授業参観。	研究授業（国）。社会科見学。	研究授業（音）。音楽の研究授業が楽しかった。	研究授業（道）。	研究授業（学）。あと一か月しかない。	研究授業（図）。今年も今年で楽しい一年間だった。
5		■	■		■	■	■	■	■	■	■	■
4	■			■								
3												
2												
1												

年	2013 年度　B 小学校					
月	4	5	6	7	8	9
出来事・思い	私に6年生の担任が務まるだろうか。	運動会。組体操。高学年だと学校行事がより楽しい。	女の子たちのいじめ発生。どう対応するか。	いじめ解決。	水泳大会。宮古島でダイビング。大感動。	女の子同士の関係がうまくいきますように。
5		■			■	■
4	■		■	■		
3						
2						
1						

年	2016 年度　B 小学校　5 年生担任											
月	4	5	6	7	8	9	10	11	12	1	2	3
出来事・思い	この5年生を集団としてレベルアップできるか。	運動会。あり得ない。ダイビング。	本当に5年生？　この子たちに効果的な方法は。	何とか1学期を乗り越えたかな。ダイビング。	自然教室。ダイビング。	特活主任として行事。子どもが4月の状態に戻った。	市内陸上大会。ダイビング。	研究授業（国）。	ダイビング。	研究授業（国）。	最高学年になることを意識して。ダイビング。	5年生らしい変化もあった。あと半年あれば。
5					■				■	■		
4	■			■			■	■			■	■
3		■	■			■						
2												
1												

年	2017 年度　C 小学校　6 年生担任											
月	4	5	6	7	8	9	10	11	12	1	2	3
出来事・思い	新しい学校スタート、同僚との付合い開始。	前任校の運動会。ダイビング。	学校のやり方に疑問ばかり。私のやり方が合わない。	辛い。	ダイビング。	運動会。	修学旅行。辛い。	校内音楽祭。ダイビング。	辛い。		6年生を送る会。	卒業式。
5												
4	■							■			■	■
3		■			■	■	■			■		
2				■								
1			■						■			

年	2018 年度　C 小学校					
月	4	5	6	7	8	9
出来事・思い	新年度スタート。ダイビング。	歌舞伎。	ライブ。		歌舞伎。ライブ。彼の故郷へ旅行。	運動会。忙しすぎ。
5					■	
4	■	■	■	■		
3						■
2						
1						

ライフヒストリー

6年生担任						2014年度　B小学校　5年生担任												2015年度　B小学校　6年生担任											
10	11	12	1	2	3	4	5	6	7	8	9	10	11	12	1	2	3	4	5	6	7	8	9	10	11	12	1	2	3
ダイビングのライセンス取得。	修学旅行。学校で見られない子どもの表情。	社会科見学。6年生の社会科は面白い。	もう残り3か月。卒業を祝う会の練習開始。	卒業が近づいてきているんだな。	幸せな一日、幸せな一年間。みんなありがとう。	希望した5年生の担任。	運動会。大きな行事を引っ張っていくのは大変だ。	自然教室のこと、やること多い。倒れるなよ自分。	自然教室。	夏休み。ダイビングへ。	社会科見学。	市内陸上大会。	研究授業（国）。新しい手法で授業。やってよかった。	冬休みまであと少し。ダイビング。	あと3か月。6年生進級にふさわしい5年生に。	6年生を送る会と卒業式の練習。	今年も1年楽しかったです。みんなありがとう。	初任で受け持った子どもの担任。ダイビング。	運動会。特活主任としての仕事。	クラスの男子のトラブル。言葉かけを反省。	ダイビング。ライブ。	帰省。人や本からたくさんの刺激。研究会参加。	ダイビング。ライブ。	ライブ。	修学旅行。面談で保護者から話を聞きモヤモヤ。	悩み過ぎると自分が崩れそう。ダイビング。ライブ。	研究授業（学）。	ダイビング。	みんなが卒業。寂しいけれど、落ち着いている。
■	■	■	■	■	■	■								■	■	■	■	■			■	■	■	■		■	■	■	■
							■			■		■	■						■						■				
								■	■		■									■									

6年生担任						2019年度　C小学校　6年生担任												2020年度　C小学校　5年生担任											
10	11	12	1	2	3	4	5	6	7	8	9	10	11	12	1	2	3	4	5	6	7	8	9	10	11	12	1	2	3
修学旅行。研究授業。	校内音楽祭。卒業文集作成スタート。		社会科見学。	6年生を送る会。研究授業。	卒業生を祝う会。	3年連続6年生となると、授業準備も緩くなる。	GWは旅行やライブへ。	ライブ。	6年生は業務量がとにかく多く成績はギリギリ。	教員免許更新講習の受講。	運動会。ここ3年間で一番気合いが入った応援団。	ライブ。	修学旅行。引越し。	また成績ギリギリ。次年度は6年生は断ろう。	結婚を見据え、お互いの親へ挨拶。	コロナの影響で顔合わせは中止。入籍。	コロナ感染拡大で休校。卒業式。	始業式翌日にコロナウイルス感染拡大で休校。		2週間は分散登校。結婚式を1月に延期。		あっという間に過ぎる夏休み。	運動会、宿泊学習中止。第一子妊娠発覚。	妊婦健診が楽しみになる。	子どもの性別が判明。	コロナの人数が増えたため披露宴の中止を決定。	結婚式、大変な中だったけどやってよかった。	産休に入る。	終了式。
																				■	■	■	■	■	■		■		■
■	■	■	■	■	■	■	■	■		■		■	■	■	■	■	■	■	■							■		■	
									■		■																		

ば、いつでも尋ねてほしいと言ってもらえる環境はとてもありがたい。

一か月、二か月と授業をしていくうちに、少しずつ子どもの好きなことやつまずくポイントがわかるようになり、特に毎日授業をする国語や算数は、自分なりに準備の仕方も固まってきた。ただ、その他の教科については、まだまだ課題が多い。特に社会は、どうしてよいか暗中模索が続く。というのは、3年生の社会は、住んでいる町のことを学ぶのだが、自分自身が4月に引っ越してきたばかりで、県のことも町のこともよく知らない。学年の先生方に聞きながら、何とか授業は進めたが、自信のなさは否めない。

教科書ベースに授業はしているものの、廊下に貼られている他のクラスの子どもの作品を見ると、自分のクラスの子どもの力を引き出してあげられなかった至らなさを痛感する。どうにかして授業力を高めたいと思うのだが、講師の自分には初任者研修はなく、他の先生方の授業を見に行きたいと言える立場でもない。音楽だけは、月に一度音楽専科の教師が授業をしてくれるため、その教師の授業からいろいろなやり方を学ぶようにしている。

「できた作品見せてくださいとか、途中の作品の様子を見せてもらったりはあるんですけど、行けないですね。授業は行けない。代わりに入ってくれる先生いないので。」

「時々、専科の先生やってる音楽に、私も子どもについて一緒に行くと、違う、子どもの乗せ方っていうんですか。普段ずっと自分のクラスに入りっぱなしなんで、他の先生のクラスを見に行けない分、1時間だけでも行けると『ああいう風に言えば子ども乗るのね』とか勉強になる。」

7月に入り、教員採用試験が近付いてきた。大学生の頃から付き合い、教職に就いている彼とは、仕事に時間をとられてなかなか会えていない。地元の自治体を受験することもできたが、いま勤務している自治体の教員採用試験を受けた。ただ、夏休みに入り、その彼から電話がかかってきて、別々の道を進むことが決まった。彼と付き合っていなかったら住むことのなかった町ではあるが、教員採用試験の合格通知を受け取り、この町で初任の5年間を頑張ろうと心に誓った。

「私が自分の生活ばっかり一生懸命になっちゃって、(中略) こっち (仕事) の方が楽しかったんです。感謝しているぐらいです。私は教採の試験が終わったら言おうと思ってたんですけど、向こうが先に言ってくれました。」

2学期のある日、子どもとの関係が1学期と比べてずいぶん変わったように感じた。大きなきっかけがあったわけではないが、お互いに遠慮がなくなった分、自分も自然体で接することができるようになった。同僚から「これはよくてこれはだめっていう線引きをちゃんとした方がいい」と言われていたが、結局あまり厳しく言うことはできていない。やっておけばよかったと思う反面、変にかしこまられるのは自分の性には合わない。ラフな関係になり過ぎるのは気を付けなければいけないが、自分なりのスタンスはそう簡単に変えられなかった。

一年間の講師生活も終わりが見え、この一年間を振り返ると、解決できないほどの困ったことはなかった。初めて受け持った子どもたちから、たくさんのことを学び、経験を積むことができた。子どもたちが担任の持ち上がりを期待しているような声を聞き、とても嬉しく思う一方で、この子どもたちに何を残せたのだろうと考えると、自分の不甲斐さを申し訳なく思う。

「ようやく1年が終わりに近付いている時期になって、非常に感慨深いなあと思って。(中略)こうやれたらいいなとかっていうのはあっても、結局やれないことの方がいっぱい残っているので。そこはちょっとっていうか。私は楽しいけれども、子どもの側からいろいろもらったけれども、逆に私が何かしたかなと考えると、すごく申し訳ないっていうか。」

3月に入り、教育委員会から4月以降の勤務地の連絡があった。4月からは、隣の市の小学校で初任1年目を迎える。

〈小学校教師1年目〉

教員採用試験に合格し、晴れて「教諭」として勤務する学校に足を運んだ。

採用になった自治体では、採用後３年間勤務することで異動願を出すことができるようだが、原則的には５年間勤務することになっている。講師の時のように１年という短期間ではない。校門をくぐり、気持ちを新たにした。

担当学年は３年生と告げられた。学校や子どもは違うものの、昨年度と同じ３年生の担任ということで、授業を準備する上で配慮してもらったことを実感する。受け持ちの３年生は３クラスあり、主任であるベテランの女性教師、５年目の男性教師、そして自分で、一年間頑張ろうと声をかけあった。

始業式を迎え、今年度担任する子どもたち36人と顔を合わせた。お互いに緊張していることもあるのか、昨年担当した子どもたちとは違って物静かな印象だった。初任者が受け持つクラスということで、問題を抱える子どもをあまり入れないようにとの配慮もあるのかもしれない。同学年の他のクラスの状況を聞いてみたところ、同じような印象だという。騒がしくしてほしいわけではないが、3年生という年頃は「ギャングエイジ」と呼ばれるように、子どもだけの集団行動が発達する時期でもある。子どもたちが自分で動いていけるように仕組んでいこうと心に留めた。

「子どもがおとなしすぎ。でも、いいようにも悪いようにも取れて。去年は聞いていなくてもしゃべるみたいな感じの子たちだったので、今年は尋ねてもシーンとしていたりしてて。４月とかそうでした。同じ学年の他のクラスの先生方も言ってて。」

最初の学級会で、さっそく学級委員を決めようと提案してみた。ただ、ほとんど手をあげる子どもはいなかった。これは指導するしかないと思い立ち、去年の学校で同僚から教えてもらった台本を参考にして、グループで司会を分担する方法などを取り入れていくことにした。

「1学期は司会ができないんですよ。で、４人グループを組んで、司会と副司会と黒板記録とノート記録を分担させて、全員が一応司会をやるように回していって。最初は司会グループに私がこそっと入れてましたよね。それも、私が口出しするのをだんだん減らしていって。（中略）

私が使った司会の台本とか、学級会ノートは、去年の学校から持って来たものなんですね。ここの学校そういうの無いんですよ。」

2回目の3年生の担任ということもあり、授業の準備は昨年と比べて比較的余裕をもってできている。今年は初任者研修として、毎月のように研究授業を行うため、その準備は忙しいが、毎週火曜日に校外研修に参加することは、リフレッシュにもなっている。学級を離れて同期と会い、それぞれの子どもの実態やその対応の事例を聞くと、また1週間頑張ろうという気持ちがわいてきた。

「いろんな人が来るから、やっぱり子どもの実態が違うなって話が聞けたりするし。火曜日はちょっと気持ちが楽。一日でもちょっとクラスから離れられるって、言い方はおかしいですけど、ちょっと気持ちが楽でした。」

同期の中には、初任者研修で抜けた日に代わりに入ってくれる後補充の教師と合わないという話も聞くが、自分の場合は、後補充の教師と子どもの関係も良好で、とても助かっている。同僚間のトラブルの話を同期から聞くと、自分は恵まれていることを実感する。前任校と比べて、管理職と関わる機会はそれほど多くないが、学年ごとに任されているため、学年団としてのまとまりは強い。他学年の教師からみると、個性の強い3年生の担任集団に心配もあるようだが、自分はむしろやりやすい。

「4月のうちに、主任の先生から『こだわるところが違うから、それぞれのいいところを真似すればいいからね』って言われて。(中略) だから心配されたんです。『間に挟まれて大丈夫?』って他の先生に言われたこともあるんです。」

「主任に聞いた方がいいことは、主任に聞くし。もう一人の先生に聞いた方がいろいろアイディアもらえそうな時は、そっちに聞くし。でも、3人全員揃っているところで2人に同じ質問すると、2人は食い違っちゃって。私とどっちかがいる時にそれぞれに同じことを聞くようにしてます。」

同学年を組む２人は、価値観や強みが大きく違うものの、２人とも「この方が楽しいんじゃない？」という視点で関わるため、強みがかけ合わさると強力なパワーになる。５月の運動会で踊りをすることになり、教材キットをどう準備するか議論になった。市販のものもあるが、せっかくだからオリジナルのものを作ろうということになり、主任が近隣の工場に頼んで大量の段ボールを譲ってもらい、建設業の勤務経験のあるもう一人の教師が加工を担当し、オリジナルな踊りの教材を準備した。この他にも、総合的な学習の時間の単元を新たに開発したり、社会のテストを自分たちで作ったりできたのは、この３人だったからこそ成し得たのではないかと感じる。

昨年は教科書ベースで授業を準備することが多かったが、今年は同僚と教材を作ったりしたこと、そして初任者研修として綿密に授業を準備したこともあり、授業を一から考えることの面白さを覚えた。

「去年と違う面白さがやっぱりあったかなって思って。初任研がらみなんですけど。研究授業があったのもあるけど、授業のことを考えてやれた年ではあったんですよね。こっちがこういう風に考えて授業に臨むもんだから、子どもからもそういう反応、感想が返ってくるようになって、そういうところを見れた年ではあったかな。」

加えて、一年間かけて学級会で指導した成果もあるのか、少しずつ子どもたちが自主的に動けるようになったことは、自分としても驚かされる。３学期も終わりに近づき、後補充の教師のお別れ会をしようということになった際も、子どもたち自身でこちらが考えていたこと以上の計画をたて、それをやってのけた。やり残したことはもちろんたくさんあるが、反応が薄く、物静かだった子どもたちが、一年間でこうも変わるのかと思うと、教師としてやっていく上での自信にもなる。

「無謀にも、あのおとなしい子たちが劇をやると言い、プレゼント何にするかってなって、私は手紙とかかなって予想したら、歌になり。歌の練習をし、劇の練習をし。すごい。（中略）学級会を開いたんですよ。お別れ会をしようって議題で。意見出してたら、そう決まったので。へえって。」

終了式が終わり、校長から「来年度は6年生でよろしく」と内々に話をもらった。まだ正式に決まったわけではないが、高学年を担当するだろう同僚で顔を合わせると、さっそくどんな組体操をするかなど、何か面白いことをやろうという雰囲気になる。こうした仲間がいるからこそ、新しい学年を担当することへの不安よりも、楽しみの方が大きい。

〈小学校教師2年目〉

校長から6年生の担任を打診された時は、楽しみにしか感じなかったが、いざ受け持ちの学級が決まり教室を準備し始めると、楽しみの傍ら、重たいものが背中に乗ったような気持ちも芽生えてきた。同学年を組む2人は、どちらも5年生からの持ち上がりで経験も豊富なため、頼りがいがある。その2人に引っ張ってもらいながら、初めての高学年に挑もうと決意を新たにした。

担任するクラスは、6年生3クラスの中で、いい意味で言うと活発、言い方を変えればうるさい。自分より背の高い子どもたちも多く、はたから見たら誰が教師かわからないくらいかもしれない。小学6年生ともなると、大人とするような日常会話が通じるため、これまで担任した3年生と違って対等に話せる点で、やりやすく感じる。ただ、学校をリードしなければならない学年は、とにかくやることが多い。特に4月は、委員会や児童会、運動会の役員などを決め、子どもたち自身が中心になって動かせるよう、いろいろな根回しをしていかなければならない。

「学校に関わる学年っていうか、先頭に立つ学年なので、簡単に言えばやることが多い。先生方もやることが多いし、子ども自身もやらなきゃいけないことが本当に多い。（中略）大変だけども、自分がもっている子たちが中心になるから、関わる側としては楽しかった。」

子どもを介して、学校行事を運営するのは、思った以上にやりがいがあった。と同時に、高学年を動かすコツのようなものがある気がした。３年生を担任していた時は、「こういうクラスにしたい」と思い、活動を考えていくと、だいたいそのように子どもがなっていった。ただ、高学年は少し違う気がする。

「６年生がスタートした時に、こういうクラスになりたいっていうのが私自身の中にあったんですね。（中略）でもその通りに子どもを当てはめていこうとすると、これは意味ないなって思って。こうなってほしいって思っていても、多分ならない年齢だなって気付いたので、理想は自分の中だけに持っておいて、みんなでこうなりたいって思ったら、そっち中心だなって思って。集団の作り方は。高学年違うんだなあって思って。」

３年生と６年生の違いは授業でも感じる。３年生を担当していた時は、想定外のことが起きたとしても、その場で調べて何とか乗り切るようにしていた。しかし、６年生はそうもいかない。というよりも、行き詰った時などは、むしろ子どもの方から「これってこうですよ」などと助け船を出してくれる。３年の差は思った以上に大きかった。

運動会が終わり、１学期で目指すものがなくなったこともあるのか、６月頃になり子ども同士の関係で気になることが出てきた。今まで仲良かった女の子５人の関係に、よそよそしさが見える。子ども関係は日々移り変わり、特に高学年では子ども同士で解決に至る場合も少なくない。教師が介入するか、子どもに任せるかは難しい判断だが、この時は双方の両親と話をして、何とか解決につなげることができた。

「中学年も一緒にいる子は変化したけど、自然と変化するんですよ。でも、６年の子のそういうちょっとした変化って、変化して落ち着くまでの過程がすごくぎこちないんですよ。雰囲気が違うから。（中略）休み時間に教卓で丸付けをしている時とか、あれっと思って。一緒にいたのに、この人たち、この子の方に目を向けてないなっとかって。」

年度初めの喧騒が一段落しても、いろいろとやることが多く、誰よりも遅く帰宅する毎日が続いている。職員室の雰囲気が良く、話し過ぎてしまうこともあるのかもしれないが、今年は校務分掌も任されているため、全体的に業務量は多くなっている。終業時間に帰ることはなかなか難しい。やりがいがあるため苦しいとは思わないが、あまりにも忙しくしている時に同僚から「やつれたね」と言われた時は、生活を改善しなければと思うこともある。

そんな時に、沖縄で働いている大学時代の友人から、遊びに来ないかと誘いを受けた。せっかくの機会だからと夏休みを取り、沖縄へ行った。初めてスキューバダイビングを体験して、その魅力に取りつかれた。日常に戻ってからも、スキューバダイビングへの思いは消えることがなかった。近隣のダイビングショップに電話をかけ、講習や実技を受けて10月にライセンスを取得した。それ以降は、忙しい合間を縫って休日にダイビングに行くようになった。仕事以外のつながりができたことで、自分の見方を拡げる機会にもなっている。教師の仕事に直接的に生きるわけではないが、たまに話すと子どもたちも楽しそうに聞いてくれるのは嬉しい。

「これはもう一生できると思って。ライセンス取ったことを3学期に入ってからクラスに公表したんです。ちょこちょこ理科とか社会で、そういうネタを話せることがあって、『こういう魚はね』とか、『こういう習性があってね』とか。話し出すと楽しそうに聞いてくれて。」

秋以降は修学旅行や社会科見学が予定されており、日常とは違った一面を見ることができるとともに、自律性をさらに高める絶好の機会となる。3年生を担任していた時は、こちらで準備して半強制的にやらせることが多かったが、6年生には違ったアプローチが必要になる。この高学年ならではの関わりが楽しい。

「幼いけど自分たちがやりたいことはやるんですよ。だから、『やりたい』って言ったら、『じゃあやりなよ』って言って。しきりに言ってたのは、『やりたいやりたいだけ言ってたってやれないんだから、やりたかったら計画作ってみんなに提案しなよ』って言ったら、結構やった。高学年だから任せられるんですよね。」

初めて受け持った6年生の卒業が近付いてきた。卒業式の前日、この一年間を振り返って一人ひとりが挨拶をした時、どの子も満足そうな顔で、「たくさんいい思い出ができました」「小学校最後がこのクラスで良かったです」と、前向きなことを言っているのを聞き、安堵した。卒業式は、最後まで泣かないで名前を呼べるだろうかと不安もあったが、意外と落ち着いてその日を迎えた。

「結果的に叶ったかもしれないんですけど。1年が終わる時に、できるだけたくさんの人が楽しかったって言えるクラスにしたいっていうのが必ずあって。（中略）教えられたなあと思って。」

〈小学校教師3年目〉

初めての卒業生を送り出し、ホッと一息つく暇もなく、新年度を迎えた。受け持ちは5年生。B小学校に赴任した最初の年に、3年生として受け持った学年になる。今まで受け持ったことがない学年、しかも一昨年受け持った子どもたちをもう一度受け持ちたいと希望を出し、それが実現した。

去年受け持ったクラスは元気が良く、騒がしかったが、今年度受け持つクラスは、2年前もそうだったように、どちらかというとおとなしく、穏やかな子どもたちが多い。同じ学年を組むのは、4月に初任校から異動し、初めて主任になる6年目の教師と、長く働いた仕事を辞めて数年前から教職に就いたという50代の臨時講師の2人だった。B小学校のことを知っているのは自分しかいない。学年主任ではないが、自分ができるところはリードしていこうと意識した。

始業式の日、一昨年受け持った子どもたちの顔を見て、一年間でずいぶん成長したことを実感した。初めて受け持たれる子どもたちは、どんな教師なのだろうと様子を見ている感じもあったが、打ち解けるまでにそれほど時間はかからなかった。4月早々に行った家庭訪問でも、「(受け持ってもらって)良かったです。」「安心していますので、お願いします。」と言葉をかけられ、信頼関係ができていることがいかに重要かを実感した。

「私としてはやりやすかったかなっていう気はします。驚いたのは、3年生の時はみんな子どもだったから、そんなに差がなかった気がしたんですけど、やっぱりこれぐらいの年になると、勉強できるできないは目に見えて結果がお互いにわかってくるし、人間的な部分ですごく伸びて大人っぽくなったなと思って。そういう変化を見れたのは嬉しかったですね。」

採用された年は初任者研修があり、2年目は6年生担任で大変だろうということで、あまり負担がかからないように校務分掌を配慮してくれていた。3年目を迎え、少しずつ学校の運営に携わらなければならない立ち位置になり、特別活動主任（特活主任）を希望した。特別活動部は、運動会や6年生を送る会など、学校全体を動かす行事を企画・運営する役割を担う。これまでも特別活動部の一員として企画に携わってきたが、主任として全体を見渡し、動かすのは初めての経験となる。幸い高学年の担任をしているため、学年を横断した縦割り活動を行う際は、比較的子どもに指示を出しやすい。その上、高学年を受け持つ教師は、長年にわたって高学年を受け持つ人が多く、教師同士の結束力がとりわけ強い。6年生の担任は全員5年生から持ち上がりのため、高学年として昨年もよく関わってきている。学校行事を動かす上では、高学年のまとまりはとても心強い。

「みんな5、6年生の先生、みんなたくましいんで。すごいですよ。パワーがなくてもパワーがつきます。(中略) 子育て真っ最中の方は高学年にはいません。自由の利く人をおいているんで。身の自由の利く女性と男性、若い男性か年配のベテランの男性かって感じです。」

運動会が終わったと思ったら、夏に実施予定の自然教室の準備が迫ってきた。実施方針や場所が変更となり、数年ぶりの開催になることから、一から準備をしなければならない。過去に携わった経験のある教師に実施計画などを聞き、先方や役場とも連絡を取りながら、計画を立てていった。教師の仕事にはいろいろなものがあるが、仕事の優先順位をつけると、どうしても学校のこと、学年のこと、クラスのことの順になる。授業に支障が出ないようにしようとすると、どうしても帰宅するのは深夜になってしまう。

「去年までいろいろ行っている先生から話を聞いて、自然教室の計画たてて、役場の方と連絡を取って、引率の職員にも根回しをして、子どもにもこういう事前学習をしましょうっていうのを整えて、保護者向けの説明会をいつにしましょうって、同学年の２人を引っ張ってやらなきゃいけなかったので。」

そのような無理を乗り越えられるのは、去年から始めたスキューバダイビングのおかげもある。運動会や自然教室のような大きな行事を終えた後には、自分へのご褒美と思って、できるだけ時間を作っていくようにした。リフレッシュして日々の活力になるとともに、その人間関係は教師としても生きてくる。

「海も始めてよかったのは、違う職業の人といっぱい話せるんですよね。結構同じ職の人もいるんですけど、違う県だったり、幼稚園の先生だったり、違う職場だから同じ職業でも話せることがいっぱいあって、そういう意味では人間関係は広がりましたね。」

初めて受け持つ５年生とはいえ、子どもたちと関係ができているため、それほど大変な問題は起きない。たまに教師のいないところでガムを食べる子どもが出たり、女の子同士の関係のこじれはあったが、子どもに寄り添って話を聞けば、むしろそれをきっかけに良い方向へ変わる場合もある。

「だから気付いてあげさえすれば、こっちがまじめにちゃんと言ってさえあげれば、自分のやったことをちゃんと認めるし、人に謝るし、自分をよく変えようと努力するし。ガムを持ってきた子は見違えるように変わったし、全然そんな陰でこそこそしなくなって。」

年末も近づくと、少しずつ教師の異動の話が出始めるが、初任3年目を終える今、自分自身にその気持ちは全くない。正月に実家へ帰った時、父親からこの先どうするのか聞かれた。大学の友人の中には、地元に戻った人の話も聞くが、今は戻りたいとは思わない。まずは、今年度担任している子どもを、来年度に持ち上れるよう、管理職に事あるごとにアピールするようにしている。校長は、他の学年を担任させたい意向を持っているようだが、去年卒業生を送り出した時の思いを、今担任している子どもたちともう一度味わいたい。3月下旬になり、次年度に6年生を担任することが決まった。中には3回目の担任になる子どもも出てくる。子どもの期待を裏切らないよう、いつも以上に気を引き締めた。

〈小学校教師4年目〉

3年生の時と5年生の時の2回担任した学年の子どもたちとの3回目の春を迎えた。3回目の担任ともなると、学年全ての子どもの顔と名前は一致している。新年度なのにいつも見慣れた顔が並んでいる光景は、それだけで気持ちが落ち着く。担任するクラスには、初めて受け持つ子どももいるが、2回目の子どもが多く、3回目になる子どもも4人いた。小学校6年間のうち多くの時間を自分が受け持ってよいのだろうかと思う気持ちもあるが、希望を通してもらったからには、責任もってこの子どもたちを送り出そうと思いを強くした。

「中には、2回目、3回目だから、かえって合わないっていうか、子どもの側がちょっとすぐには納得しなくなっている部分もあったし、2回目、3回目の子がいる中で、私が1回目の子にしてみれば、4月は多分スタートしづらかったっていうか、どう関わっていったらいいかわからない、その温度差はやっぱりあったかなと思って。」

同じ学年を組むのは、昨年から持ち上がりの学年主任と、昨年は6年生を担任していた体育主任だった。高学年を担当してきている経験者が揃っているため、阿吽の呼吸で進められる点で安心感がある。ただ、3人とも自分なりの考え方があり、それぞれ好みも違うため、それをまとめようとすると熱い議論になることもある。仲が悪いわけではないが、考えが違う3人を束ねなければならない主任には申し訳なさも感じる。

「三者三様にこの教科好きだなとか、性格的なものも全く違うので、こだわるところも全く違うので。主任が言ってたんですけど、無理にそろえようとするとかえってかみわなくなると思うと言ってて（中略）3人が各々やりたいことをやりつつ、でも全体でやらなければならない、子どもが3クラス全部一緒になってやらなきゃいけない時はやれたかなという感じがあるので。」

2回目の6年生の担任、持ち上がりの子ども、その上、昨年度に引き続いて校務分掌は特活主任になったため、初めてのことが少ない。通常の4月は、どんな子どもなのだろう、どんなやり方がこのクラスには合うだろう等、試行錯誤の連続だが、今年はそのようなストレスなくスタートすることができた。5月に運動会はあるが、昨年のような自然教室の準備もない。比較的気持ちの余裕がある中で、昨年から始めたスキューバダイビングに加えて、今年はライブにもたくさん行きたいと考えている。新年度早々ではあったが、4月の下旬にダイビングに行く計画を立てた。

運動会も滞りなく終わり、日常に戻ったある日、男の子同士のいざこざがおきた。ちょっとぶつかっただけにも関わらず、一人の子どもがふてくされてしまい、物に当たっている。その行動を咎めた自分の一言が、その子の逆鱗に触れてしまった。その後の授業でも気持ちが収まらないようなので、その子と話をした。「一人になりたい」というので、空き教室で休むように伝えると、その教室から壁を叩いたり、物を投げつけたりする音がする。後から考えると、最初に「どうした？」と声をかければよかったのかもしれないが、とっさにその言葉は出てこなかった。ふとした言葉かけの難しさを改めて痛感した。

「暴れました。私が悪かったんですけど。何か１対１で１年生と活動している時に、２人の男の子がちょっとぶつかってしまって。（中略）一人の子どもが物にやつあたりしていたから、何でそんな物にあたってんのって、一言目にそれを言っちゃったものだから。もう私がスイッチを入れてしまって。」

講師も含めて教職５年目になり、それなりにやれてきているという気もする。ただ、子ども理解や学級経営はいまだに難しく思う。校内で先生方と話すことで学ぶことも多いが、校内研修は授業に特化しているため、学級経営について学ぶ機会はそれほど多くない。インターネットで探したり、知り合いの教師に誘われて、８月に学級経営に関する研究会に参加した。知り合いの中には、特定の研究サークルに入っている人もいるが、自分はそこまでしようとは思わない。土曜日はダイビングやライブやショッピングなど、できるだけ外に出てリフレッシュ、そして日曜日は学校で仕事をするというライフサイクルは確立しつつある。

おとなしく、穏やかという子どもたちの良さを残しつつ、６年生らしく自分から動けるようになってほしいと仕掛けてはいるが、簡単には変わっていかない。修学旅行がきっかけになるのではと期待したが、そううまくはいかなかった。

「今年はどうなのかなって思ったけど、でも雰囲気が全然違うので、やっぱり自分たちからはなかなか来なかった。だから、学級会をさせて、やってみたいっていうのを出してもらって、自分たちが考えたことをやっているよって雰囲気を出しながら、計画を立てるよって（中略）進めてあげた感じなんですね。だから卒業しちゃうねっていう名残惜しさが出るのがすごく遅かったので。正直、雰囲気的に物足りなさを凄く感じてて。」

2年前に6年生を担任した時と比べると、大きな問題はほとんどなかった。子どもたちは言われたことを確実にやるし、何か悪巧みをしようというようなこともない。総じていえば、子どもっぽくいい子たちなので、担任として楽ではあった。ただ、だからこそ6年生として、自分たちで考えて新しいことを提案したり、進めて行けるように、もう一段階引き上げたかったという思いは強く残る。

「過去2年を知ってるから、もっとできるはずだって、呼びかけにしても、最後の合唱にしても。そういうのがあって自分の考えてるとこまで来ていないなっていうのは物足りなかったのかもしれない。でも、卒業式当日は本人たちやり切ったようなすがすがしい表情して去って行ったので、よかったのかなこれでって思いました。」

2回目の6年生の担任を経験し、思い通りにならなかったこともあったが、それでも初任の時に受け持った子どもたちを送り出すことができたことを嬉しく思う。2年前に卒業し、中学生になった子どもたちも、いまだに顔を見せてくれる時がある。今年送り出す子どもたちが、中学校の制服を着て顔を見せに来てくれることが楽しみになる。

卒業生を送り出した後、新年度の担当が決まった。B小学校に勤務して5年目になり、次年度で異動になる。今後のことを考えて、できれば低学年を受け持ちたいと管理職には伝えてはいた。ただ、新しい担当は5年生だった。高学年の担任は、5年と6年を行き来することが多いが、自分もそこに仲間入りしたことを自覚した。

〈小学校教師5年目〉

新しく担当する5年生は、問題を抱える2学年のうちの一つで、あまり持ちたがる教師がいないと聞いていた。複数学年を指導する音楽専科の教師から話を聞く限りでは、とりわけ5年生は大変な学年のようだ。しかも、子どもの人数が他学年と比べて少ないため、3学級にすることができない。35人のやんちゃな子どもたちとの1年が始まった。

3学級にすることができれば、複数のバリエーションで学級配属を考えられるのだが、2学級しかないため選択肢は少ない。前任からの引き継ぎでは、自分が担任する学級に、どちらかというと問題を起こす子どもが多く、もう一つの学級に、その子どもたちと一緒にできない子どもたちを固めているという。この春に定年退職して再任用となり、もう一つの学級を担任することになった主任とともに、一年間体調を崩さないようにしようと励ましあった。

「この子とこの子を一緒にしちゃいけないっていう配慮が必要な子があまりにも多すぎて、私の方のクラスはどっちかというと、この子と一緒にしないでくださいって言われている子どもを集めて。隣のクラスは、そういう子たちと一緒だとやられてしまう感じの子が多い。なのでカラーが全然違うんですよ。」

始業式の日はさすがに緊張もあったのか、それほど問題を抱えているとは思わなかった。しかし、翌日にはさっそく本性が出始めた。何か伝えようとしても全く話を聞けない。高学年とは思えないような友達とのトラブルが起きる。学力面での課題も多い。これが5年生なのかと愕然とした。話を聞いてもらえなければ何も進まない。子どもたちの立場で話しても、いっこうに話を聞く体制にはならない。話の内容よりも声の大きさで事態を理解することしかできない子どもも多い。今までの人生で使ったことのないような乱暴な言葉を使うことに躊躇いはあるけれど、そうでもしなければ何も前に進まない。

「話を聞かないんですよ。本当に。（中略）彼らは内容で理解しようとしない。声が大きければ大きいほど事態が深刻っていう反応をする人たちなので。生易しい言葉だと、例えば大きい声出してもひょうひょうとしてる子が多いから、本当に乱暴な言葉を。こんなに言葉を荒げたことは初めてですね。」

5年生を担任するのは2回目のため、本来であれば前回の経験が生きるはずなのだが、この子どもたちには使えない。授業のやり方も一から練り直した。それでも、めあてを黒板に書いてもノートに書かない。教科書を読もうとすると、好きなことを話し出す。通常であれば一時間で終わる内容の半分しか進まない。授業についてきてくれる子どももいるだけに、その子どもたちが学ぶ機会を保障してあげたいと思い試行錯誤を続けた。

「色々試みはしました。何やったかな。1学期はとりあえず話し合いをいっぱいさせた。学級会をいっぱいさせて、人の話を聞くじゃないけど、聞いたり、自分の思っていることやちゃんと筋に沿ってしゃべるとか、なにかそういう経験をさせて、私がああだこうだ言っても聞かないんだったら、自分たちでやってほしかったんです。」

このような学級の立て直しと並行して、学校や学年として進めなければならないことは山のようにある。今年も継続になった特活主任として、5月の運動会や7月の自然教室に向けて、学校内外の関連する人との打合せや書類作りの日々が続いた。こんな状況が続くと精神的におかしくなってしまう。日常から抜け出したいと、2か月に1回ほどスキューバダイビングに行った。

1学期の中で少しずつ子どもの変化も見えてきたと思っていたのだが、夏休みが明けてみると、また4月の状態に戻っていた。この子どもたちに何ができるだろうか、と考えていた時、秋以降に教育委員会主催の道徳の研修があることを知った。藁にもすがる思いで研修に申し込んでみた。研修で学んだことを踏まえて、道徳の授業に力を入れてみると、少しずつ子どもたちにも伝わり始めた。よく考えてみると、教職に就いてから道徳についてちゃんと学んだことはなく、どちらかというと苦手な意識を持っていた。学級の課題をどうにかしようと参加した研修だったが、5年目で道徳の授業について基礎から学べたことは、今後に向けて自信にもなった。

「(子どもが) ちょっと変わったなって思いました。私の中で道徳を一生懸命やった年が今までなかったんですよ。そうやって申し込んで研修受けたら、こんな風にやれたら楽しいだろうなっていうのがあったので、やってみようと思って、こういうやり方だなっていうのを５年目にして初めて作った感じなので。」

子どもたちが６年生になることを考えると、どうにかしてもう一段階高いところへ押し上げたい。中心になってほしい子どもにノウハウを教え、学級としてまとまるように仕掛けてきたことがようやく実を結び始め、４月と比べると少しずつ自分たちで動けるようになってきた。１月に行った研究授業では、子どもたちの成長の姿が見えたようで、いろいろな先生方から肯定的な感想をもらった。

「校内の研究授業を１月にやったんですけど、（中略）その姿が大変よろしかったらしいんですよ。他の先生方から見ると。それを子どもたちに返したら、何か自信を持ったんですよ。自分たちはやればできるっていうのを感じ始めたんだと思う。私じゃないいろんな人の評価を伝えることで。」

５年生として少なからず課題はあるものの、この一年間で５年生らしい変化も見ることができた。来年度は６年生として、学校を背負う立場になる。あと半年あればもう少し変えることができたかと思うと、心残りな思いもある。初任として赴任したＢ小学校での５年間を終え、４月からは隣の市のＣ小学校へ異動となる。この子どもたちの卒業を見届けられないのは残念だが、この学校で多くのことを学び、子どもとともに過ごした経験は、かけがえのない財産になった。親からも仕事のことは心配されなくなった。ただ、毎年のように高学年を受け持ち、仕事優先の自分に対して思うところもあるようだ。自分でも考えないわけではないが、今はそのタイミングではないだろうとも思う。

「（親から）心配はされなくなりましたよね。（中略）何か別の心配を母親はちょっとしているみたいで。第一段過ぎてるんですよ。今年で30になるんで、ふと考えるとむなしくなる瞬間はあるんです。でも、自分で選んでやれるところまでやろうってきたから、本当に（結婚）しようって思えたら多分そういうタイミングで来る人がいると思うから、それでいいかと思って。」

〈小学校教師６年目〉

初任期の５年間を過ごした学校から離れ、隣の市にあるＣ小学校に赴任した。各学年４～６学級、児童数1000人。Ｂ小学校と比べて倍近くの規模だった。教職員の数も多く、そのためにいろいろな仕事の進め方がこれまでと違い、驚くばかりだった。学校は比較的新しい住宅地にあり、どちらかというと裕福な家庭が多く、家庭がしっかりしている分とても落ち着いている。これまで勤務したＢ小学校が、どちらかというと難しい家庭の子どもが多かったこともあり、地域によってこれほど子どもの雰囲気に差があるのかと感じた。

担任するのは６年生。前任校で高学年を担当していたことが伝わっていたようで、３回目の６年生を受け持つことになった。受け持ちの学級は、38人。今まででで一番多いが、子どもが落ち着いているため、今までのようなやりにくさはない。ただ、こちらの言うことを素直に聞き、全部こなす一方で、子どもたちからの提案や教師への不服などが一切出てこないため、何となく物足りない気持ちもある。

「物足りない。今までと同じ内容を同じ感じで伝えると、言葉が強くて子どもの心がもう萎えちゃうんですよ。打たれちゃうっていうか。（中略）あれやろうこれやろうって言うと、はいはいって全部素直に聞くんですよ。全然逆らわない。だけど、自分たちでああしたい、こうしたいはない。いい子なんだけど、何かちょっと６年生にしては足りないという感じだったですね。」

これまでに受け持った６年生は、いろいろと課題を抱えており、その子どもたちをどのように高めていくかに腐心してきたが、今受け持っている子どもたちは、そのような土台はできあがっている。この子どもたちをさらに高めるために何ができるのか考えたい。ただ、そのように思っている同僚はあまりいなかった。できる子どもたちなので、教師側の計画や準備があまり万全ではなくても、子どもたちがその場で乗り切ることができる。子どもの力に甘えて、現状でできることに留まっている学校の雰囲気に、居心地の悪さを感じた。

「できるから、じゃあもっと何か高いところじゃないけど、色々要求してもやるんじゃないかっていう感覚が私にはあって。でも、この学校の雰囲気というか、そういうものがそれを求めてはいないのかなって感じがして。（中略）私はこう思うんだけどっていうことが、子どもにすっと入らないっていうか、大人にすっと入らないというか。じゃあもう言うのやめようっていう感じ。」

このようなモヤモヤした気持ちが解消されないのには、学年団のまとまりがないことも影響している。6年生は4クラスあるが、建物の構造上、教室が2クラスずつ離れた場所に配置されている。そのため、自分の担任する2組と1組はお互いの状況もわかりやすく、意思疎通もとれるが、離れている3組と4組のことはわかりにくい事情がある。4組担任の学年主任にもう少し何とかしてほしいところだが、それが期待できないこともイライラが募る理由の一つになっている。

「学年主任もっと決めてよっていう感じですよね。任せるよっていう言葉もないし、私がやるよっていう言葉もないし、どう思ってますかって聞いても、う〜んって。6年生の主任を引き受けてくださったことは感謝だけども、やるっていったんだったら、もうちょっと指揮をとってくれてもよかったなって。」

職員室はとても明るく、若い教師も多いので話しやすい雰囲気はある。教職に就いて6年余り、いろいろな同僚と関わってきた。中には癖の強い教師もたくさんいたが、折り合いをつけて協働してきた。けれども、子どもも教師も多いせいか、これまでの学校のように教職員が一丸となってという雰囲気が感じられない。そんな居心地の悪い職場について、同じ年齢で仲の良い1組の教師と話をしているうちに、恋愛感情が一気に高まり、付き合い始めることになった。同僚にも子どもたちにも関係を気付かれないようにと心を配りながら、毎日一緒に仕事をするのは、何となく変な気持ちになる。「結婚」の二文字が頭に浮かぶこともあるが、どちらかが異動してからと考えている。自分はこの学校に異動してきたばかり、彼は異動して3年目。少なくともあと2年はかかる。将来のことを見据えつつ、かつ周りに気付かれないように愛を育もうと心に決めた。

これまでは年度初めに気持ちが下がったとしても、1学期が終わる頃にはたいてい気持ちも上向くことが多かった。しかし今年は、一向に上向く気配がない。むしろ、年度当初に抱いたしっくりこない感じは、日を追うごとに確信に変わりつつある。

「何かおかしいなって。4月5月は見えないところが多かったから、勢いで乗り切れたんですけど、6月7月ぐらいになると見えてくるので、余計に違うと思うっていうか。」

2学期に入り、運動会、修学旅行、そして校内音楽祭と盛りだくさんの行事を終えても、その気持ちは変わらなかった。全ての行事を終えた時、学年主任から「いろいろ任せてしまってごめんね」と言われ、ついに堪忍袋の緒が切れた。小さい子どもを育てながらのため、仕事を最優先できない事情はよく理解している。ただ、そのような状況なりのやり方を考えてほしかった。

3学期も終わりに近づき、6年生を送る会に参加し、少しずつ卒業を実感するようになってきた。ただ、これまでに卒業生を送り出した時と比べると、何となく気持ちの高まりは感じない。2回送り出した卒業生からは、今でも年賀状を送ってくれる子どもがおり、中学校や高校で頑張っていることを嬉しく思う。最初に受け持った卒業生の中には、今年度高校1年生になった報告をしに、わざわざ訪ねて来てくれた子どももいた。今年1年受け持った子どもたちは、どのように感じているのだろうか。

「卒業式はやっぱりいいですね。ただ、感動は今までで一番薄かったですね。表面で付き合うのが上手な子たちなので、ぶつからなかった分、こっちも深入りせずに終わっちゃったというか。」

異動して1年目を終え、これまでになく辛い1年だった。よく「異動は最大の研修だ」と言われるように、かなりの試練ではあった。臨時講師も含めると、教職生活も7年を経験したことになる。初任者とは違う学校での役割や立ち位置を意識しなければならない時期なのかもしてない。

「初任者と違うじゃないですか。私も学校1年目だけど、初任者のようにふるまうわけにはいかない。ようは、わからないことを何でも聞けばいいかっていうと、そうじゃない。でも、わかんないことを聞かないでいると、自分が苦しくなる。立ち位置っていうか。異動は最大の研修って。(中略) 自分に足りないところはそこだったのかなと。周りの大人と関係を作るというか、そういうところもつけていかなきゃいけないものかなと。」

〈小学校教師7年目〉

C小学校での2年目は、4回目の6年生担任として迎えることになった。昨年から付き合い始めた彼(昨年度隣のクラスの担任)も、引き続き同じ学年に配属された。職場の誰にも伝えていないため、この配属は仕方ないとはいえ、交際を隠しながらの勤務は緊張感がある。今年の6年生は、昨年と比べて1クラス増えて5クラスとなり、しかも彼の担任するクラスとは教室の場所が離れた。その点で気付かれる可能性が減ったとも考えられるが、公私を分けにくい状況が長く続くのはなかなか厳しい。

昨年担任した6年生は、とても素直で落ち着いていた反面、さらに高みを目指そうということがあまりなく、その点で物足りなさを感じた。今年担当するクラスは、発言力のあるにぎやかな男の子たちと、少し関わりに問題を抱える女の子たちで構成されている。始業式を終え、昨年受け持った子どもたちほどやりにくさは感じなかったものの、どうしてもかつて受け持った子どもたちと比べてしまう。C小学校の地域がらなのかもしれない。経済的にどちらかというと裕福な家庭の子どもが通っていることもあり、勉強はとてもよくできる。その一方、自分たちで考えて行動したりすることが苦手で、誰かに指示されることを待つ傾向がある。大きな問題は起こさないけれども、6年生としてそれでいいのだろうか、それは自分の教育観を押し付けているのかもしれないと自問自答することもある。

「初めて受け持った6年生と比べると、確かにお勉強は前受け持った子たちの方が断然きつかったし、女の子のいじめがあったから、問題の質も重たいんだけど、人としての感情っていうか、気持ちの温かさとか浮き沈みとか、強さとか生活力とかは断然、6年前の子たちの方があったと思って。学校の特色なのか、6年っていう時代の差なのかわからないですけど。」

昨年5年生だった時に、5クラスのうち2クラスが崩れかけたこともあり、今回6年生を一緒に持つ教師は、6年生の担任経験がある3人をはじめ、頼りになる教師でがっちり固められている。主任は他校から異動して来たベテラン教師だが、個々の考えを聞きながら生かしてくれるので、とてもやりやすい。それでも、学校としてのやり方は、腑に落ちないことも多い。会議で承認されたことに対して、その場になっていろいろと文句を言う人がいるが、どうして会議の場で言わなかったのだろうかとも思う。仲が悪いわけではない。教職員数が多いため仕方ないのかもしれないが、それ以上に行事が過密で、それぞれ学外との調整が必要なことが多いため、業務が回っていないことが根底にあるように感じる。

「学校のやり方に疑問は消えませんでしたね。ただ、何か飲み込めるようにはなったというか。例えば行事がある時に、いざやって何かその最中とかその後にああだこうだ出るんだったら、会議する時にもっと言ったらいいのにって。すっと通るんですよ。」

春先は自分の考えをなかなか言い出さず、すぐに「先生、先生」と教師を頼る子どもたちだったが、学級会などで意見を出す場をつくり、アイディアを生かす場面を設定した甲斐があったのか、少しずつ子ども同士で企画して実行する空気が生まれてきた。過去に男女間の仲が悪かった時期もあったようだが、それも乗り越えて協力して進められるようになったのは、今後に向けて一歩前進だ。

「何かちょっとあると、先生、先生だったんですよ。でも、だんだんそういうのもなくなってきて、変わったかなっていう感じはしますね。（中略）アイディアは出せる人たちだったので。場所と時間を与えると、何かそういうアイディアも実行できる人たちだなと思って。」

春先の喧騒が一段落し、例年のようにスキューバダイビングに行った。日常から離れてきれいな海の写真を撮ると、気持ちもリフレッシュできる。とはいえ、金曜日の夜に出発して土日を楽しみ、月曜日に仕事に戻ることに無理を感じ始めてもきている。彼がダイビングにはあまり興味がないため、ダイビングに行くと土日会えなくなることも影響しているのかもしれない。この春を境にダイビングよりも近場でリフレッシュできるライブに行くことが増え始めた。

昨年も感じたが、2学期に行事が集中しているため、全ての準備を同時並行で行わなければならない。9月の運動会、10月の修学旅行、11月の校内音楽祭、そして卒業文集の作成は、全て学外との調整が必要になるため、必然的に退勤時間が遅くなってしまう。その上、今年は10月に研究授業を担当することになった。できるだけ前倒しで準備をしなければと考えてはいるが、そうもいかない事情もある。

「なんやかんややってると、6時半にはなっちゃうんです。5人で集まって話をするとか、全員で確認しなきゃいけない作業をして。で、個人のことをやるのって、そこからなんです。でも、例えば学校行事があったりすると、学年のことが終わった後か、その前とかにやるので。まあ、7時半とか8時半とかにはなっちゃいますよね。成績やらなきゃ、丸付けしなきゃってなると、そこからだし。」

激務が続くと、夕食の準備の手を抜きたくなる時もある。ある時、帰宅途中にコンビニエンスストアに立ち寄ると、レジの店員から声をかけられた。見上げると、そこには見たことのある顔があった。7年前に臨時講師として3年生を受け持っていた時の子どもが、高校1年生になってアルバイトをしていたのだ。夢だった教職の世界に入って最初に受け持った小学校3年生の子どもが、7年経っても自分のことを覚えていてくれたことに感激した。

「コンビニに寄ったんですよ。私は全然気づかなかったんですけど、入った瞬間にわかりましたって言われたんです。レジをしていた子が、臨時講師の時の子だったんです。小3の子が高校1年生になって。(中略)中川先生ですかって。顔をあげてみたら、あ、あの子だと思って。小3の子が覚えてたんです。声かけてくれた男の子は、教室で暴れてた子なんです。」

今受け持っている子どもたちに、7年後覚えていてほしいという思いもなくはないが、卒業式の日に多くの子どもが「小学校生活が楽しかった」と言ってくれたことは、6年生の担任として嬉しく感じる。

卒業式が終わり、次年度の担任について噂が聞こえてくる。これまで通り「一任する」と伝えているため、自分が何年生になるかはわからないが、同僚からは高学年は間違いないないだろうと言われている。彼と付き合っていることに、気付いている人もいるのかもしれないが、正式には誰にも伝えていないため、もしかするともう一度同じ学年に配属される可能性もある。どちらかが異動できれば良いのだろうが、もう1年我慢しなければならない。教師になって7年経ち、C小学校での勤務も2年を終え、そろそろ中堅としての役割も求められつつある。教師の数が多いため、まだ学年主任になることはないだろうが、学校内での立ち位置を意識する必要も出てきている。年末に校長と面談をした時も、後輩をサポートしてほしいといった話があった。来年度は初任者が３人も配属されてくると聞いた。プレーヤーからマネジャーに少しずつ転換していく時期なのかもしれない。

「校長先生とちょっと面談をした時に、自己評価シートっていうものがあって、(中略) 自分より下の世代の人に仕事を教えてあげるというか、振って一緒にやってサポートするっていうのをだんだんやって、下の世代を育ててあげてねっていうお話もあって。たしかに多いし、もう下しかいないみたいな、そんな状態だし。」

〈小学校教師８年目〉

３月末の終了式翌日、校長から「ごめんなさい」という言葉とともに、３年連続になってしまうが、再度６年生をお願いしたいと告げられた。「一任します」と言っていただけに、断ることはできない。加えて、彼も３年連続６年生の担任になった。学年の希望を出す際に、将来のことを決めきれなかったので仕方がない。前年度に校内で体調を崩した教師が３人いたこともあり、これまでに担当経験のある学年を受け持たせることで、少しでも職務環境を安定させたいと意識した配置になっているのだと思う。

「ここの学校でその学年を経験している人を配置して、教員が倒れないようにというか、そういう体制を作ったんじゃないかなって。(中略) もう管理職はヒヤヒヤなんでしょうね。働き方改革とか言われてますし。持って帰っちゃダメって言われてる仕事もあるし。」

教師の多忙化は今に始まったことではないが、ここ数年社会問題になりつつある。休憩時間がとりにくいことや残業代が支払われないことが問題視され、「学校＝ブラック職場」についてニュース等でも頻繁に取り上げられている。高学年の担任をしていると、どうしても帰宅時間も遅くなり、休日出勤も日常的になっている。その点ではたしかに多忙ではあるのだろうが、自分自身は多忙感をそれほど感じてはいない。そのように思えるのは、子どもと過ごす日常にやりがいを感じていることが一番の要因と言えるだろう。もちろん思い通りにならずにイライラすることもある。子どものためにと考えていることが徒労に終わり、寂しい気持ちになることもある。けれども、子どもとともに一喜一憂でき、日々の成長を一緒に喜べる教師という仕事は、とても魅力的だと感じる。

「もう辞めたいっていうか、思う瞬間もあるし、やっぱりやってもやっても終わらないと、何が働き方改革なんて思うこともありますし。何も減らないじゃんみたいな不満はありますけど。辞めるつもりはないかなと思って。」

今年度担任する６年生は、元気のある子どもたちが揃っていた。昨年度の子どもたちのようにアイディアを持っているわけではないが、「こういうことをしてみらたいいんじゃない」と提案すると、「じゃあやってみよう」とすぐに行動に移せる勢いがあった。

「ああしたい、こうしたいがいっぱいある人たちで、だから時間はもったいないかもしれないけど、『話し合いの時間が欲しいんです』とかって言ったら、『じゃあ、いついつの何時間目なら取れるけど』って言って、ちょっと時間をあげる感じ。その代わり、計画と準備はしてねみたいな。（中略）だから決めさせました。いろいろ。どっちがいい？　って。」

同じ６年団を組むのは、高学年を何度も経験している教師ばかりのため、お互いに阿吽の呼吸で理解し合えている。昨年校長と面談した際に、自分より下の世代の教師をサポートしてほしいと言われたが、この学校では高学年に初任教師を配属することはないので、６年担任の自分が関わる機会はあまりない。その上、今年は校務分掌を軽減されているため、そこでも初任者をサポートする機会は少ない。学年や学級の仕事に専念できる点ではありがたいが、今後違う学年を受け持ったり、若手指導に関わったりする機会が増えると考えると、多少不安な気持ちもある。

「逆に言うと、8年やって、ほぼ5、6しかやったことない。5、6はできるけど、5、6以外のことを知らないっていうのが、逆に不安だったりもするし。新しい学年に行くことで、どうなんだろうなっていう不安もあるし、もう一回頑張ろうって思える気持ちもある。」

やる気に満ち溢れていた子どもたちは、日々経験を積み重ね、自分の考えを出せるようになってきている。ただ、一部の子どもは友達関係で悩みを抱えており、これを何とか解決していきたい。友達関係を解決することももちろん重要だが、そういった思いを自分で言い出せず、親に頼ってしまうところを、少しずつでも自力解決に導いていきたい。小学校の高学年になると、特に女子は思春期に入る子もいる。担任するクラスには、もちろんそういう子どももいるが、どちらかというと親を頼り、甘えたい子どもが多い。それが悪いわけではないが、友達とのいざこざの悩みを、保護者を介して相談されると、少しずつでも自立する機会を作らなければとも思う。

「個人的にやっぱ悩んじゃった子がいて。友達関係で。どうしたらいいかわかんない。言えないんです。解決の仕方がわかんなくって。（中略）困ったことがあると、先生にもうちょっと話を聞いてほしいって、本人は思ってるみたいなんだけれども、忙しそうだとなかなか言えなくってみたいな話を、お母さんが電話してきて。」

1学期も終わりに近付くと、4月からの疲れが溜まってきて、好不調の波が大きくなる。この学校では3学期制をとっているため、通知表を夏休み前までに完成させなければならない。例年のことではあるが、夏休み明け以降の運動会や修学旅行の準備を並行して進める必要があるだけに、体力的に厳しいものがある。それでも何とか乗り越え、夏休みにたどり着いた。

2学期に入り、盛りだくさんの行事を運営する傍ら、彼と将来のことについて話し、結婚することを決めた。来年4月には彼が異動になる。そのタイミングでの入籍に向けて、お互いの両親に報告するとともに、管理職にもそのことを伝えた。校長には「言ってくれたら学年別にしたのに」と言われたが、昨年10月の段階では決まっていなかったので、これぱかりは仕方がない。結婚が決まり一緒に暮らそうということになり、修学旅行後に引っ越した。2年半にわたって同じ学年で仕事をしてきたため、いつも一緒にいること自体は変わらない。ただ、一人暮らしの時は、いつまでも自分の好きなことができるため、時には不規則な時もあったが、一緒に暮らすようになって生活リズムは規則的になったように思う。

年度末の卒業式と入籍に向けて、公私とも準備しなければならないことが盛りだくさんあるが、年明けに拡大し始めた新型コロナウイルス感染症のせいで、何事も予定通りに進まない。1月にそれぞれの両親に挨拶に行くことはできたものの、両家の顔合わせは延期することにした。先に感染が広がった北海道では休校措置もとられている。担任する学級でいつ感染が拡がるかもわからない。結婚や卒業が楽しみな一方で、得体のしれない感染症におびえながら、多く子どもたちと過ごす毎日は、不安な気持ちも多少はある。2月27日の夕方、職員室で仕事をしていると、3月2日から全国すべての学校が臨時休校になるとのニュースが駆け巡った。翌日の28日には、6年生を送る会が予定されており、保護者も参観することになっている。急遽保護者向けの連絡をするなど、対応に追われた。

臨時休校がいつまで続くのかわからない中、卒業式が実施できるかも含めて、全く見通しが立たない。教科書が終わっている教科もあれば、あと少し残っている教科もある。未履修のまま中学校へ送り出すわけにはいかない。プリントを配布するとともに、緊急的に設定された登校日にテストを行い、ひとまず形上は全ての教科書を終えた。卒業式は、保護者を呼ばないことになってしまったが、何とか実施することができた。小学校最後の集大成が、このような形で幕を閉じるのは残念だが、子どもたちはこの一年間で立派に成長した。自信をもって中学生になってほしいと思いを込めた。

「何か本人たちの中にも、ちゃんと勉強した実感があるらしくって、だから自分の去年までの成績と比べて、通知表を開いて、『え、本当ですか？』って。だから、子どもら自身の中でも、何か自分が良くなったっていう多分実感はあると思います。（中略）ちゃんと意見できるようになった人もいるし。」

〈小学校教師９年目〉

コロナウイルス感染症の拡大に伴い、３月２日から始まった臨時休校が新年度も続くことが決まった。新しい受け持ちは５年生になり、ようやく６年生から離れることができた。いつになればこれまでのような学校生活に戻るかわからないが、始業式の日に一時間だけ登校できることになり、そこで渡す課題やプリントを準備し始めた。市内の学校の対応はバラバラのようだが、C 小学校では１週間の時間割を作り、それぞれの時間に各自で行ってもらうよう課題を示すことになった。とはいえ、初めて学ぶ単元を、一から子ども任せにはできない。家庭によってインターネット環境も異なっている。４年生の時に授業が終わらなかった算数のプリントを準備したものの、それ以外は NHK の番組を見てもらったり、自力で学べそうな単元に目を通してもらったりするくらいしかやりようがなかった。

「話を聞くと、市内でもばらつきがあったみたいなんですよ。休校中にどれだけ学校側が課題を提供するかっていうのも。ここは一応時間割みたいなものは作りました。何日の１時間目の時間帯はこの教科のこのプリントをしてくださいとか。（中略）時間と内容は割と指定して、それ通りにやったかは家の事情によりますけど。」

全国的に臨時休校になったとはいえ、子どもを日中預かってくれる場所がなければ、親が働きに出られなくなり、結果的に社会が立ち行かなくなる。C 小学校でも、希望者の子どもを学校で預かることになったため、教師が交代で対応にあたることになった。行ってみると、そのほとんどが低学年で、特に新しく１年生に入る子どもたちが大半だった。できるだけ子ども同士の接触を避けるため、みんなで一緒に遊ぶことも難しい。とはいえ、時間割に沿って勉強してもらおうにも、学校生活を経験したことのない１年生は、

1時間目、2時間目といった時間感覚もなければ、授業時間中は座っているといったルールも理解していない。高学年ばかりを担任してきた自分にとっては、まっさらな子どもたちにどう対応するかは、未知の世界だった。

「基本的に下の学年が多くて、一番多かったのが、まだ入学式もしていない新入生が一番多くて。何もできないんで、学校というものに通ってきていないので。(中略) 4月、5月何が一番驚いたって、自分の学年どうこうよりも、学校にほとんど来ていなかった新入生をどう預かるみたいなことばっかりで。」

ゴールデンウィークを過ぎてもコロナ禍が収まる気配はなく、臨時休校が5月末まで延長された。時間の経過とともに、親の働き方も変わってきたのか、学校で預かる子どもも減りつつある。職員室の密を避けるため、教師も交代で自宅勤務を行っており、学校はがらんとしている。勤務時間が終わるとともに帰宅できるのは嬉しいが、コロナ前と全く違い、静かな空間で長い時間座って仕事をしていると、何となく落ち着かない気持ちもある。

6月から分散登校が始まると連絡があり、ようやく気持ちに張り合いが出てきた。学校で感染を拡大させるわけにはいかない。子ども同士の関わりを制限した中で、どのように学びを止めないか。5年生には、宿泊学習も予定されている。感染状況を見る限りでは難しいかもしれないが、できるだけの対応を考えようと5年部の教師で話し合った。5年生は5クラスあり、担任の年齢が比較的近いこともあり、とても親しみやすい。そのうち一人は初任教師だが、4、5年臨時講師をした経験があるため、全く問題ない様子で安心する。昨年までは、この春に結婚した夫が同じ学年にいたため気を使うことが多かったが、今年の春に異動になったので、変に気を使うこともない。

コロナ禍にプリントを取りに来た保護者から、自分たちが結婚したことが、中学生の間で話題になっていると聞いた。3年間にわたって2人とも6年生の担任をしていたため、今の中学生は全員自分たちのことをよく知っている。「やっぱり」と噂されていることを考えると、隠してきたつもりでも、見る人によっては隠しきれていなかったのかもしれない。

分散登校が始まった。クラスの半分の人数、しかも全員マスクを着用しているとはいえ、3か月ぶりに教室に子どもがいる様子を見ると、子どもがいるからこそ教師の仕事は面白いと改めて感じた。35人の子どもたちは、基本的に優しくて何事にも一生懸命チャレンジする子が多い。来年6年生になることを見据えて、子ども同士で企画したり運営したりする機会を作りたいとは思うものの、感染対策を徹底するため、かなり気を使った船出となった。

「1学期は正直、かなり気を使っていましたね。隣の人と相談するとか、グループで話し合うとかっていうのは、多分1学期はみんな神経質になってたので、やってないかなと。完全に一人一個の机を、誰ともくっつけない状態で話すっていうことはしていました。ただ、2学期からは再開しようかみたいな流れにはなってました。」

2か月間の遅れを取り戻すため、授業は急ピッチで進んだ。グループでの話し合いもできないため、どうしても教え込みになりがちになる。5年生は学習内容も難しくなるため、あの手この手で品を変え、少しでも興味を持ってもらうよう工夫した。学校行事が軒並み中止になり、学校生活の楽しみが減ってしまうことは残念だが、教師の負担が軽減されたという点では働き方改革になっているのかもしれない。

「行事がほとんどなかったんですよ。だから、そういう意味で、学年が下がったからかもわかんないけれども、忙しくて不調になるってことは、正直なかったんですよね。時間的に追われてる時期は確かにあったけれども、例年ほどではなかったかなと思います。」

短い夏休みが明け、2学期に入った。幸いなことに、C小学校ではコロナ感染者は出ていない。徐々に日常生活に戻していこうということになり、グループでの話し合いなども取り入れるようになってきた。そんな9月に、第一子の妊娠がわかった。いつかはできたらいいねと話していたが、想定よりも早く子どもができたことを、夫婦で喜んだ。出産予定は来年の5月。出産

2か月前から産休に入ることを考えると、今担任している子どもたちを最後まで見ることはできない。少し安定したところで管理職に報告した。

運動会や宿泊学習、音楽祭などの学校行事が中止になったことは心残りだが、2学期が終わる頃には例年と同じくらいまで学習進度を戻すことができた。終了式まで受け持てないことに残念な気持ちもあるが、この子どもたちであれば、どの先生が受け持っても成長していける。そんなメッセージを残して、2月から産休に入った。

「誰に対しても優しくて一生懸命やる人たちだったし、そういう意味では、3月までできないのは自分の中では寂しかったけど、どの先生に預けても多分大丈夫だなっていう人たちだったので。今年で良かったのかなって感じがします。」

里帰り出産のため、久しぶりに実家へ帰った。コロナ禍で里帰りができない病院もあると聞くが、幸い認めてもらうことができた。立ち合い出産や面会はできないため、一人での出産になるが、生まれてくる子どものことを考えると、楽しみで仕方がない。出産後の育児休暇は2年間と申請した。教師の仕事は好きだけど、自分の子育ても十分楽しみたい。同僚と話をすると、復職した時は2年生の担任になることが多いと聞く。ほぼ高学年を担任してきたため、低学年のイメージはないが、どちらにしろ2年後のことは全く想像がつかない。10年間の教職経験に一区切りをつけ、初めての出産に臨む。

「全く戻ってからのことは考えてないです。ただ、2年間休むと、多分学校はもうずいぶん変わってるだろうなっていうのがわかるし、人の入れ替えがあるのはもちろんだし、いろいろなやり方も、もう変わってるだろうなと思う。」

第10章　あらためて教師の学びと力を考える

第1節　ライフヒストリーから見えること

これまで8人のライフヒストリーをまとめてきた。教職を夢見て教員養成学部へ進学し、共通の教職課程を受けて教壇に立ったにも関わらず、大学卒業後の道程は一人ひとり大きく異なっていた。右も左もわからない初任期に、何度も辞めたいと思いながらも必死で子どもと関わる中で手ごたえを得たものの、高学年の担任としてうまくいかず、自信を持ち切れずにいる教師。9年間にわたって教員採用試験で不合格となりながらも、臨時講師として教壇に立ち、教師と音楽の2足の草鞋を履き続けた教師。大学院を修了し、専門的な知識や技能を身に付けて教壇に立ったものの、同僚との関係に悩まされて転職した教師。教壇に立つことを天職だと感じ、長年にわたって高学年の担任を受け持ち続ける教師。小学校教師になったものの、部活動を指導したいという思いを捨てきれずに中学校へと転任した教師。八人八色の10年間を送ってきている。その道のりを規定するのは、教師個々の資質や能力のみならず、同じ学年を受け持つ同僚との関係や職員室の雰囲気、子どもとの関わり、結婚や出産といったライフイベント等、様々な要因が絡み合っている。8人のライフヒストリーから、教師の成長・発達のモデルを一般化することはできないが、大学卒業後10年間のライフヒストリーから見えることについて論じたい。

1. 初任期の支援のあり方

多くの仕事の場合、どのような経歴や学歴、資格を持っていようとも、採用されてしばらくは、研修を受けたり先輩のアシスタントを担ったりする見習い期間を設ける。一方、教職の場合は、赴任してすぐに他の教師と同様に学級担任や校務分掌を任される。経験の乏しい若手教師、とくに初任期の教師は、教職に就く前に抱いていた理想と現実のギャップから、リアリティ・ショックを受ける場合も少なくない（Ball & Goodson 1985）。新任教師が直面する課題として、佐藤（1989）は、①「子どもに対する理解と対応」のための経験と技術の不足、②子どもの学習を想定して教育内容と授業を方法的に構成する経験と知識の不足、③自分自身の授業を自己診断し、改善の道を発見する力の不足という3つを挙げている。しかし、赴任してすぐの4月に限れば、始業式までに何を準備しておくか、学級通信を出した方が良いのか、子どもからの要望をどこまで聞くかなど、もっと基本的なことについて不安を感じる傾向がある。しかも、学校の流れがイメージできない新任教師は、同僚に何を聞いてよいかもわからないため、些細なことでさえも不安を感じやすい。このような初任期の不安を解消し、また力量を高めることを目的として、初任者研修が位置付けられているものの、その対象となるのは、あくまでも正採用の教師のみであり、臨時講師等には研修を受ける機会はない。しかも、初任者研修を受けることが、不安の解消や力量向上に寄与しているかどうかは、8人のライフヒストリーを見る限りでは疑問も残る。

本書で対象とした8人は、大学および大学院修了と同時に正採用になった者が3人、講師として勤務した者が5人と、初任者研修を受けずに教壇に立った者の方が多かった。ただ、興味深いことに、卒業・修了と同時に正採用になった森下あかね、遠藤崇、そして藤井若菜の三者共に、赴任1年目のワークラインの自己評価は、年間を通して低い傾向にあった。一方、講師として勤務した5人の中には、高木祐幸や中川真紀のように、初任者研修を受けていないにも関わらず、自己評価が非常に高く推移している者もいた。

昨今教師の力量向上に向けて、教員育成指標を策定し、それに合わせて研修を加算して対応する傾向があることは第1章でも述べた。しかしながら、8人のライフヒストリーからわかるように、研修を課せば教師の支援につながるわけではない。正採用の三者の語りからは、初任者研修を受けることが、むしろ精神的な負担になっていたり、多忙を助長することになっていたりしている側面も垣間見られた。また、藤井若菜が、ベテラン教師の多い郡部の小規模校から、都市部の大規模校へ異動して初めて教師として自信をもったと語っていることを踏まえると、若手を支援するにあたっては、研修の有無だけではなく、どのような環境で初任期を送るかも重要と考えられる。

2. 環境の変化と微修正

昨今の教師教育施策では、「学び続ける教師」が鍵概念として位置付けられている。「学び続ける」という時、どちらかというと個々の意欲や資質の問題と捉える傾向があるが、教師の学びは環境に大きく依存する。8人のライフヒストリーを見ると、受け持つ学級や学年の変化、学校の異動により、10年間の自己評価は大きく変動していた。それは、初任校から2校目への異動に際して、学校の荒れ具合が教師効力感やバーンアウトに影響を及ぼすといった町支（2015）の指摘に留まらない。学校のある地域の文化や階層、同僚の年齢構成、管理職の方針、担当する学年や校務分掌など、あらゆる環境要因が、教師としての日々の取り組みに影響を及ぼす。そのような環境要因は、誰に対しても同じということではなく、相互作用的に変化する。

中川真紀のヒストリーを例に見ていこう。B小学校に赴任して2年目から、継続的に高学年の担任を任され、子どもとも同僚とも信頼関係を築いてきた。ところが、児童数が倍近くあるC小学校へ異動した年に、これまでのやり方が子どもにも同僚にも適応できず、戸惑う毎日を送った。それは、規模が大きくなり、同じ学年の教師4人の歩調を合わせるのが難しいことや、主任がリーダーシップを発揮してくれないということだけではなく、偶然6年生の教室が2か所に分かれて配置されていたこと等も影響している。だからといって、これが絶対的にマイナスな経験だったかというと、そうではない。小規模のB小学校では、1学年2学級のため、担任2人の阿吽の呼吸で教育活動を進められる良さがある。一方、規模が大きくなると、そうはいかない。C小学校に適応することに悩んだからこそ、大規模校における協働のあり方を学ぶことができたと考えると、変化する環境に合わせて微修正を行うことは、教師の成長・発達にとって不可欠とも捉えられる。姫野ら（2015）が、コミュニティにおいて自らを対象化し、立ち位置の自覚と微修正を行うことが、教師の学習を持続していく上で不可欠と指摘するように、環境に合わせて微修正をすることができるということは、学び続ける教師にとって重要な素養と言えるだろう。

3. コミュニティにおける強みを見いだす

学校には、世代や専門性の異なる多くの教師が在籍している。それぞれの強みが異なるからこそ、その強みを生かして多種多様な教育活動を企画・運営することができる。また、これまで蓄積してきたベテランの知恵や技を伝承するとともに、新しい価値観や挑戦心で実践を創造することができる。

教師の強みは、コミュニティ内の成員によるところが大きいため、絶対的なものでなくとも構わない。例えば、森下あかねは、国語を専門としていたものの、赴任した学校内に音楽を専門とする教師がいなかったこともあり、得意な音楽を自分の強みとして生かすことができた。佐々木優輔は、趣味だった消しゴムハンコで子どもの気持ちを摑み、同僚からも頼られるようになった。高木祐幸は、子どもが創作した歌の編曲を頼まれたことを契機に、趣味だった音楽と教師の仕事をつなげられるようになった。もしかすると、同じような強みを持った教師が学校に在籍していれば、これらの特性は日の目を見ることはなかったのかもしれない。学校における幅広い教育活動を企画・運営するには、それぞれの教師が教科の専門性を有していればよいというわけではなく、教科以外の各教師の強みや特性が、コミュニティ内の立ち位置を決める上で非常に大きいと考えられる。

これは、協業体制で教育活動を行う日本の学校ならではの特徴なのかもしれない。教科指導や生徒指導などのスペシャリストが求められる諸外国と比べて、日本では特定の専門性のみならず、ジェネラリストの素養が求められる傾向がある。小学校教師が全学年の全教科を教えるということに留まらず、お互いの強みを出し合って教育活動や組織運営を少しでも良くしようという考え方が基盤にある。それは、ベテランだろうが若手だろうが関係ない。もちろん経験の浅い教師は、引き出しの数が少ないのは否めない。しかし、先述したように確固とした強みでなくても全く構わない。例えば、写真撮影や編集を趣味としている、学生の頃に山登りをしていた、地域の人に顔が広い、司会が上手い、ICT に強い等、何でも構わない。「コミュニティ内で＋ α を発揮する場面ができる＝教師の立ち位置が決まる」と言っても過言ではない。8人のライフヒストリーからは、教科の専門性とは別に、それぞれが生かせる強みを持ち自覚しておくとともに、そういった＋ α をコミュニティが価値付けてくれることが、教師として学ぶ上で重要になってくると考えられる。

4. 集団を機能させるマッチング

学校における教育活動は、一般的に学級集団を単位として行われる。また、同学年に複数学級ある場合は、学年としてまとまって教育活動を行う場合も少なくない。そして、日本の学校では、この学級や学年集団を機能させるため、様々な工夫を凝らしたマッチングを行ってきている。例えば、問題行動を起こす子どもが同じ学級に固まらないようにしたり、子ども同士の相性やバランスを考慮したりして学級編成を行っている。学級を受け持つ担任についても、経験年数や負担、性別、相性等をふまえて体制を検討している。しんどい子どもがいる学級を力のあるベテラン教師が担い、比較的安定している学級を経験の浅い教師が受け持つといった配慮の下で、協業体制が構築されている。マンネリ化してしまったベテラン教師と、思いはあるが方法を知らない若手教師を組ませることによって、ベテラン教師の再起を促すこともある。

ところが、子どもや教師集団、また子どもと教師のマッチングがうまく機能しない場合もある。また、前年度にうまく機能せず、課題を持ち越してしまった学級を、翌年に立て直さなければならないことも少なくない。8人のライフヒストリーにおいても、学年主任との考え方の違いや、子ども同士の関わりの難しさなど、マッチングが上手くいかずに問題が表面化してしまうこともあった。そのような場合は、教頭や教務主任、担任外の教師などがサポートに入り、下支えすることによって乗り越えようとするのだが、マッチングが機能していない学級や学年が複数生じると、学校として機能不全に陥ってしまうこともある。一方、遠藤崇が教職2年目に力のある主任と一緒に学年を組み、教師としての基盤を築いたり、中川真紀が価値観の違う教師たちと協力して教材開発をすることに面白さを感じたように、相互の特性の違いを生かすことができれば、化学反応が起きる場合もある。こうしたマッチングを機能させるためには、管理職の人事配置が大きく影響する。教師個々を適材適所に配置するとともに、学校組織や学習組織として機能させるための組織デザインの知見を管理職が有しているかどうかは、教師や子どもの学びを支える基盤として極めて重要である。

5. 職業規範や教師文化への適応

教師としての道のりは決して平たんではない。たった一つの順調な成長のプロセスがあり、みなが同じようにたどるわけでもない。紅林（1999）が行った調査によれば、「最近教師を辞めたいと思ったことがある」という教師は、30代の教師の50%にもおよぶ。8名のライフヒストリーを見ても、森下あかねと藤井若菜は1年目、佐々木優輔は2年目、高木祐幸は7年目、野沢麻衣は8年目に自己評価が1になっている。渡部和貴においては、1年目から教職を離れるまで毎年のように1という自己評価をつけている。ただ、そのような苦しい状況に追い込まれたとしても、多くの場合は本人の頑張りや同僚を始めとする周りの人々の助けがあって、そういった困難を乗り越える。

そのような中で、なぜ渡部和貴は教職を離れざるを得なかったのだろうか。学部と大学院において体育科教育を専門的に学び、陸上に打ち込むとともに、後輩指導にも熱心に取り組んでいた。そんな渡部にも関わらず、講師として学校へ赴任すると、必ずと言ってよいほど同僚関係で悩み、結果的に追い出されるような形で学校を後にした。同じように講師を長く経験した佐々木優輔や高木祐幸と何が違うのだろうか。3者の語りから見えてくるのは、個々の知識や能力ということではなく、同僚から可愛がられる存在かどうかが最も大きく影響していると考えられる。それは、決して渡部和貴が可愛げがないということではない。実際、一般企業に勤務して以降は、同僚から嫌がらせを受けて自己評価が低下した時期はあったものの、現在も継続して勤務している。そう考えると、学校ならではの同僚との関わりに不適応だったことが要因として挙げられる。ウォーラー（Waller,W）が、「教師にとって一番重要な人間は同僚である。同僚仲間の評判に比べれば、生徒の評判などはとるにたりない」と指摘するように、学校では同僚教師の影響、とりわけ同学年の同僚からの期待に沿えるかどうかが重要になる。その時に鍵になるのが、「共通理解」「共同歩調」「全員一致」等のインフォーマルな職業規範である（杉尾1988)。渡部は「人に見られるの嫌なんです。他の先生方が来て、見られるのが正直あんまり、自分のやりたいのがあるにも関わらず、その学校のやり方があるじゃないですか。授業の流れ、必ず目当て書いて、ノートはこういう風に書いて。嫌なんです。」と語るように、自分の進めたい方法が明確になっているからこそ、同僚に合わせることに苦しんだことが伺える。既存の教師文化に合わせることが必ずしも良いというわけではないが、歩調が合わない分、同僚からのサポートを受けにくい状況に追い込まれたと考えられる。

第2節　教師の学びを支える鍵とは

本書は、2007年に秋田大学へ入学した学生たちのライフヒストリーをまとめた『学び続ける教師の養成：成長観の変容とライフヒストリー』の続編として、大学を卒業し教壇に立つ中で、どのような紆余曲折を経て教師として成長・発達したのかを、年1回の継続的なインタビューをもとにまとめることを通して、今後の教師教育や教師教育研究における基盤を構築することを目的としている。本書を閉じるにあたって、学び続ける教師の学びを支える鍵とは何かを論ずるとともに、残された課題を提示したい。

1. 共創に巻き込み・巻き込まれるマインドセット

昨今の教師教育政策では、「学び続ける教師」がキーワードとして位置付けられている。では、「教師の学び」とは何を指すのだろう。一般的に「学習」や「学ぶ」とは、学習者個人が、頭の中に、特定のまとまりをもった知識や技能を獲得することだと考えられてきた（佐伯1995)。しかしながら、教師の学びは必ずしも知識や技能を獲得することだけではない。姫野・益子(2015)が、教師の学習を「経験から学習する状態」という視点で捉え、個々の教師には学ぶことに「開いている状態」と「閉じている状態」があること、教師の学習を開く上で、コミュニティにおける立ち位置の自覚と微修正が鍵になること等を明らかにしているように、教師の学びにおいては個人のみならず、コミュニティとの関わりが非常に重要となる。とりわけ、様々な教育活動を協業で行う日本の学校ではその傾向が強い。

ナンシー佐藤（1994）によれば、日米の教師を比較すると、アメリカの教師の大半が孤立して個性的に仕事を行うのに対して、日本の教師は親密に協力して集団で仕事をしている点に特徴があると言う。日常的な会話や協力を通して教師が相互に教え学び合えるという良さがある一方で、相互依存的になったり、同調圧力によって管理が強まったりする等の課題はあるものの、昨今は諸外国から日本ならではの協業体制に注目が集まっている。とりわけ、学校において組織的に行う授業研究― Lesson Study ―は、世界各地で拡がりを見せているように、授業を改善したり教師の力量向上を支援したりする方法として、世界的にも確立し始めている。

このような教師同士の協業において重要になるのが、何事においても巻き込まれ、また他者を巻きこんでいくマインドセットである。それは、一般的に言われる協調性とはニュアンスが異なる。広辞苑第６版（2008）によると、協調性は「利害の対立する者同士がおだやかに相互間の問題を解決しようとすること」を意味するが、教師が協働で学ぶ上で重要になるのは、「協働で創造していく活動：共創（Co-Creation）」に誘い、誘われるマインドセットである。

日本において、共創（Co-Creation）という概念が広く知られるようになったのは、プラハラードとラマスワミ（2004）によって『価値共創の未来へ―顧客と企業のCo-Creation』という書籍が発刊されたことによる。同書では、既存のビジネスの枠組みや常識が通用しないこれからの時代において、企業が様々なステークホルダーと協働し、共に新たな価値を創造することの重要性が提起された。これは、情報化やグローバル化、少子高齢化が進み、求められる機能や役割が変わりつつある学校教育においても同様であり、教師相互の対立を解消することに留まらず、これからの時代の教育のあり方や新しい価値を創造していくことが極めて重要である。本研究で対象とした８人のライフヒストリーを見ても、共創に巻き込み、巻き込まれることが、教師の学びにとって重要であることがよくわかる。中でも、９年間にわたって講師として勤務する傍ら、音楽活動にも精力的に取り組んできている高木祐幸の軌跡を見ると、同僚からの依頼に巻き込まれることを通して、さらなる共創に誘われ、それによって学校内外の研修会で講師を務めるなど、学びの機会が拡大していることがわかる。これからの共創時代の学校で教育活動を担う教師を育む上では、教師自身が共創に誘い、誘われるマインドセットを保持していることが重要であり、そのための教師教育のグランドデザインを構築していくことが急務と言える。

2. 教師として成長・発達していくためのエージェンシー

国際的な学力調査PISAなどを実施してきているOECDは、2015年から"OECD Future of Education and Skills 2030"プロジェクトを立ち上げ、2019年5月に最終報告書の一つとしてコンセプトノートを公表した（OECD 2019）。そこでは、2030年の教育に求められる学習の枠組みとして、OECDラーニング・コンパス（学びの羅針盤）2030を提案し、その中核の一つとして、エージェンシーという概念を位置付けた。エージェンシーとは、「変化を起こすために目標を設定し、振り返り、責任を持って行動する能力」と定義されているように、誰かが決めたことや指示されたことをこなすのではなく、自分たちが実現したい未来を自分たちで考え、そのために必要な変化を実現するために行動に移していく責任を負い、そのことを自覚する児童生徒を育みたいということを意味している。これは、本書の前提となる姫野（2013）で提起した「成長観」と通ずる概念と考えられる。教師の成長観とは、過去から現在への自己の成長を実感する「成長感」と、今後の成長の目標や、目標に向けて自己のキャリアを高めるような「自己教育計画」を含む概念で、学び続ける教師の中核と位置付けていた。昨今、児童生徒のエージェンシーが重要視され始めているが、それは教師にも通ずるものと考えられる。教師の成長観に関して、姫野（2013）では、次のように指摘していた。

「教師像が混迷し、学校や教師の役割領域が不確定になったとしても、教師あるいは教職志望学生が成長・発達するという現象自体に変わりはない。だからこそ、一般化された教師のあるべき姿に準拠し、そこから欠陥仮説に基づいて養成研修する／されるということに留まらず、教師自身の成長観が様々な経験を通していかに変容し、キャリアを獲得していくのかを解明することが課題とされなければならないだろう。それは、教師自身が自らの成長観を目指して、自律的に自らの成長をデザインする－演出する（プロデュース）と言い換えてもよい－過程とも言える。」

国内外の授業研究や教師教育研究は、ここ20年近くの間、ショーン（1983）によって提起された「reflection（省察）」を鍵概念と位置づけて研究を積み重ねてきた。たしかに、経験を省察し、実践中に暗黙的に行った行為の本質を取り出し、経験知として身に付けていくことが重要ではあるものの、学び続ける教師には、過去を振り返るとともに、それを礎として未来を創造することが求められる。教師として学び続けるための成長観、言い換えれば教師エージェンシーを身に付けることが重要と言えるだろう。

3. 残された課題

本書を通して、初任期の教師の成長・発達のプロセスを明らかにできた点もあるが、今後に向けて課題も残されている。それらを最後に記しておく。

1つ目は、さらなる追跡調査である。本研究では、大学を卒業してからの10年間を対象としたが、教師の成長・発達は大学卒業後の10年間で終わるわけではない。中堅期を迎え、今後は学校内外の組織運営に携わる教師と、一教師として学校を支える教師に分化されていく。また、子育てと仕事を両立する中での葛藤や価値観の変革など、初任期とは異なる悩みや楽しみに直面することも予想される。追跡形式でライフヒストリーを描いていくにはさらに長い年月がかかるが、今後も8名の紆余曲折に寄り添っていきたい。

2つ目は、教員養成や現職教育のカリキュラムや制度の見直し、提案である。8名のライフヒストリーを踏まえて、今後の教師には学び続けていくためのマインドセットやエージェンシーが重要になる。しかしながら、現在の教員養成や現職教育カリキュラムには、そのような目標やカリキュラムは位置付けられていない。そのような力を育むための授業科目一つを設けるというのではなく、カリキュラム全体を通して、そのような力を育んでいけるようなカリキュラム・マネジメントを構想していく必要があるだろう。

そして3つ目は、教師の学びを促し、保証するための制度設計である。8

名のライフヒストリーからわかるように、それぞれの教師は明示化された研修で学び、成長する側面もあるが、むしろ学校内外の多様な経験を通して教師として成長・発達していく。一方、昨今は教員育成指標に基づいて研修がマップ化され、「教師が受けた研修履歴を蓄積すること＝教師の学び」と捉えようとする教師教育政策が進みつつある。わが国の100万人にもおよぶ教師の学びの履歴を可視化する仕組みを策定することの難しさはわかるが、その方法ではこれまでの教員免許更新制度と何ら変わらず、多忙な教師の労力が増えるだけである。姫野（2013）において、「教職志望学生が自分について語ること」の意義を指摘したのと同様に、卒業生8名に継続的にインタビューし、そこで自分について語ったことについて、8名からは全員から肯定的な発言を得ている。教師の質保証と成長・発達を両立させる上でのナラティブの活用方法を検討していきたい。

〈引用文献〉

Ball,S. and Goodson,I. eds.（1985）Teachers' Lives and Careers, Falmer Press.

町支太祐（2015）初めての異動―初任校から2校目への環境変化、中原淳・脇本健弘・町支大祐、教師の学びを科学する　―データから見える若手の育成と熟達のモデル、北大路書房、pp.103-113.

姫野完治（2013）学び続ける教師の養成　―成長観の変容とライフヒストリー、大阪大学出版会

ナンシー佐藤（1994）日本の教師文化のエスノグラフィー、稲垣忠彦・久冨善之、日本の教師文化、東京大学出版会、pp.125-139.

OECD（2019）Learning Compass 2030
（https://www.oecd.org/education/2030-project/teaching-and-learning/learning/learning-compass-2030/2022年8月15日参照）

Prahalad,C.K. and Ramaswamy,V. (2004) The Future of Competition: Co-Creating Unique Value With Customers、有賀裕子（訳）（2004）価値共創の未来へ―顧客と企業のCo-Creation、武田ランダムハウスジャパン

紅林伸幸（1999）教師のライフサイクルにおける危機．油布佐和子（編）教師の現在・教職の未来．教育出版．pp.32-50.

佐伯胖（1995）文化的実践への参加としての学習．佐伯胖・藤田英典・佐藤学（編）

学びへの誘い．東京大学出版会．pp.1-48.
佐藤学（1989）教室からの改革、国土社
Schon,D（1983）The Reflective Practitioner: How Professional Think in Action. Basic Books.（ドナルド・ショーン佐藤学・秋田喜代美（訳）（2001）専門家の知恵―反省的実践家は行為しながら考える―．ゆみる出版）
杉尾宏（1988）教師の日常世界　―心優しきストラテジー教師に捧ぐ、北大路書房
Waller,W.（1932）The sociology of teaching, John Wiley and sons, 石山脩平・橋爪貞雄訳（1957）学校集団、明治図書

あとがき

大阪大学大学院人間科学研究科博士後期課程を中途退学し、2002年10月1日より秋田大学教育文化学部の講師として勤務し始めてから、20年余りが経過した。秋田大学に12年間、北海道大学に2年半、そして北海道教育大学に6年間お世話になり、多くの学生や教職員と関わる機会をいただいた。研究に力を注ぎ始めた大学院生時代も入れると、人生の半分以上にわたって教育研究に携わってきたことになる。この間、いろいろな研究プロジェクトに参加させてもらうとともに、学校や教育委員会、企業等と連携した研究を進め、たくさんの学びを得る機会をいただいた。その一方で、私生活では結婚や子育てを通して、毎日多くの経験をさせてもらっている。体調を崩した時期もあり、いかに多くの人に支えられて今に至っているかを実感する。

自分の研究業績を一覧で見ると、このような公私にわたる様々な経験によって、研究の基盤にある「観」が大きく変わってきていることがわかる。とりわけ、30歳以降に身体を壊した経験を境に、研究に向き合う考え方が一転した。その経験をもとに取り組み始めのが、本書のタイトルにもなっている教師のライフヒストリー研究である。それ以前に取り組んできた研究は、例えば実習や研修前後の意識を比較するなど、今思えば近視眼的にアプローチする傾向が強かった。もちろん、近視眼的であろうとも特定の教育活動に携わることによる変化は少なからずあり、その積み重ねで教師として成長・発達するのだが、もう少し大局的に教師の学びを捉えたいと考えるようになった。そうした思いをもってまとめたのが、本書の礎として2013年に著した『学び続ける教師の養成』(大阪大学出版会)である。教師のライフヒストリーに関する既存の研究は、そのほとんどが回想によるものだったが、同書では2007年に秋田大学へ入学した学生10名を対象として年1回インタビューを行う追跡形式で、教師としての成長・発達過程をライフヒストリーとしてまとめた。その後も、継続的に話を伺い、大学卒業後10年間の軌跡をまとめたのが本書となる。本書では、10名のうち教職に就かなかった1名と、教職に就いたものの3か月で離職し、その後他の職に就いた1名は含めていない。8名については、『学び続ける教師の養成』で用いた仮名を引き継いでいることから、大学時代のライフヒストリーに興味を持った方は、前著にあたってほしい。

前書と本書を合わせて、これまでに大学4年間と大学卒業後10年間の計14年間の教師としての成長・発達を描いたことになる。調査を受け入れてくれた10名に、心より感謝している。とはいうものの、教師としてのライフヒストリーは、これで終わるわけではない。コロナ禍に急速に進んだGIGAスクール構想、働き方改革や給特法の改正など、教師を取り巻く環境は大きく変わりつつある。すでに多くの者が結婚や出産を経験し、ライフワークバランスをいかに取っていくかに苦慮している。そろそろ中堅期に差しかかり、管理的立場に就く者も出てくるだろう。この先も調査を継続して、20年、30年と成長・発達していくプロセスに寄り添っていきたい。

最後に、教師のわざシリーズ（『未来を拓く教師のわざ』『教師のわざを科学する』『教師のわざ 研究の最前線』）をはじめ、『ICTを活用したこれからの学び』、そして『教育用語ハンドブック』に続き、出版を快くお引き受けいただいた一莖書房と、詳細な校正に至るまで多くのお力添えをいただいた一莖書房の斎藤草子さんに深謝いたします。

2023年6月吉日

姫野完治

〈著者略歴〉
姫野完治（ひめの かんじ）
1976 年　北海道札幌市生まれ
1998 年　北海道教育大学教育学部函館校卒業
2000 年　北海道教育大学大学院教育学研究科修了
2002 年　大阪大学大学院人間科学研究科博士後期課程中途退学
2002 年　秋田大学教育文化学部　講師
2005 年　秋田大学教育文化学部　准教授
2012 年　大阪大学大学院人間科学研究科博士後期課程修了　博士（人間科学）
2014 年　北海道大学大学院教育学研究院　准教授
2017 年　北海道教育大学大学院教育学研究科　准教授
現　在　北海道教育大学大学院教育学研究科　教授
専　門　教師学、教育工学、教育方法学

主要著書
『学び続ける教師の養成』（大阪大学出版会、2013 年）
『未来を拓く教師のわざ』（編著、一莖書房、2016 年）
『教師のわざを科学する』（編著、一莖書房、2019 年）
『教師のわざ　研究の最前線』（編著、一莖書房、2022 年）
『ICT を活用したこれからの学び』（編著、一莖書房、2022 年）

教師の学びとライフヒストリー――若き8人の学びの軌跡

2023年 8 月25日　初版第一刷発行

著　者　姫　野　完　治
発行者　斎　藤　草　子
発行所　一　莖　書　房

〒 173-0001　東京都板橋区本町 37-1
電話 03-3962-1354
FAX 03-3962-4310

印刷・製本／日本ハイコム　ISBN978-4-87074-252-9　C3037